COMO EDUCAR MENINOS

MICHAEL C. REICHERT, PhD

COMO EDUCAR MENINOS

O Poder da Conexão para
Criar Grandes Homens

Tradução: Thaïs Costa

nVersos

Copyright© 2019 by Michael C. Reichert, Licença exclusiva para publicação em português brasileiro cedida à nVersos Editora. Todos os direitos reservados. Publicado originalmente na língua inglesa sob o título: *How to Raise a Boy*. Publicado de acordo com TarcherPerigee, uma empresa do Penguin Publishing Group, uma divisão da Penguin Random House LLC.

Diretor Editorial e de Arte:
Julio César Batista

Produção Editorial e Capa:
Carlos Renato

Preparação:
Luiz Roberto M. Gonçalves

Revisão:
Maria Dolores Delfina Sierra Mata e Mariana Silvestre de Souza

Editoração Eletrônica:
Matheus Pfeifer

Dados Internacionais de Catalogação na Publicação (CIP)
(Câmara Brasileira do Livro, SP, Brasil)

Reichert, Michael C. *Como educar meninos: O Poder da conexão para criar grandes homens* / Michael C. Reichert; [tradução Thaïs Costa].
São Paulo: nVersos, 2019.
Título original: *How to raise a boy: the power of connection to build good men*
Bibliografia.
ISBN 978-85-54862-35-0
1. Filhos - Criação 2. Meninos - Aspectos psicológicos
3. Motivação 4. Pais e filhos
II. Título. Índices para catálogo sistemático:

19-30011   CDD-649.132

1. Meninos: Criação: Vida Familiar 649.132
Cibele Maria Dias - Bibliotecária - CRB-8/9427

1ª edição
2ª reimpressão – 2020
Esta obra contempla o Acordo Ortográfico da Língua Portuguesa
Impresso no Brasil - *Printed in Brazil*
nVersos Editora: Rua Cabo Eduardo Alegre, 36 - cep: 01257060 - São Paulo – SP
Tel.: (11) 3995-5617
www.nversos.com.br
nversos@nversos.com.br

Nem a editora nem o autor pretendem dar aconselhamento ou prestar serviços profissionais ao leitor individual. As ideias, procedimentos e sugestões contidos neste livro não visam substituir consultas com seu médico. Tudo o que se refira à sua saúde requer supervisão médica. O autor e a editora não são responsáveis por qualquer perda ou dano alegado devido a qualquer informação ou sugestão neste livro.

Gostaria de manifestar o quanto sou grato à minha família — à minha companheira, Sharon, cuja fé, generosidade e compromisso veemente com a justiça me dão equilíbrio; a meus filhos, Mike e Kier, que me ajudam a manter os pés no chão; e a meu neto, que comprova diariamente o quanto os meninos têm um prazer ilimitado de viver.

Sumário

Capítulo 1: Delimitados pela infância, 9

Capítulo 2: Libertando os meninos, 35

Capítulo 3: Meninos e seus corações, 53

Capítulo 4: Aprendizagem e educação de meninos, 81

Capítulo 5: Irmandade e turmas de meninos, 109

Capítulo 6: Amor, sexo e afeição, 133

Capítulo 7: Meninos e seus corpos – esportes e saúde, 157

Capítulo 8: Violência, *bullying* e vulnerabilidade, 179

Capítulo 9: Brinquedos de meninos na era digital, 199

Capítulo 10: O Século XXI – e além, 217

Agradecimentos, 247

Notas Bibliográficas, 249

Índice, 281

CAPÍTULO 1

DELIMITADOS PELA INFÂNCIA

Poucos anos depois do nascimento do meu primeiro filho, comecei a trabalhar na histórica Haverford School, nos arredores da Filadélfia. Especializada no cuidado e educação de meninos, quase um século após sua fundação, a escola passou a questionar sua missão fundamental. Estudos mercadológicos indicavam que muitas famílias se opunham a educar meninos separados de meninas; a conversão para educação mista varria o país, à medida que aumentavam as preocupações de que as escolas só para meninos violassem o espírito da igualdade de gêneros.

Antes de ter qualquer ideia a respeito de um papel formal na escola, fui solicitado a dar uma palestra para os pais sobre a vulnerabilidade dos meninos à dependência química e a outros comportamentos de risco, uma especialidade de minha atuação clínica. Na sequência, tive uma conversa com administradores escolares sobre um aluno destacado que lutava com o uso de drogas, o que levou a uma intervenção, um tratamento hospitalar e um abraço público no diretor da escola em sua formatura, manifestando a gratidão pelo apoio que salvara sua vida.

A essa altura, eu já havia ajudado muitos meninos e suas famílias em desafios semelhantes, guiado por minha experiência terrivelmente dolorosa de alguns anos antes. Quando eu tinha 24 anos, meu irmão caçula morreu em um acidente de carro no final da primavera. Embora na adolescência ele tivesse problemas com álcool e drogas, afastando-se da escola e da família, as coisas haviam começado a entrar nos eixos, e aos 18 anos, passou a fazer escolhas mais saudáveis. Mas, naquela noite fatal, ele saiu com um amigo.

Eles beberam, talvez também tenham usado drogas, e ele estava no assento do passageiro no carro do amigo, negligenciando os riscos. O amigo perdeu o controle enquanto descia uma ladeira em alta velocidade e colidiu com uma árvore grande e antiga no jardim de um vizinho. Jamais vou me esquecer da campainha tocando às 2 horas da manhã, do policial perguntando se meu irmão morava lá e da imagem que ele descreveu dos dois jovens dentro do carro destroçado junto a uma árvore firme.

Anteriormente, naquele ano, eu havia começado meu primeiro trabalho como conselheiro na unidade de casos juvenis, em uma vara de família. Pela porta giratória do tribunal passava uma avalanche de garotos adolescentes envolvidos em vários delitos: furtos, brigas, absenteísmo escolar, fugas de casa, roubos de carros e até homicídios. Cabia a mim considerar suas trajetórias, pesar suas dificuldades e pontos fortes e fazer recomendações apropriadas ao juiz em relação às penalidades. Eu lia os relatórios muitas vezes comoventes da polícia e da escola, me encontrava com os jovens e seus responsáveis e tentava imaginar como eles poderiam evitar encrencas no futuro.

Nos dias logo após o acidente, enquanto meu irmão estava com a vida por um fio na UTI do hospital e minha família se mantinha em vigília, eu pude compreender o que estava acontecendo. Havia um traço comum — uma tragédia indizível — na história do meu irmão e nas dos meus clientes: sua masculinidade. Em todos os casos, um senso confuso do Eu, um certo grau de entorpecimento, falta de noção, desconexão e isolamento mental estavam por trás de atitudes que variavam de derrotismo a autodestruição. Em meados dos anos 1970, havia pouco entendimento sobre o que o ativista e educador canadense Michael Kaufman, memoravelmente descreveu como uma "estranha combinação de poder e impotência, privilégio e sofrimento" no desenvolvimento masculino.[1] E havia ainda menos reconhecimento da natureza humana fundamentalmente relacional dos meninos — o fato de que o desenvolvimento humano ocorre em relacionamentos com aqueles que oferecem cuidados e carinho.

Porém, na esteira dos êxitos do movimento feminista, começou a surgir um movimento masculino. Embora ainda incipiente e espasmódico, o movimento se baseava na ideia de que meninos e homens sofrem perdas custosas. Conforme cuidadores, pais, professores e comunidades transmitem os valores masculinos tradicionais aos meninos, isso resulta, segundo o psicólogo William Pollack, da Escola de Medicina de Harvard, "na revogação traumática dos ambientes de sustentação dos meninos".[2] Um grande número de meninos perde suas conexões íntimas e vozes emocionais muito cedo na vida. Privados de suas âncoras relacionais, os meninos ficam vulneráveis às tentações da época atual, e perdem contato com sua verdadeira identidade.

É isso que eu via na minha época na vara de família e em meu próprio irmão, e vi posteriormente, no jovem que ajudei na reabilitação. Todos foram afetados por um código masculino darwiniano que é corrosivo para seu desenvolvimento humano, suas virtudes e seu bem-estar.

Assim, senti-me compelido a fazer alguma coisa. Após aquela palestra para pais, e com a perda do meu irmão ressoando em minha mente, quando a escola me convidou para ser seu psicólogo consultor, aceitei, acreditando que seria uma oportunidade para focar em um novo papel, como o de um pai para um filho. Desde o final dos anos 1980 até o novo século, enquanto meu filho crescia e eu me entendia melhor como seu pai, a escola também evoluiu. Após um processo de planejamento estratégico, ela revigorou seu compromisso com os meninos e lançou em 1995 um programa intitulado *Em Nome dos Meninos*, com um comitê consultivo nacional, novos programas educacionais para pais e diversos projetos de pesquisa.

Francamente, eu estava preocupado com meu filho e com o que a vida lhe reservaria. Mais alarmes começavam a soar sobre os meninos — que estavam ficando para trás na escola e não impulsionando suas vidas; que estavam "em guerra" e "em crise".[3] Meu compromisso foi reforçado pelo nascimento do segundo filho, quando ficou evidente que minha mulher e eu não conseguiríamos colocar barreiras suficientes para afastar as influências sedutoras que desencaminham tantos meninos. Concluí, que o melhor que poderíamos fazer era nos posicionar a favor do valor, da inocência e dos potenciais dos meninos, de uma maneira que ficasse clara para nossos filhos.

Adversidades rotineiras são uma verdade inconveniente sobre a infância. Meninos de todas as classes sociais não chegam incólumes à vida adulta, especialmente, quando a masculinidade envolve estresses como racismo e pobreza. No artigo "The State of American Boyhood" (A situação da infância masculina nos Estados Unidos), publicado em 2009, a psicóloga Judith Kleinfeld, da Universidade do Alasca, demonstrou uma preocupação especial com os jovens "desconectados", um grupo com o dobro de rapazes em relação às garotas, a maioria dos quais não era branca. De maneiras concretas e mensuráveis, esses jovens desconectados se encontram na extremidade mais prejudicada pelas diferenças de gênero em educação, emprego e participação cívica. Além disso, quando se tornam adultos, muitos mantêm essa desconexão em suas vidas. Particularmente, no mundo atual, com economias globalizadas baseadas no conhecimento e com a expansão da igualdade de gêneros, os meninos devem ser conscienciosamente preparados. O modelo histórico de infância, perpetuado durante gerações, está defasado. O demógrafo Tom Mortenson, do Centro Nacional de Políticas Públicas e Ensino Superior, uma organização de pesquisa sem fins lucrativos, escreveu: "Os homens não estão se adaptando facilmente e nem rapidamente a esse novo mundo. Uma parcela crescente deles não está se adaptando de forma alguma e, por isso, suas vidas estão desmoronando".[4] O que pode ser feito para reparar as perdas da infância? Como proteger os meninos sob nossos cuidados contra as ameaças presentes na infância? Como assegurar que nossos filhos estejam bem preparados para adentrar a maioridade? No decorrer da minha carreira como psicólogo, e desde o acidente do meu irmão, conversei, estudei e trabalhei com milhares de meninos e rapazes. Em minha pesquisa, meninos e rapazes de vários países compartilharam relatos de suas esperanças e mágoas, êxitos e reveses. Essas histórias revelam como eles se sentem em relação às vidas que lhes são oferecidas — como oportunidades limitadas, frequentemente atentam contra sua natureza humana; como se sentem solitários e negligenciados ou incompreendidos, e erroneamente diagnosticados.

Em razão dessas comoventes evidências narrativas, passei a concordar com a socióloga britânica Caroline New, que diz que há claramente um "mau trato sistemático" subjacente à infância masculina e que os responsáveis por isso e por sua manutenção devem corrigir suas falhas.[5] Encontraremos parceiros dispostos nos próprios meninos, que têm grande interesse em serem vistos como de fato são: corações batendo forte por trás das máscaras que têm de usar. Mas, para reparar a infância, em princípio, precisamos reconhecer seus problemas e chegar a um entendimento comum sobre suas causas.

Isso é mais difícil do que pode parecer. Eu esperava que o *Em Nome dos Meninos* fosse um programa bem recebido, que inspirasse considerações mais cuidadosas sobre as necessidades dos meninos, mas desde o início as coisas se complicaram. Apegados a tradições, membros da comunidade escolar repudiavam a própria menção de gênero relacionada aos meninos, ao passo que as feministas temiam um complô para levar os meninos a uma mata para alardear sua masculinidade. Um colunista de um jornal local, captando o clima de controvérsia, zombou da iniciativa e invocou um temor subjacente: "Meninos não deveriam ter de ser valentes nem de se esforçar para produzir. Acho que os meninos deveriam ser mais como... as meninas".

A verdade é que preconceitos e estereótipos surgem muito cedo na vida de um menino, moldando e influenciando o modo como até os mais bem intencionados pensam a respeito dele. Em seu estudo intensivo sobre meninos de 4 e 5 anos, a psicóloga Judy Chu, da Universidade Stanford, observou o quanto pais e professores limitam "como é aceitável que os meninos sejam". Ela testemunhou um enrijecimento de identidade em alguns meninos, um estreitamento de opções e um "compromisso exagerado" com normas culturais e pressões em seus relacionamentos. Nos dois anos de imersão de Chu em salas de aula, meninos abertos e autênticos tornaram-se mais reservados e menos espontâneos. Ela escreveu: "O que muitas vezes é percebido e descrito como natural em meninos não é de fato uma manifestação de sua natureza, mas uma adaptação a culturas, que os obrigam a ser emocionalmente estoicos, agressivos e competitivos se quiserem ser percebidos e aceitos como 'meninos de verdade'".[6]

Por experiência própria, acho que os estereótipos masculinos são ubíquos e inconscientes, e influenciam a visão sobre meninos desde a concepção. Uma amiga, professora de biologia no ensino secundário, ficou grávida de gêmeos há alguns anos e me disse: "Eu sei qual dos bebês é menino". Curioso, perguntei como ela podia ter essa certeza. "É o que me chuta", explicou ela.

Niobe Way, pesquisadora de desenvolvimento na Universidade de Nova York, concluiu que ideias difundidas sobre meninos têm pouca base em evidências, e menos ainda nas suas verdadeiras necessidades. Ao contrário da crença convencional de que os meninos preferem autonomia e não se interessam por ligações firmes, aqueles encampados em seus estudos disseram a ela que morreriam ou enlouqueceriam sem seus amigos. Ela adverte que clichês culturais sobre meninos estão por trás de práticas familiares e educacionais equivocadas, e de falhas como desempenho escolar abaixo do esperado, isolamento, vícios e mau comportamento.[7]

No início da minha primeira experiência como pai, preconceitos culturais dos quais eu mal estava ciente vieram à tona, às vezes desastradamente. Nossa família morava em um dos bairros de casas geminadas que dão fama a Filadélfia. Logo abaixo na rua havia um pequeno playground, onde turmas de meninos pré-adolescentes se reuniam diariamente para jogar beisebol e basquete. Meu filho era um ávido atleta e adorava jogar, mas estava despreparado para o que aconteceu quando os meninos com quem ele jogava entraram na adolescência. Apesar de anos juntos, rindo e se divertindo com brincadeiras no quarteirão, vários deles se tornaram raivosos, intratáveis e aparentemente se esqueceram das antigas amizades. Por fim, incitado por eles, o grupo se virou contra meu filho, excluindo-o e expulsando-o do playground. Várias vezes ele voltou se arrastando para casa, com o rabo entre as pernas.

Em vez de deixá-lo sentado vendo televisão ou se distraindo sozinho com videogames, no início eu jogava com ele e tentava lhe infundir confiança para voltar ao playground. Mas em um sábado de manhã, em que eu me recuperava de uma semana intensa, encontrei-o mais uma vez nos degraus da frente, recém-chegado do *playground*, e disse que ele não podia entrar em casa. "Você tem que resolver isso", falei. "Estarei sempre aqui para o que for preciso, mas não posso deixar você simplesmente desistir." Ele tentou passar por mim, mas a humilhação e a frustração rapidamente explodiram. Ele exclamou que não queria voltar para a rua e desabou, gritando e chorando sem parar, tentando se esgueirar enquanto eu bloqueava sua passagem. Continuei dizendo: "Você consegue fazer isso, você não pode desistir". Um vizinho apareceu, preocupado com o que deve ter soado como um abuso contra o menino.

Eu estava ajudando ou meramente repetindo o clichê de que um menino nunca foge da briga? Eu estava ensinando a meu filho a terrível lição de que ele deve resolver os problemas, não importa o quanto se sinta temeroso ou destruído? Ao reagir ao que percebia como uma ameaça crucial ao futuro do meu filho em nossa rua, eu também estava reagindo a algo profundo dentro de mim. Até que ponto eu estava motivado pelo próprio medo de meu filho ser expulso do playground, privado dos prazeres da infância e condenado a uma vida apequenada?

Por sorte, descobri uma maneira de responder a essas questões que tocam a alma. Logo após a faculdade, entrei em uma rede de aconselhamento de pares, um acaso feliz que acabou levando à carreira que escolhi. Aprendi a escutar os outros e a ser ouvido por eles de maneira direta, paciente e profunda. Trabalhei nessa rede de pessoas comuns para resolver tensões e preconceitos que interferem em nosso funcionamento saudável. Tratava-se de um movimento para as pessoas restaurarem a capacidade de serem presentes e criativas nos relacionamentos, em vez de se limitar a velhos padrões relacionais. Como eu tinha chance de falar regularmente, nós se desfizeram, tensões acumuladas se dissiparam e a capacidade de ser sincero comigo mesmo aumentou tremendamente. A partir dessa prática de escutar os outros, eu também me tornei mais atento em geral. Ao longo dos anos, essas oportunidades de classificar minhas reações, sentimentos e pensamentos me ajudaram a lidar com desafios difíceis, como a morte do meu irmão e a perceber vieses embutidos na infância que limitavam minha visão de mundo. Eu consegui até reconhecer quando as reações dos meus filhos tinham mais a ver com a minha vida do que com a deles.

Assim, após aprofundar a autocrítica, percebi que estava tentando atingir um equilíbrio intrincado, entre dizer a meu filho que eu lamentava que seus amigos fossem maus com ele e manter a crença em seu poder de fazer sua vida funcionar bem, apesar dos obstáculos. Eu queria transmitir uma lição importante, que gostaria de ter entendido mais cedo: a de que ele podia escolher sua própria perspectiva, não importa o quanto se sentisse desesperançoso ou empacado. Posteriormente, em um momento mais calmo quando nos sentamos juntos, tentei passar essa mensagem para que ele pudesse me ouvir sem a perturbação, o medo e a frustração que havia sentido, mas eu sabia, que ainda restava uma certa preocupação. Diante da perturbação dele, a minha só podia amplificar o volume emocional.

Pais de meninos muitas vezes sentem urgência, pois não toleram mais ver o filho apático na escola, autocentrado em casa, derrotado por sua turma, grosseiro com a irmã ou irmão, insuficientemente agressivo nos esportes, ansioso, raivoso ou tímido. Eles, então, intervêm desastradamente em virtude da preocupação ou irritação. Tentam dar conselhos e ficam ainda mais frustrados ou alarmados quando seus filhos não os ouvem.

Felizmente, meu filho e eu sobrevivemos àquele momento nos degraus na frente de casa, mas vários outros momentos desse tipo ainda aconteceriam. Ele se tornou um professor paciente e maravilhoso de meninos e um pai carinhoso com seu filho. Não tenho certeza se ele captou a mensagem que eu pretendia passar. Mas, como todo menino, passou por numerosas situações desafiadoras e, certamente, teve de descobrir a própria coragem. Nosso relacionamento sobreviveu a muitos desafios, e acredito que ele compreende que até quando ajo de maneira desajeitada, só estou querendo ajudá-lo com os enigmas complexos da vida.

OS MENINOS QUE TEMOS

Em um grupo para pais de garotos adolescentes, fiz a seguinte pergunta: Vocês podem me dizer se alguém — um professor, um treinador ou um mentor — fez uma diferença positiva para seu filho? Todos esses pais e mães citaram um exemplo inspirador e, enquanto contavam essas histórias, a atmosfera na sala ficou cálida. Fizemos então uma oração pedindo que nossos meninos tenham uma vida boa, fiquem seguros, plantem raízes profundas e realizem seus sonhos. Encontrar ajuda era a maior das bênçãos!

Fiquei surpreso ao ver como os pais ficavam emocionados ao contar como alguém ajudara seus filhos. Um pai disse que certa vez seu filho mentiu para um professor após ser flagrado fazendo alguma coisa errada. Ele não desculpou o comportamento de seu filho, pois andava preocupado com esse mau hábito, que poderia ser muito prejudicial. No ano seguinte, aconteceu de o menino ter o mesmo professor de matemática. Mas, em vez de manter a má impressão sobre o garoto, o professor disse que ele apenas cometera um erro e teria uma nova chance. O professor se colocou à disposição para ajudá-lo e falou que tinha certeza de que o menino iria bem nas aulas. No final do ano, o menino teve as notas mais altas do que nunca, ganhou mais autoconfiança em matemática, e considerava o professor um de seus favoritos.

Uma mãe relatou uma época em que seu filho adoeceu e passou bastante tempo no hospital. Que durante a internação, seu professor não só se comunicava com ele regularmente sobre os trabalhos escolares, ajudando-o a ficar em dia com as aulas, como também fazia visitas e trazia bilhetes dos colegas de classe. A mãe explicou o impacto exercido por esse professor:

"Eu senti que eu e meu marido não éramos os únicos que se preocupavam com nosso filho, pois havia mais gente que se importava com ele. Essa pessoa ia visitá-lo e ver como ele estava, embora não tivesse essa obrigação. Eu sei que meu filho é um garoto incrível, mas o que me surpreendeu foi ver que outras pessoas também o achavam especial. Serei grata para sempre a esse professor".

Outra mãe relatou que um treinador se empenhou para ajudar seu filho a desenvolver habilidades esportivas, a ponto de o menino ser notado por treinadores em nível regional. Quando perguntei o que ela sentira ao observar o relacionamento dos dois, ela disse, "alívio".

"Alívio?", indaguei, então ela explicou:

"Sim, pois ele passou a acreditar em si mesmo. Meu maior medo era que ele não identificasse o que tem de especial. Agora acredito que ele tem algo em sua vida, um lembrete que vai durar para sempre".

Talvez esses sentimentos sejam comuns sempre que pais falam sobre os filhos, mas me pareceu que havia uma carga especial porque estávamos falando de meninos. Nada foi dito, porém, sobre a grande incerteza que os pais sentem em relação aos meninos, sobretudo hoje em dia, quando há tantas coisas que podem sair do controle. Segundo David Stein, autor de *Unraveling the ADD/ADHD fiasco*, o comportamento dos meninos, muitas vezes, gera consequências graves. Ele relata, por exemplo, que enquanto cinco meninos são diagnosticados com alguma espécie de "transtorno" psicológico, isso ocorre proporcionalmente apenas para uma menina.[8] Um trabalho de 2012 sobre as preferências por sexo de casais que pretendiam adotar crianças apontou que a opção por meninas era quase 30 por cento maior que por meninos. A explicação dos pesquisadores é que as meninas são consideradas "menos arriscadas".[9]

Particularmente nos tempos atuais, as pessoas podem ficar apreensivas ao saber que terão um filho. O ator Justin Baldoni, conhecido por seu papel como Rafael Solano na série televisiva *Jane the virgin*, partilha em conversas e por escrito a época em que sua mulher ficou grávida. "Havia outra emoção se formando dentro de mim enquanto a barriga da minha mulher crescia: terror", escreveu ele recentemente. O que era tão apavorante? Fazendo o papel de um ídolo das matinês, Baldoni confessou que desenvolveu uma relação nociva com o próprio corpo e se preocupava que o filho o imitasse. "Eu não queria que ele fosse como eu. Eu queria que ele soubesse mais, se sentisse melhor e se saísse melhor do que eu na vida."[10]

Todo mundo tem uma história sobre um menino que se meteu em uma encrenca, a exemplo do caso a seguir envolvendo um garoto da 7ª série.

Quando sua mãe me telefonou, David estava totalmente fora de controle: embora muito inteligente, estava indo mal na escola por falta de esforço e mau comportamento frequente; desafiava os pais e, às vezes, era cruel e abusivo com a irmã mais nova. Sua mãe havia tentado uma rede de apoio parental, mas suas sugestões amorosas, porém enérgicas, apenas aumentaram os conflitos entre os dois. Em uma sessão com David, descobri que ele acreditava piamente que a mãe não gostava dele e muito menos o amava. No calor das discussões amargas entre ambos, ela perdia o autocontrole e dizia coisas como "detesto ser sua mãe". Aparentemente havia sido assim por algum tempo e, ao entrar na adolescência, David passou a rejeitar com mais veemência os esforços dela para cuidar dele.

Eu me encontrei com Lily para perguntar como se sentia em relação ao filho, e ela admitiu que ele era difícil desde o início, ao passo que sua filha, que nasceu vários anos depois, era um sonho de criança. Enquanto falava sobre seu primeiro parto e a infância de David, ficou claro que Lily tivera depressão pós-parto e que as necessidades de seu filho a irritavam profundamente. Temerosa quando David a solicitava, Lily frequentemente se sentia travada. O relacionamento se estabeleceu nesses termos com o filho, e piorou quando ele entrou na adolescência.

Na verdade, David era bem agradável quando estava sozinho comigo e, no decorrer do tempo, criamos um laço. Ele sabia que eu gostava de nossas conversas e o achava talentoso e decente. Nós ríamos juntos, e eu era cauteloso para não culpá-lo pelas brigas com os pais, pelas notas ruins ou por seus problemas de conduta. Em vez disso, sugeria que, diante das circunstâncias, ele havia feito o melhor possível. Por fim, quando nossa conexão estava sólida, pude apontar a natureza autodestrutiva de seus comportamentos e ele admitiu que desejava que as coisas melhorassem. Eu também intervi junto aos pais de David, recomendando uma moratória na coerção e punição, e instruindo principalmente sua mãe a reconstruir o relacionamento enxergando as qualidades do filho. Como o garoto era muito vigoroso e adorava fazer bagunça, eu a estimulei a fazer guerras de travesseiros e estripulias com ele.

A situação tinha altos e baixos. David continuava cético quanto ao compromisso de sua mãe com ele, e Lily se esforçava para não o condenar por seu desrespeito e por não reconhecer seus esforços. Mas, à medida que ele crescia e se tornava mais interessado em relacionamentos com garotas, eu intensifiquei a carga. Expliquei que o tipo de relacionamento que tinha com sua mãe — seu posicionamento em relação a ela, sua experiência de proximidade e confiança com ela — definiria uma estrutura para outros relacionamentos. Recomendei uma intimidade mais saudável, a fim de deixar seu passado doloroso para trás. Propus também tolerância zero para quaisquer maus-tratos à sua irmã. No decorrer do tempo, com o incentivo da mãe, David conseguiu superar os maus hábitos relacionais que adquirira durante a infância.

Na época do Dia de Ação de Graças na 9ª série, quando já fazia alguns meses que eu não encontrava David, recebi o seguinte e-mail de sua mãe:

> "Eu só queria deixá-lo a par sobre David, mas foi bom não ter entrado em contato antes. De qualquer maneira, ele está indo maravilhosamente bem. Espero não estar atraindo azar por lhe enviar este e-mail. Mas penso muito em você e em quanto progresso foi feito enquanto nos consultávamos com você. E agora, finalmente, estou colhendo os frutos dos meus esforços. Ele está muito mais envolvido com o pai e comigo, e um pouco

mais gentil com a irmã. (Acho que ele só será realmente bom com ela quando for adulto.) Ele também assume mais responsabilidade por suas ações e admite quando está errado. O mais importante é que ele está permitindo que eu seja mãe dele. Não há como agradecer o suficiente por toda a sua ajuda, que tem sido inestimável!"

Essa família estava com problemas, e David estava à beira de piorar a um ponto que poderia afetar o resto de sua vida. No decorrer da minha avaliação, concluí que a crise da família se devia a uma teoria equivocada: os pais acreditavam que o filho estava se comportando mal de propósito e simplesmente testando seus limites em uma luta raivosa por poder. Essa teoria os levou a acreditar que a força e a culpabilidade moral eram as melhores respostas.

Minha intervenção foi na direção oposta, apontando que os meninos têm uma necessidade inerente de formar elos de confiança com seus pais. Eu via que David era traumatizado pela rejeição, ambivalência e negação de sua mãe, e falei com ambos sobre como as dificuldades maternas iniciais de Lily fizeram o relacionamento deles começar mal. Validar o sentimento de David, de ser tratado injustamente e também validar o empenho e o direito de sua mãe de ser respeitada, fez com que ambos sentissem que eu os compreendia. A partir daí, pude insistir com mais firmeza para que David melhorasse seu comportamento e o instiguei a ser o tipo de homem — irmão mais velho, filho, aluno, atleta — que ele realmente queria ser.

Para famílias que buscam ajuda na relação com os filhos, é importante considerar essas crises como uma oportunidade para repensar ideias que não estão funcionando e apostar em suposições mais acuradas. Após entender como as coisas se deterioram, pode-se conceber uma nova abordagem que inclua uma avaliação mais profunda da necessidade de conexão do menino. Em muitas famílias, pode haver um grande descompasso entre o que os pais esperavam de um filho e quem o filho é de fato. Dependentes da aceitação e do amor de seus pais, os meninos têm pouca escolha quando isso tem um preço. Inicialmente, a maioria se esforça para cumprir as esperanças e expectativas dos pais; alguns concluem que, por mais que se esforcem, provavelmente irão falhar e recorrem a outros expedientes para suprir suas necessidades. Mas a conformidade e o esforço para agradar têm uma desvantagem: a conclusão cínica do menino de que seu lugar no mundo está atrelado a satisfazer as necessidades dos outros. A natureza condicional do amor dos pais deixa muitos meninos inseguros.

É como se os pais acreditassem que podem encomendar um tipo específico de menino para se encaixar em seus sonhos, ou obrigar o que eles têm a caber no molde preferido. Quantos meninos ouvem de seus pais alguma versão da mensagem: de que precisam "virar homens"? Que precisam "dar mais duro" na escola ou nos esportes? Que precisam "conseguir"? Que precisam "engolir" seus sentimentos e demonstrar mais "coragem" e determinação? Antigas ideias masculinas de que dar mais duro é a resposta para tudo, ignoram dados científicos sobre como a coragem se desenvolve e como a motivação é profundamente interligada com o estado emocional de um menino. O problema em tentar encaixar um menino em uma identidade predeterminada é que ele recebe a mensagem de que não é uma pessoa suficientemente boa.

A CAIXA QUE CONFINA OS HOMENS

Quando era jovem, o escritor britânico George Orwell, autor de *1984*, foi policial na Birmânia colonial [atual Mianmar]. Em seu ensaio "Atirando em um elefante", de 1936, vagamente baseado em sua experiência, um policial é designado para matar um elefante furioso solto pelas ruas. Além de ter de atirar no animal, ele também precisa parecer friamente determinado a fazer isso. Uma citação dessa história está na abertura do filme *A máscara em que você vive*, que integrou a seleção oficial do Festival de Cinema de Sundance, em 2015. O filme acompanha meninos e rapazes que lutam para ser autênticos apesar da definição tacanha de masculinidade nos Estados Unidos". Conforme Orwell escreveu, "ele usa uma máscara e cresce tendo de caber nela".[11] A metáfora da máscara na verdade minimiza a extensão dos danos causados aos meninos.

O estudo "Man Box" (literalmente, Caixa do Homem), divulgado em 2017 pela Promundo-US, líder global em programas educacionais comunitários para homens e meninos, utilizou uma imagem mais forte: a caixa que os enquadra para agir como homens. O que fica dentro ou fora da caixa é determinado por comportamentos aceitáveis ou não para homens: autossuficiência, rudeza, atratividade física, homofobia, hipersexualidade, agressão e controle, por exemplo, são cabíveis. Os pesquisadores fizeram um levantamento junto a uma amostra representativa de homens na faixa etária entre 18 e 30 nos Estados Unidos, no Reino Unido e no México, e descobriram diferenças notáveis nos níveis de violência, prepotência (*bullying*), assédio sexual, depressão e pensamentos suicidas entre rapazes que estavam "dentro" ou "fora" da caixa. A equipe de pesquisa concluiu que "os efeitos da Caixa da Masculinidade" são graves e preocupantes. A maioria dos homens que aderem às regras da "Caixa da Masculinidade" é mais propensa a colocar sua saúde e bem-estar em risco, a privar-se de amizades íntimas, a relutar em pedir ajuda quando precisam, a sentir depressão e a pensar frequentemente em dar cabo da própria vida[12]".

Os primeiros pesquisadores de gênero, como Sandra Bem, pioneira no estudo de papéis polarizados e estereótipos de gênero, atestou que os meninos se prendem mais rigidamente a normas de gênero do que as meninas. Uma menina ter comportamento masculinizado é bem diferente de um menino ser "mariquinha". Tanto em casa quanto no playground, os meninos são repreendidos com mais vigor caso se desviem do roteiro prescrito. Em seu livro *The courage to raise good men*, a terapeuta familiar Olga Silverstein citou um estudo envolvendo uma pesquisa no qual uma mãe segurando um bebê — vestido de branco e cujo sexo não era identificável — se sentava na sala de espera de um consultório médico. Quando a enfermeira a chamou, essa mãe perguntou polidamente às pessoas na sala de espera se elas se importariam em segurar o bebê durante sua consulta com o médico. Uma câmera oculta gravou o que aconteceu. Ao ser identificada como menina, a criança ganhou colo e todos conversaram e brincaram com ela; quando identificada como menino, a criança ficou a maior parte do tempo no tapete e a deixaram brincar com chaves.[13]

Mães desempenham um papel importante no drama da masculinização. Para seu livro *The mama's boy myth: why keeping our sons close makes them stronger*, de 2013, a jornalista Kate Stone Lombardi entrevistou mães de meninos para investigar como as pressões culturais influenciavam seus relacionamentos. Ela constatou que preconceitos fortes influenciam as mães a se afastar dos filhos, mesmo que isso vá contra o bom-senso. Ela escreveu o seguinte: "Durante pelo menos um século, a sabedoria vigente sobre mães e filhos era que uma mãe que permanece próxima do filho após ele atingir a tenra idade de cinco anos está agindo inapropriadamente. Ela é aquela mãe sufocante destinada a impedir que seu menino cresça e se torne um homem forte e independente".[14]

O estudo da Promundo se debruçou sobre diversas fontes de pressão para se ajustar a normas masculinas tradicionais. Entre rapazes nos Estados Unidos, 60 por cento concordaram com a seguinte afirmação: "Meus pais me ensinaram que 'um homem de verdade' deve agir com firmeza, mesmo que se sinta nervoso ou atemorizado". Em termos de lições da infância, houve uma consistência notável entre o que as famílias e a sociedade, em geral, incutiam neles. Três em cada quatro respondentes concordaram que "caras devem agir com firmeza mesmo quando estão atemorizados ou nervosos" e 68 por cento concordaram que "um cara que não revida quando os outros o importunam é fraco".[15]

O treinamento de masculinidade de um menino tem início em sua família e se acelera na escola. Observando seu grupo de 4 a 6 anos em fase de alfabetização, Judy Chu presenciou como os meninos diretos, articulados, atentos e presentes em seus relacionamentos passaram a fingir e se tornaram reservados. Segundo Chu, eles se tornam "cínicos, sérios, menos exuberantes e mais descontentes". O desenvolvimento dos meninos, concluiu ela, parte da "presença para a aparência por meio da postura", à medida que eles percebem que o que importa não é quem são, mas como desempenham seu papel.[16]

Os danos causados aos meninos vão muito além do hábito de fingir. Ideias exageradas sobre masculinidade, difundidas na cultura e propagadas por imagens na mídia, games e televisão, incitam os meninos a comportamentos extremados. No estudo de Chu, os meninos formaram um "time do mal" para "incomodar as pessoas" — particularmente as meninas da classe. O pensamento grupal excedeu os sentimentos de empatia nutridos individualmente pelos meninos.

No final dos anos 1990, houve uma preocupação crescente de que havia muita coisa errada na vida dos meninos com problemas de infância que perduram até hoje. Segundo os Centros de Prevenção e Controle de Doenças (CDC) dos Estados Unidos, pais de meninos na faixa etária entre 4 e 17 anos que procuram a ajuda de profissionais de saúde ou de educadores, perfazem quase o dobro da taxa de pais de meninas. Além de correr riscos por impulso, da desatenção e dos problemas de conduta, os meninos perdem para as meninas em termos de habilidades sociais e comportamentais, que facilitam o êxito na escola, pois são mais inquietos, desinteressados, rebeldes e incontroláveis. Ao ser disruptivos, incapazes ou relutantes em acatar os limites impostos pelos adultos, os meninos acabam sendo alvo de ações corretivas por parte dos professores. Eles também recebem mais sanções disciplinares e prescrições de medicamentos, embora, conforme argumenta o renomado pesquisador de desenvolvimento infantil L. Alan Sroufe, da Universidade de Minnesota, "até o momento, nenhum estudo comprovou que medicamentos para déficit de atenção tenham qualquer benefício em longo prazo para o desempenho acadêmico, os relacionamentos com os pares ou problemas comportamentais".[17]

Meninos também têm muito mais probabilidade do que meninas de agir de maneiras que aumentam o risco de doenças, ferimentos e morte para si mesmos e para os outros: com maior frequência, eles portam armas, participam de brigas físicas, não usam cintos de segurança, dirigem alcoolizados, fazem sexo sem proteção e consomem bebidas alcoólicas ou drogas antes de relações sexuais. A correlação entre essas normas masculinas e comportamentos grosseiros é preocupante. Em outro estudo multicultural, o antropólogo David Gilmore, da Universidade Stony Brook, descobriu que diversas práticas de misoginia, que ele chama de "doença masculina", são uma manifestação da luta para sufocar tudo o que os homens percebem em si mesmos como feminino. Ele escreveu que "homens que odeiam mulheres odeiam ainda mais a si mesmos".[18]

A vida dentro da caixa ou por trás da máscara não só deixa os meninos confinados, como também corrói sua bondade e suas virtudes. Protegidos por uma máscara que serve de fachada, os meninos tornam-se isolados e sem amarras, perdendo o "verdadeiro norte" das conexões com os outros em sua bússola moral. Falsos arroubos de autenticidade e uma "pose de bacana" jogam a sinceridade por terra, e o desinteresse acadêmico substitui o empenho. Tudo o que seus pais ensinam sobre justiça, integridade e sinceridade é motivado por uma cultura de "brodagem" na qual os pares se policiam e farreiam como no filme *Clube dos cafajestes*. Compelidos a se adaptar ao grupo, os meninos ficam vulneráveis a forças que visam, especificamente cooptar suas mentes e seus corações. Desligados de suas famílias, por exemplo, os meninos ficam mais suscetíveis às pressões do marketing da indústria da pornografia, que distorce a sexualidade humana e o amor. E a lista de prejuízos se estende muito além.

A BOA NOTÍCIA

Felizmente, há uma solução para os problemas da infância. Se tivermos coragem, poderemos nos abrir às verdadeiras experiências dos meninos e agir para propiciar uma infância que permita que nossos filhos sejam quem de fato são. A grande leva de livros sobre meninos no final dos anos 1990 trouxe percepções importantes, embora tendesse a duas visões polarizadas: (1) a de que os meninos são biologicamente programados para brincadeiras turbulentas, agressão gratuita e correr riscos incessantemente, ou (2) de que eles são inocentes ingênuos e vítimas da opressão social que sofrem em silêncio. Em ambos os casos, os meninos são vítimas, seja de sua genética, ou de suas ecologias sociais. Faltou considerar, porém, a parte encantadora e inspiradora da imaginação de um menino em relação à sua vida.

No entanto, sou otimista e acho que uma revolução histórica está em andamento. Embora, meninos continuem sujeitos a mitos e preconceitos enraizados no passado, apesar de maneiras novas e mais saudáveis de ser homem ainda não tenham substituído velhos paradigmas, as contradições entre realidades econômicas, dinâmicas familiares e normas tradicionais fazem com que a reinvenção da infância seja inevitável. À medida que novas demandas sociais revelam as limitações gritantes da velha infância, ideias novas se disseminarão.

Aqui estão vários exemplos em pequena escala sobre o que é possível:

Quando um internato para meninos, em funcionamento há 150 anos, passou a aceitar meninas, houve um problema inédito. Poucos anos após o ingresso de meninas, os meninos da 9ª e 10ª séries começaram a mudar de escola. Fui então chamado para ter encontros com os alunos, suas famílias e professores, a fim de descobrir alguma explicação para a infelicidade recente dos garotos, o que não foi difícil. Sob os narizes de todo mundo, havia um sistema de trotes praticamente invisível que encorajava os meninos mais velhos a maltratarem os mais novos, mas sem paralelo entre as meninas. Os meninos entravam em uma escola embebida em rituais sombrios para desenvolver a masculinidade e sofriam abusos consideráveis, mas ouviam a promessa de que poderiam ir à forra com os meninos novos que chegariam depois. Tratava-se de uma tradição, defendida como formadora de caráter e tacitamente endossada pelos pais, professores, treinadores e administradores escolares. Mas na nova convivência mista, com as garotas tendo uma experiência tão diferente, os meninos mais novos toleravam cada vez menos os sofrimentos que lhes eram impostos. A maneira como a escola sempre se conduziu e seu modelo para o desenvolvimento dos meninos foram rompidos.

Eu ofereci provas da ligação entre os trotes e os atritos, e os diretores da escola passaram a agir com pulso firme. Eles reestruturaram seu programa para meninos mais novos, enfatizando segurança e mentoria, e fizeram progressos constantes para eliminar a tradição dos trotes. Apesar da resistência teimosa às mudanças, os trotes diminuíram gradualmente nos relacionamentos dos meninos, assim como a taxa de atritos na escola. Atualmente, ela pode ser considerada uma instituição moderna.

Outro exemplo, surgiu no tempo reservado a perguntas e respostas após uma palestra que dei aos pais. Ficou claro que eles haviam ido até lá em uma noite fria de inverno no meio da semana com a esperança de encontrar ajuda em relação às suas preocupações com os meninos. Mães e pais compartilharam histórias pessoais repletas de ansiedade, perda e frustração. Uma mãe ergueu a mão. Ela explicou que era separada do marido e que seu filho foi se tornando cada vez mais intratável. Ele estava retraído, rude e rejeitava a autoridade dela para estabelecer limites.

Ela perguntou: "Isso é normal? Ou eu devo deixar que o pai tome conta dele agora durante a adolescência?"

Houve manifestações de compreensão e concordância entre os presentes. Como ouço esse tipo de pergunta desde o início do meu trabalho, ela já se tornou previsível. Em painéis com especialistas, ouvi até afirmações de que, obviamente, só outro homem pode se ocupar da iniciação de um menino na fraternidade masculina. Um especialista, inclusive aconselhou que cabe à mãe "construir a ponte entre pai e filho".

No entanto, essa visão apresenta problemas em diversos níveis. Para começar, não há comprovação de que apenas outro homem possa apoiar um menino para se tornar um homem. Na verdade, é mais provável que tal mentoria assegure a perpetuação de ideias tradicionais ultrapassadas. Isso não significa que meninos não possam aprender coisas importantes no convívio com um homem mais velho: como ele se levanta pela manhã, se barbeia, se relaciona com a mulher, resolve suas pendências. Meninos adoram ver o que outros homens fazem. Na ausência de um contato real, os meninos de fato ficam mais vulneráveis a opiniões exageradas. Mas a ênfase em aprender a masculinidade pode obscurecer o desenvolvimento mais vital da humanidade de um menino e a aquisição das habilidades necessárias para ter êxito na sociedade atual.

Portanto, eu disse o seguinte àquela mãe: "Como eu valorizo os relacionamentos sólidos entre meninos e seus pais, a ideia de que as mães devem se refrear em seus relacionamentos por medo de prejudicar a masculinidade dos filhos — transformando-os em 'filhinhos da mamãe' — vai contra tudo o que cientistas do desenvolvimento entendem sobre a necessidade infantil de uma ligação afetiva segura e confiável. Os meninos, assim como as meninas, têm necessidades humanas básicas que, caso sejam ignoradas, os colocam em perigo. A criança que não tem a aceitação e o amor incondicionais de um pai, uma mãe — ou de alguém em algum lugar — se tornará menos ousada e confiante, e mais vulnerável a diversas influências negativas".

"Por favor, mantenha seu filho próximo de você", eu a incentivei. "Saber que conta com você enquanto se lança no mundo fará toda a diferença para ele."

Houve pais assentindo com a cabeça e expressões de surpresa, gratidão e confiança renovada nos rostos das mães. O que me surpreendeu foi como essa mãe era refém de más ideias que violavam quase todos os seus instintos maternos, mas estava disposta a começar a confiar nesses instintos.

Um terceiro exemplo ocorreu em um programa de prevenção contra violência, destinado a garotos no início da adolescência em bairros na Filadélfia e arredores. Como há um elo forte entre tornar-se violento e presenciar, ou ser alvo de violência, minha equipe de pesquisa começou avaliando a exposição dos meninos à violência: presenciar brigas, ver tiroteios fatais ou ouvir disparos, vivenciar diretamente crimes e ameaças pessoais. A meta era criar um programa fundamentado em dados reais sobre a frequência e gravidade de experiências que evocavam a reação de lutar ou fugir, que é característica do estresse agudo.

Nós descobrimos níveis alarmantes de violência. Apesar da evidência de fatores anormais de estresse ambiental, nossos financiadores e o comitê consultivo demonstraram ceticismo sobre se esses meninos se beneficiariam de uma intervenção que visava protegê-los e ajudá-los a se recuperar do estresse tóxico. Alguns argumentaram que, como os estresses eram demasiado graves, os meninos eram irrecuperáveis, ou que seus recursos eram escassos demais, e que as normas comunitárias em prol da violência eram demasiado arraigadas. Velhos preconceitos raciais, de classe e de gênero afloraram, assim como ideias de que seria melhor manter as coisas exatamente como estavam.

Mas as pressões para evitar que meninos em risco se tornassem ainda mais vitimados foram persuasivas. Nós organizamos grupos após o horário letivo e descobrimos rapidamente que muitos meninos estavam extremamente felizes de se encontrar com outros, e com um líder adulto para expor como se sentiam em relação a diversos aspectos da vida. Muitos meninos inclusive, compareceram durante anos para conversar, divertir-se com jogos e geralmente extravasar as tensões que sentiam em casa, na escola e no bairro. As conversas sem rodeios permitiam que eles fossem honestos sobre o que sentiam e, conforme uma pesquisa de avaliação confirmou, os deixavam menos vulneráveis a reencenar cegamente situações violentas.

Quando indagados, muitos meninos partilharam o sentimento expressado por Terrence de que, embora às vezes tivesse que se defender fazendo uso da força, "não gosto de brigar". Um garoto mais novo, Juan, elaborou melhor essa visão: "Em geral, sou uma pessoa que não gosta de brigar e tem mais interesse pelas meninas. Eu não brigo, afinal, sou um amante, não um lutador, certo? Escrevo poemas e faço outras coisas".

CRIANDO HOMENS ÍNTEGROS

Em cada um desses exemplos, uma leitura mais verdadeira dos meninos superou o preconceito histórico. Tendo o compromisso com o desenvolvimento humano dos meninos como ponto de partida, resultados bem diferentes em famílias, escolas e comunidades entraram em foco. A especialista em ética Martha Nussbaum, da Faculdade de Direito da Universidade de Chicago, sugeriu que "o que as pessoas de fato são capazes de ser e fazer" seja a mensuração moralmente apropriada de se uma criança recebe os devidos cuidados.[19] Na visão dela, o que define uma sociedade ética é a criação de condições — recursos e relacionamentos — para que as crianças transformem capacidades inatas em habilidades reais. Que tipo de infância permite que os meninos alcancem a plenitude de suas capacidades humanas?

Linhas convergentes de pesquisa apontam uma única direção. Segundo a psicóloga Niobe Way, "o que nos torna humanos são nossas habilidades relacionais e emocionais, e precisamos descobrir maneiras de fortalecer essas habilidades cruciais para a vida".[20] Ela observou ainda uma mudança marcante na qualidade das conexões dos meninos entre o início e o final da adolescência. Enquanto meninos mais novos conseguiam cuidar, ter empatia e partilhar a intimidade e a vulnerabilidade entre si por grande parte da infância, pressões culturais eram inevitáveis para garotos adolescentes. Afastados de seus amigos próximos, os meninos perdiam o contato com fontes básicas de conexão e compartilhamento, assim como a disposição para se expressarem emocionalmente, por temor de serem considerados como "gays". Embora achassem que sem seus amigos a vida era triste, e, às vezes, insuportável, poucos meninos conseguiam nadar contra essa correnteza forte. A maioria se enroscava no destino conhecido de refreamento emocional, isolamento social e inautenticidade pessoal.

A pesquisa de Way coincide com pesquisas em vários outros campos. Novos estudos sobre o desenvolvimento cerebral sublinham o quanto as suposições tradicionais estão distantes da realidade. A psiquiatra Amy Banks, do Instituto Jean Baker Miller da Universidade Wellesley, argumenta que a concepção de independência e individualidade no cerne do sistema de valores da infância masculina vai contra o próprio projeto da anatomia humana, e acrescenta que o campo relativamente novo da neurociência relacional ensina que os relacionamentos não são meros acasos felizes, e sim essenciais para o bem-estar humano. Toda pessoa, seja do sexo masculino ou feminino, é "constituída para funcionar dentro de uma rede de relacionamentos humanos afetivos".[21] Quando as pessoas são alijadas de suas conexões, há uma cascata neural negativa. Saúde e felicidade são funções vitais dessas conexões relacionais.

A prova disso está em nossos cérebros e corpos. Banks identifica quatro sistemas neurobiológicos distintos que asseguram que cada pessoa esteja em sincronia com as outras: o nervo vago, que nos ajuda a reagir com a emoção apropriada em contextos sociais; o córtex cingulado anterior dorsal, que modera nossas reações à exclusão social e ao sofrimento; o sistema de espelhamento, que nos ajuda a captar o que está se passando com os outros e a reagir emocionalmente a eles; e o sistema de recompensa da dopamina, que governa as experiências de prazer em relacionamentos. Tais ideias neuroanatômicas têm implicações importantes para a parentalidade.

Em seu livro *Parenting from the inside out: how a deeper self-understanding can help you raise children who thrive*, o doutor Daniel J. Siegel e a coautora Mary Hartzell desafiam a visão tradicional de que os meninos se desenvolvem como tal por causa de seu legado biológico masculino. "Experiência *é* biologia", argumentam eles. "A maneira como tratamos nossos filhos muda o que eles são e como irão se desenvolver."[22] É a "neurobiologia interpessoal" subjacente à formação dos modelos mentais das crianças, que guia como elas se relacionam com os outros: "Neurônios que disparam juntos se ligam", segundo o psicólogo canadense Donald Hebb.

Siegel e Hartzell citam descobertas de um estudo marcante sobre desenvolvimento infantil no qual pesquisadores aplicaram a pais o Inventário de Apego Adulto (uma escala que mensura a qualidade do apego entre pais e filhos) e descobriram que o teste previa com 85 por cento de exatidão a qualidade do apego de seus filhos em relacionamentos subsequentes. No sentido de que "meninos sempre serão meninos", isso significa que justamente o oposto é verdadeiro: "Interações com o ambiente, especialmente relacionamentos com outras pessoas, moldam diretamente o desenvolvimento da estrutura e das funções cerebrais", conclui Siegel.[23]

Meninos no início da adolescência são vulneráveis, mas têm uma fé profunda naqueles que cuidam deles. Mas, se sofrerem decepções nesse sentido, eles passarão a agir como o canário em uma mina de carvão, ou seja, emitirão sinais de algum perigo iminente, em razão das a condições de desenvolvimento que não fornecem oxigênio suficiente, ou seja, conexões relacionais, ajuda, segurança e amor. Não é necessário submeter os meninos a rituais punitivos para calejá-los, tampouco devemos abandoná-los para que desenvolvam autonomia. O que tantos pais subestimam é a bondade que deve nutrir nossos relacionamentos com os filhos. Abertos e suscetíveis a uma ampla gama de influências, além daquelas exercidas por suas famílias, o que serve de base aos meninos é a imagem que têm das pessoas que cuidam deles, os mantêm em seus corações e lhes asseguram que não estão sozinhos. Nenhum de nós tem o poder de tornar os filhos invulneráveis, mas jamais devemos menosprezar o poder de nossas conexões para fortalecê-los e mantê-los seguros.

A psicóloga Alison Gopnik, da Universidade da Califórnia em Berkeley, é contra abordagens de criação de filhos que os direcionem demais para resultados predeterminados. Revendo pesquisas sobre desenvolvimento infantil, ela assevera que pais e outros adultos responsáveis recorrem à metáfora errada. E observa que foi somente a partir de meados dos anos 1950, quando a vida em família mudou em virtude dos novos padrões de trabalho e consumo, que o conceito de "parentalidade" entrou em voga. Por essa nova visão, a parentalidade era como o trabalho de um carpinteiro que pega um pedaço de madeira e o transforma em algo predeterminado, como uma mesa ou uma cadeira.

Já para Gopnik, ser pai ou mãe é como o trabalho de um jardineiro: "Na jardinagem, nós criamos um espaço protegido e com nutrientes para que as plantas floresçam".[24] Baseada em estudos de neurociência e de laboratório, ela explica que as crianças não são projetos, e que a parentalidade tem mais a ver com *relacionamentos* do que com resultados. "Ser pai ou mãe — cuidar de uma criança — é participar de um relacionamento humano profundo e singular e se envolver em um certo tipo de amor", escreve ela. Isso não significa que o amor parental seja sem rigor ou demandas; na verdade, ele é altamente imbuído de propósito.[25] E Gopnik acrescenta:

"O amor não tem metas, marcos de referência nem plantas-baixas, mas certamente tem um propósito. Esse propósito não é mudar as pessoas que amamos, mas dar a elas o que precisam para florescer. O propósito do amor não é moldar o destino do ente amado, mas ajudá-lo a se moldar".[26] Meninos não são meros robôs que portam automaticamente os emblemas da infância. Eles fazem escolhas, testam diversas coisas a partir de opções limitadas, às vezes até limitadas demais, e frequentemente estranhas a seus próprios valores. Eles calculam e procuram brechas que deem a chance de ser eles mesmos. Quando os contextos são sombrios e as regras masculinas são inflexíveis, com bandos de meninos policiando as normas do grupo e prontos para atacar, os meninos se sentem sozinhos, esmagados e desesperançados. Mas em bons relacionamentos a igualdade, a autenticidade e o amor brotam, à medida que os meninos amadurecem sua visão sobre si mesmos como homens.

Reconhecer o quanto os meninos são relacionais pode revolucionar a infância. Muitas vezes, as pressões por conformidade podem vergar até os meninos mais corajosos ou criativos. Mas, quando eles têm apoio suficiente para seguir as próprias cabeças e sentir-se seguros, podem reagir de maneira mais saudável e se adaptar melhor a mudanças nas circunstâncias. A melhor maneira de preparar os meninos para o mundo, não é treiná-los para seguir padrões ultrapassados, mas permitir que sua humanidade floresça. Conforme Gopnik afirma, "mesmo que nós conseguíssemos moldar acuradamente os comportamentos dos filhos de acordo com nossas metas e ideais, isso seria contraproducente. Não é possível saber de antemão que desafios inéditos as crianças do futuro enfrentarão. Moldá-las à nossa própria imagem ou à imagem de nossos ideais atuais pode impedi-las de se adaptar às mudanças no futuro".[27]

Eu dirigi uma série de estudos globais que investigaram quais estratégias educacionais funcionam para meninos. Meus colegas e eu acabamos chegando à mesma percepção urgente de milhares de professores e meninos. Quando são envolvidos relacionalmente, devidamente considerados, conhecidos e compreendidos da maneira que se conhecem e se compreendem, os meninos *tentam melhorar*. Quando são efetivamente amparados, meninos que estão falhando e tendo mau desempenho tornam-se envolvidos, progridem e superam as expectativas. Meninos distraídos e birrentos em sala de aula se tornam colaboradores atentos e respeitosos. A direção oferecida pelo papel dos relacionamentos para perceber as capacidades dos meninos de se comprometer não se limitava à escola. Relacionamentos atentos e carinhosos *transformam* os meninos — sobretudo aqueles em condições adversas ou em perigo.

A verdadeira magia dos relacionamentos dos meninos com seus pais, professores, treinadores e mentores reside na maneira como são internalizados, assim, formando suas mentes e corações. Para nós, a firmeza de caráter depende mais de seu cultivo do que da genética ou da constituição individual. Crianças são mais propensas a desenvolver a ambição e a compaixão sob condições de desenvolvimento que cultivem essas qualidades. Virtudes não são aprendidas com preleções religiosas ou na escola. Na verdade, virtudes e firmeza de caráter resultam da experiência da criança ao enfrentar desafios, tomar decisões, e incorporar lições de vida a seu senso emergente do Eu. Da mesma maneira que meninos estão ficando para trás na educação em consequência da compreensão inadequada de suas necessidades relacionais, um número enorme de meninos não desenvolve as virtudes e forças necessárias, em razão da confusão sobre o poder dos relacionamentos para formar o caráter.

Em 1993, William Bennett, que foi secretário de Educação na época do presidente Ronald Reagan, publicou *The book of virtues: A treasury of great moral stories* — uma resposta a preocupações, em todo o país, sobre o estado moral da juventude dos Estados Unidos. Outros esforços nacionais para promover a educação do caráter também surgiram nesse mesmo período, com destaque para a Character Counts! Coalition, um projeto do Instituto de Ética Joseph e Edna Josephson, que apregoava "Seis Pilares do Caráter": fidedignidade, respeito, responsabilidade, justiça, cuidado e cidadania. Conforme a coalizão explica em seu site, "em relacionamentos pessoais, na escola, no local de trabalho — na vida — quem você é faz a diferença! O caráter não é hereditário e nem se desenvolve automaticamente. Ele deve ser desenvolvido conscientemente por meio de exemplos e demandas".[28]

Mas, à medida que o movimento em prol da educação do caráter crescia, com o apoio de verbas federais, estudiosos começaram a esmiuçar melhor como o caráter de fato se desenvolve. O psicólogo Marvin Berkowitz, da Universidade do Missouri, em St. Louis, resumiu a "ciência da educação do caráter". Na visão de Berkowitz, "é evidente que a principal influência sobre o desenvolvimento do caráter de uma criança é *como ela é tratada pelas outras pessoas*". De fato, a formação do caráter de uma criança começa já em seu primeiro ano de vida, por meio de seu relacionamento com os pais. Ele escreve: "O desenvolvimento de um vínculo de apego, o poderoso relacionamento emocional que se forma entre uma criança pequena e seu principal cuidador (geralmente a mãe), pode ser o passo mais importante no desenvolvimento do caráter".[29]

Nel Noddings, famosa professora de Educação na Universidade Stanford, mãe de dez filhos, avó de 39 e bisavó de mais de 20, desafiou a "longa história repleta de vicissitudes" da educação do caráter e sugeriu a "ética do cuidado", como abordagem alternativa.[30] Ela explicou que os valores das crianças se originam de suas experiências pessoais relativas ao cuidado: "Aprendemos primeiro a ser cuidados e a reagir aos esforços carinhosos de uma maneira que os apoie".[31] Ela se preocupava se essa ética do cuidado era bem cultivada em famílias e escolas, e fez um grande apelo social em prol da natureza crucial desse trabalho. "Provavelmente é verdade", escreveu ela, "que a pessoa precisa aprender a ser cuidada e a se cuidar, antes de aprender a cuidar dos outros."[32]

Atualmente, há uma oportunidade real de tratar a infância da maneira correta — talvez até pela primeira vez. Na longa história da infância, o progresso social se deu em períodos de fomento social. As preocupações sobre o "fim dos homens" podem enfim incitar a honestidade e a coragem necessárias para criar novas oportunidades para os meninos. Nesse caso, especialistas em infância podem propiciar um entendimento bem melhor do que nunca, sobre como os meninos aprendem, crescem e adquirem virtudes. Pesquisas minuciosas que de fato *escutaram* meninos e identificaram ameaças a seu florescimento, podem apontar o caminho para uma infância mais saudável, mais humana e que receba mais apoio.

Nos capítulos a seguir, eu cito desafios específicos e sugiro estratégias para guiar o apoio a todos esses filhos, alunos e atletas. Embora eu partilhe histórias de meninos que atendo em meu trabalho, as estratégias serão mais táticas do que específicas, mais sobre *nós* do que sobre *eles*. O que eu ofereço aqui é mais uma postura do que uma receita. Se há uma coisa que aprendi como pai, com anos de atendimento clínico, intervenção comunitária e observações para pesquisa, é que o desenvolvimento humano é uma força poderosa e digna de confiança. Quando fazemos tudo corretamente e satisfazemos as necessidades de nossos filhos, eles crescem de maneiras notáveis. Meninos ancorados em apegos fortes por pais, professores, mentores e treinadores que os apoiam, conseguem ser eles mesmos e sua humanidade floresce. Ao longo de *Como educar meninos*, descrevo como formar e manter conexões fortes com meninos que estão enfrentando desafios em uma infância que ameaça afastá-los de seus ancoradouros.

E desde que cultivemos todas as suas capacidades humanas, incluindo coragem e integridade, estou confiante de que os meninos irão nos surpreender com sua reinvenção de uma infância bem adaptada a este novo mundo.

CAPÍTULO 2

~~~

LIBERTANDO OS MENINOS

Há um paradoxo confuso no cerne do desenvolvimento masculino. Por um lado, a determinação de pais e escolas para ensinar os meninos a serem homens, representa um desejo sincero de ajudá-los. Mesmo com a melhor das intenções, porém, quando os pais se preocupam em ensinar lições sobre o que é ser homem, isso pode reduzir seus filhos a projetos, e desconsiderar suas personalidades singulares a fim de inseri-los — muitas vezes à força — em caixas tradicionais.

Meninos têm a capacidade de imaginar suas vidas. Inspirados em seus sonhos, eles podem e de fato *resistem* a todos os esforços para transformá-los em algo que não são. Em vez de considerar essa resistência como mero capricho ou aversão proposital, os cientistas do desenvolvimento passaram a entendê-la como uma expressão de autopreservação, o instinto humano mais básico. Enquanto luta por quem é e em quem se tornará, a criança exercita os valores fundamentais da integridade e coragem. Nos anos 1980 e 1990, estudos sobre a resistência das meninas aos limites e sacrifícios da sociabilização sexista, mostraram como as crianças lutam naturalmente para expressar seus verdadeiros sentimentos.

Mas, às vezes, a pressão para se ajustar a normas sociais, inclusive às danosas, torna-se esmagadora se a resistência é punida. É sempre um mistério se um menino irá ceder ou resistir a essas pressões. Quais são as condições internas e ambientais que apoiam a resistência saudável de um menino?

A sociabilização de gênero é especialmente vigorosa com os meninos. Em todos os seus relacionamentos — com os pares, pais e professores —, há um sistema de recompensas e punições em ação para eliminar as qualidades femininas, e inculcar os ideais masculinos. Estilos de brincadeiras, brinquedos, tarefas, disciplina e padrões de interação com adultos reforçam a conformidade a essas normas. Como essa sociabilização pode ir contra os instintos básicos, dizem que a identidade masculina é "frágil", o que talvez explique por que ela é inculcada com tanto zelo. Justificativas de diferenças biológicas são apoiadas por pseudociência. Embora nos dias atuais o mantra "biologia é destino", raramente seja aplicado a meninas, explicações hormonais e cerebrais são tão comuns para meninos que mal se percebe sua incongruência.

Até especialistas se debatem com estereótipos masculinos. A psicóloga Judy Chu ficou surpreendida no encontro inicial com os seis meninos da pré-escola para seu estudo que durou dois anos. Conforme escreveu em seu livro *When boys become "boys": development, relationships, and masculinity*, no princípio ela "não sabia o que fazer diante do comportamento desordeiro, turbulento e aparentemente agressivo dos meninos[1]". Uma brecha surgiu quando um menino, após cumprimentá-la calorosamente, fez uma arma com a mão e atirou nela; sem saber como reagir, ela desviou o olhar. Porém, mais tarde naquele dia, quando ele repetiu o gesto, a doutora Chu sorriu e fingiu atirar nele. Pacientemente, o menino explicou que ela devia cair como se estivesse morta, então ele lhe daria uma nova chance. Quando ela fez o que ele pediu, o garoto ficou satisfeito. Posteriormente, quando ambos já haviam formado uma conexão, o menino pediu para se sentar no colo dela durante a narração de uma história.

À medida que ficava mais ciente dos vieses que limitavam seu entendimento do que estava acontecendo, Chu procurou perceber "não só a fisicalidade e agressividade" dos meninos (ou seja, comportamentos que refletiam estereótipos masculinos), mas também sua delicadeza e serenidade.[2] Em seus relacionamentos com eles, ela observou que alguns eram "próximos, recíprocos e receptivos" entre si, desmentindo os mitos de que os homens são individualistas, autocentrados e avessos a se relacionar.[3]

Mas, no decorrer dos dois anos de convivência, os meninos mudaram, tornando-se menos autênticos e mais propensos a fingir e a posar. A pesquisa de Chu mostra que a primeira desconexão dos meninos é consigo mesmos, o que desencadeia uma série de perdas e separações no desenvolvimento. Tentando se esconder de uma infância que poderia condená-los e puni-los, os meninos adotam a única opção realmente segura. Trata-se de uma estratégia curto prazo com consequências em longo prazo.

Mentora de Chu, a pioneira feminista Carol Gilligan detalhou as diversas maneiras como as crianças lutam para preservar sua integridade. Às vezes, sua resistência aflora de maneiras psicologicamente saudáveis, sobretudo quando elas acham alguém com quem possam conversar sobre o que estão passando. Às vezes, suas estratégias são mais internas, envolvendo um distanciamento e uma postura pública falsa. A resistência é uma reação natural de um menino a pressões para ser algo que ele não é, e o estresse agudo pode levá-lo a se desconectar de si mesmo quando não consegue mais se afirmar.

Na pesquisa de Chu houve muitos exemplos de resistência dos meninos, "basicamente contra silenciarem seus Eus, por assim dizer, e contra renunciarem a seu senso de arbítrio[4]". Em minha pesquisa, encontrei meninos de vários tipos que resistem a pressões culturais, porém, a seguinte percepção básica se aplica a todos: o quanto eles preservam seu humanitarismo e sua autenticidade, seja em público ou privadamente, depende da qualidade dos relacionamentos que têm em suas famílias, escolas e bairros.

APOIANDO A AUTENTICIDADE DOS MENINOS

É possível imaginar um novo modelo de infância que começa, naturalmente, com os relacionamentos. Para resistir a normas masculinas danosas, nocivas ou injustas, os meninos precisam de pelo menos uma pessoa que apoie o que é importante para eles. Esse "aliado" pode ser o pai ou a mãe, um amigo, um professor, um conselheiro, uma tia ou um tio — alguém que se comprometa a ajudá-los a realizar seus sonhos pessoais. Um relacionamento no qual o menino possa se abrir é fundamental para sua capacidade de pensar por si mesmo e para seguir um caminho independente. A autoconfiança de um jovem não é acidental ou um acaso feliz, e sim deriva das experiências de ser adequadamente compreendido, amado e apoiado.

Eu aprendi sobre a importância de reconhecer a humanidade dos meninos em meu primeiro emprego de verdade. Niles era um adolescente que conheci quando trabalhava como conselheiro na vara estadual de família. Em minha unidade de inquérito, nós aprendemos que muitas vezes era possível avaliar o prognóstico de um menino pela grossura da pasta do seu caso — e a pasta de Niles era a mais volumosa que eu já tinha visto. Afro-americanos pobres, limitados a escolas com poucos recursos em uma cidade notória pela segregação, todos os membros da família de Niles eram atendidos por serviços sociais e réus perante a lei. Em suma, a família dele passava por muitas adversidades e, em um contexto como esse, relacionamentos de confiança são muito escassos. No início, percebi que tentar conversar com Niles não seria muito produtivo. Mas, quando ele revelou em comentários relutantes em voz baixa que gostava de desenhar, coloquei folhas de papel e uma caixa de lápis de cor diante dele e o convidei a desenhar enquanto trabalhávamos nesse encontro marcado pela vara de família.

    Tantos anos depois, os desenhos de Niles ainda estão vívidos em minha memória. Pouco a pouco, no decorrer das sessões subsequentes, quando eu simplesmente me sentava a seu lado e prestava atenção calmamente, ele desenhava figuras e cenas que representavam partes importantes de sua vida. Dessa maneira, aprendi muito sobre ele e pude convencê-lo de meu interesse por quem ele era. Enquanto partilhava seus desenhos, nós conversávamos e eu perguntava o que os desenhos representavam.

    Embora nosso relacionamento estivesse no contexto de um aconselhamento jurídico, enquanto Niles aguardava a decisão do juiz sobre seu destino, gradualmente ele passou a participar mais das reflexões sobre o que poderia acontecer dali em diante. Ele era um artista talentoso, e sua arte representava uma alternativa às atividades de rua. Quando seu caso finalmente foi examinado, o juiz indicou Niles para uma escola residencial que tinha um intenso programa de artes. Embora eu não possa dizer que nos tornamos íntimos, Niles me ensinou o quanto a escuta atenta e a bondade possibilitam que até os meninos mais empedernidos revelem como se veem e invistam em seu futuro.

    Conectar-se com meninos parece bem básico, mas, na prática, pode ser difícil. Para muitos meninos, a desconfiança, a indiferença e a reticência se tornam habituais. Eles aprendem a agir com frieza, a mostrar pouco o que realmente sentem e a adotar um comportamento de indiferença, tédio ou irritação. Confrontados por essas máscaras, pais e outros cuidadores podem ficar confusos e desanimados. Alguns podem até desistir do garoto ou culpá-lo, pois ele parece incapaz de confiar ou reagir a contento.

    Após uma palestra recente em uma escola, vários pais e mães vieram falar comigo individualmente. Todos se preocupavam com a perda de seus filhos — para uma turma, para a raiva ou o silêncio mal-humorado, para os videogames e redes sociais, e, ocasionalmente, para um namoro. Mas qualquer que fosse a causa, a desconexão de seus filhos os deixava preocupados, desolados e impotentes. Sabendo no fundo do coração que toda criança precisa de alguém a quem recorrer, os pais de meninos que se desconectaram ficam inquietos.

Expliquei a cada pai e mãe que o verdadeiro poder, mesmo quando um menino é raivoso, teimoso ou casmurro, está com aqueles que oferecem cuidados e conexão a seus filhos, o que, em última instância, é irresistível. Prestar atenção, escutar e cuidar com confiança e persistência são recursos cruciais para o desenvolvimento de um menino. Até meninos como Niles, que se decepcionara tantas vezes, e não conseguem suprimir totalmente a necessidade de serem reconhecidos e compreendidos. Quando recebe os cuidados e a atenção de um adulto, um menino se sente valorizado e valioso. Não se trata apenas do que ele realiza, de sua aparência ou de seu empenho, mas quem ele é importa muito. Como seu autoconceito é fortalecido pelos cuidados e atenção que recebe, o menino fica bem mais seguro para o esforço extenuante de resistir ao código vigente de meninos.

Quando o poder de suas conexões se torna mais claro para os pais, estes podem se preocupar com as ocasiões em que foram apreensivos demais ou desatentos e decepcionaram seus filhos. Mas eu explico que todos os relacionamentos humanos passam por ciclos de conexão-desconexão-reconexão. Em sua pesquisa junto a professores, Miriam Raider-Roth, professora de educação na Universidade de Cincinnati, descobriu que a rejeição de meninos a um professor que está tentando se envolver com eles, às vezes, faz o docente se desesperar e desistir. Em um trabalho de 2012, sua equipe de pesquisa explicou o seguinte: "Nessas situações, a resistência parece mais pessoal e ameaçadora aos professores. Esse tipo de resistência muitas vezes também leva os professores a 'deixar as coisas como estão' ou a 'recuar' em seus relacionamentos com os meninos."[5] Mas em meus estudos sobre abordagens de ensino bem-sucedidas com meninos, os relacionamentos dos quais eles se lembravam com mais carinho eram frequentemente aqueles que haviam passado por períodos de conflito e testes. Foi a determinação do professor de se aproximar deles, persistindo apesar dos reveses, que tornou o relacionamento tão significativo para os meninos.

Muitos meninos escondem suas inseguranças relativas à aprendizagem sob uma máscara de indiferença e passividade ou por meio de disrupção e provocações. Quando eles agem desrespeitosamente ou não cooperam, os professores tendem a ficarem irritados e perderem o controle. As próprias maneiras de os meninos manifestarem seus recalques produzem recalque naqueles que cuidam deles, levando-os a culpar os garotos e fazendo com que estes se distanciem ainda mais. No estudo de Raider-Roth, uma professora que tinha um relacionamento difícil com um menino em sua classe descreveu sua raiva em relação a ele como "profunda" — "uma emoção crua e enervante[6]". Com pouca oportunidade para processar essas reações fortes, é improvável que um professor perceba qualquer coisa, a não ser que o menino é um problema. Ainda assim, a equipe de Raider-Roth admitiu que, "as crianças 'escaneiam' com exatidão a presença e a disponibilidade relacional dos professores na sala de aula e reagem de acordo com isso[7]". Um professor irritado, crítico ou que sinta repúdio, dificilmente consegue se aproximar do menino por trás da máscara.

Manter relacionamentos afetuosos e sólidos com meninos pode ser particularmente difícil. O menino que vai para a escola com um apego inseguro ou vacilante tem maior probabilidade de evitar criar uma dependência vulnerável de seus professores. Mas, como observa a psicóloga do desenvolvimento Diana Divecha, do Centro de Inteligência Emocional de Yale, o histórico do apego não sela um destino. Más experiências com os pais podem ser superadas por outras positivas em relacionamentos posteriores. "Modelos funcionais" que as crianças adotam em razão de experiências lesivas com suas mães e seus pais podem até ser modificados. Conclusões negativas podem ser desmentidas e a esperança pode ressurgir. Conforme descobrimos em nossa pesquisa, professores conseguem driblar regularmente as barreiras defensivas de meninos desconfiados e antagônicos, assim transformando suas trajetórias de vida. Como Divecha resumiu, "crianças que têm um apego seguro com pelo menos um adulto colhem benefícios[8]".

Na verdade, considerando como rupturas relacionais são comuns em geral e particularmente com meninos, os cuidadores não só devem manter sempre uma visão positiva, sendo ainda mais importante que eles monitorem a qualidade de sua conexão com um menino; se ela enfraquecer ou se romper, eles devem restaurá-la. Em meus estudos, o que diferenciava professores em termos relacionais era até que ponto eles entendiam seu papel como "gestores de relacionamento". Assumir a responsabilidade pelo relacionamento — esforçando-se ao máximo para conquistar a confiança de um menino bloqueado ou empacado, a fim de consertar o estrago — faz toda a diferença. Segundo Allan Schore, neurocientista do Centro de Cultura, Cérebro e Desenvolvimento da Universidade da Califórnia (UCLA), em Los Angeles, "o apego inseguro não é criado apenas por uma desatenção ou um passo em falso de um cuidador. Ele também se origina de rupturas que não são restauradas[9]".

Os desafios relacionais para quem se importa com meninos não devem ser minimizados, conforme aprendi logo no início de minha carreira. Tony foi um dos primeiros meninos que atendi quando comecei a trabalhar como conselheiro em escolas urbanas na Filadélfia. Aluno da 8ª série, ele foi encaminhado a mim pelo diretor apreensivo que previa que o garoto teria muitos problemas. O diretor esperava que conversar com um rapaz diferente dos outros em sua vida pudesse dar a ele alguma perspectiva sobre um código masculino rígido, que estava sufocando toda a sua alegria e inocência. Filho de um alcoólatra que ficava raivoso e violento, e cuja ideia de disciplina era arrastar e bater nos filhos, aos 13 anos Tony já parecia mais um pequeno homem do que um menino, e tentava não demonstrar suavidade nem vulnerabilidade.

Após encontrá-lo pela primeira vez, percebi que ficarmos sentados em um consultório não seria produtivo com Tony. Para sua segunda sessão, vesti um casaco e o convidei para dar uma caminhada pelas ruas do bairro. Vagamos seguindo a vontade de Tony, limitados apenas pelo tempo previsto para a sessão. Perguntei a ele como estava sua semana, gentilmente trazendo à baila assuntos que haviam surgido na escola e ouvindo-o sem fazer julgamentos. Eu sabia que só exerceria influência se ele conversasse comigo e, no decorrer do tempo, ficasse receptivo a meus pontos de vista.

Em certos dias, Tony chegava com raiva e era especialmente difícil de lidar. Traído por praticamente todos os adultos em sua vida, espancado pelo pai e pela violência nas ruas, o adolescente aprendera a respeitar apenas quem fosse mais forte que ele. Certo dia, estava com equimoses no rosto e explicou que havia brigado com o pai na noite anterior. Eu sabia que não devia condenar abertamente seu pai, com quem Tony já estava lutando para manter o vínculo, mas eu precisava dizer ao garoto sobre meu dever de denunciar seu pai aos Serviços de Proteção à Infância se a situação fosse configurada como abuso. Enquanto eu o escutava semana após semana, incomodado por sentir que a hora da denúncia estava chegando, eu tentava simplesmente demonstrar a Tony que eu me importava com ele e ficava consternado com a violência e aridez em sua vida.

Durante uma caminhada em um dia um pouco mais quente, no início da primavera, pensei que Tony talvez estivesse começando a apreciar o tempo que passávamos juntos. Mas, logo em seguida, Tony lançou um novo desafio: "Você é gay?", perguntou em tom de acusação. Eu respondi apenas: "Por que você está perguntando isso?" Um tanto zombeteiramente, ele respondeu: "Só porque você não é muito durão". Fui pego de surpresa pela afirmação, então me dei conta de que Tony estava tentando entender o sentido de um relacionamento com um homem tão diferente dos outros em seu universo. Percebi que o modo como eu respondesse e revelasse quem eu era podia ser muito importante para ele. Ri meio sem graça e disse que eu entendia que era incomum um homem se interessar por ele sem algum motivo oculto. Admiti também que eu não era bom de briga e que realmente nunca fora testado nisso — um privilégio notável. Eu não sabia como é estar o tempo todo pronto para lutar. Então, perguntei: "Eu sei que você é um sobrevivente e teve de dar duro por isso. Como tem sido essa situação?" Dessa vez, ele foi pego de surpresa, mas pareceu entender minha resposta à sua pergunta, e ao menos percebeu que eu o respeitava e não lhe faria mal algum.

Eu gostaria de acreditar que com nossos encontros frequentes e minha obstinação em não me abalar com suas mudanças de humor, reticências ou desrespeito, eu conseguiria fazer alguma diferença para Tony. Eu queria que ele visse que havia adultos que se importavam de verdade, independentemente de como ele agisse. E que havia homens que não queriam dominá-lo ou fazer uso da força em seus relacionamentos, os quais reconheciam que ele era um menino e dependia da ajuda dos outros.

Os exemplos de Niles e Tony representam uma abordagem direta com meninos cujo retraimento e postura antipática se tornaram habituais: aceitar o menino como ele é, o que, pelo menos no início, se resume apenas a escutar. Ao prestar atenção nele e em tudo o que lhe interessa, fazer perguntas e demonstrar um interesse real, um cuidador sinaliza que se importa com o que o menino está pensando, sentindo e fazendo — validando que quem ele *é* importa mais que o papel que ele representa. Segundo o psicólogo Michael Nichols, autor de *The lost art of listening: how learning to listen can improve relationships*, "essa validação é essencial para manter o amor-próprio. Se ninguém nos escuta, refugiamo-nos na solidão de nossos corações[10]".

Portanto, eu recomendo duas ferramentas básicas para cuidadores que pretendem aprofundar o amor-próprio dos meninos e aumentar sua resistência para lutar por si mesmos.

ESCUTANDO OS MENINOS

Quando cuidadores têm disposição para simplesmente escutar e observar, sem fazer julgamentos ou dar conselhos baseados na própria experiência, isso pode fazer uma enorme diferença para meninos que estão tentando adquirir confiança no próprio discernimento. Na visão de Nichols, quando escutam o filho, os pais "testemunham" a experiência do menino e deixam claro que ele não está sozinho. Ao contrário da individualidade estereotipada promovida pela masculinidade tradicional, a maneira mais segura de empoderar os meninos é satisfazer suas necessidades de dependência. Escutar é a ferramenta mais importante para os pais fomentarem a resiliência dos filhos.

Deixadas ao sabor dos próprios sentimentos e reações, as crianças se sentem atemorizadas e inseguras. Pesquisas sobre apegos seguros ensinam que crianças que podem confiar em seus cuidadores são mais fortes, mais felizes e mais confiantes. O ego de uma criança emerge ao se ver nos olhos das pessoas fundamentais em sua vida. Desde bebês até o resto da infância, as experiências mais importantes — aquelas que mais contribuem para o autoconceito — acontecem em relacionamentos estreitos. O medo de ficar sozinho é primitivo e contraria os instintos humanos mais básicos. O apego seguro é uma precondição para a independência. Simplesmente escutar é a maneira mais simples de fomentar o apego.

Naturalmente, escutar não se limita a aceitar informações e envolve um intercâmbio no qual se recebe, entende e retém o que é dito. Na comunicação — palavras e sentidos são partilhados —, mas no nível emocional se desenvolve uma ressonância profunda, que gera algo primitivo e visceral: a pessoa escutada é "conhecida". O ego do menino, aspectos de quem ele é que são conhecidos e aceitos por seu ouvinte, é fortalecido. Por contraste, o Eu desconhecido continua incompleto, buscando validação. Para um menino que não é "devidamente conhecido", surge uma rachadura entre seu âmago e o eu mais público, que inconscientemente busca validação, a qual, muitas vezes, só é encontrada em um grupo que cobra um preço alto. Nichols explica que, "o que nunca é ouvido afeta mais do que a diferença entre o socialmente partilhável e o privado; isso causa uma rachadura entre o Eu verdadeiro e o Eu falso[11]".

Obviamente, escutar requer atenção. É difícil escutar alguém se sua atenção está dominada por preocupações urgentes. Acima de tudo, escutar é um ato emocional. Em intercâmbios de escuta entre cuidadores e crianças, o resultado básico é aliviar tensões ou transtornos por meio da proximidade, simpatia e compreensão de uma mãe ou pai carinhoso. Segundo o neurocientista Daniel Siegel, comunicar bem as emoções é fundamental para o senso de vitalidade e sentido de um indivíduo. A sensação de "se sentir entendido", que resulta da sintonia do pai ou da mãe com o nível emocional da experiência do menino, pode de fato livrá-lo de maus sentimentos. Enquanto descarrega as tensões para seu ouvinte, um menino percebe seu poder de restaurar a própria mente e sua independência das diversas pressões e normas ameaçadoras de sua vida. Não importa o que os outros pensem ou queiram dele, ele existe por si só. Portanto, conforme escrevem Siegel e Hartzell, "os pais são os escultores ativos dos cérebros em desenvolvimento de seus filhos[12]".

Segundo Nichols, a escuta eficaz envolve: "atenção, apreço e afirmação". Os ouvintes tentam obter uma "receptividade empática", com a qual o menino sabe que pode se abrir e ser aceito, independentemente do que sinta ou tenha feito, e tem a certeza de que foi compreendido, pois os ouvintes não estão presos às próprias emoções. Quando os pais estão cientes de que a conexão empática é a meta, o que o menino faz a seguir ou como compreende as coisas é menos importante do que afirmar e fortalecer seu âmago. Os ouvintes aprendem a confiar que os meninos resolverão as coisas e ficam mais propensos a fazer isso quando sabem que não estão sozinhos.[13]

No entanto, nem sempre é fácil escutar os meninos. Como a escuta profunda envolve suprimir ou deixar de lado as próprias reações emocionais, e permitir que o que seus filhos estejam sentindo ressoe em seus corações, os pais são vulneráveis a ser dominados pelas próprias emoções. Em certas situações, particularmente quando são lembrados de encontros desagradáveis com o código de meninos, os pais podem ter uma capacidade limitada de "estar com" os meninos. Suas perturbações ficam evidentes quando os filhos solicitam atenção e compaixão. Quantas conversas com meninos chegam a lugar nenhum porque um pai ou um professor se sente compelido a dar conselhos na esperança de salvá-los de um perigo imaginário? Em vez de achar conforto e confiança, os rapazes ficam com mais preocupações e dúvidas sobre as próprias capacidades.

Para os pais, estar presentes enquanto escutam, requer administrar as reações emocionais para que elas não dominem a conversa. Siegel e Hartzell destacam a estrada "alta" e a estrada "baixa" de nossa reação mental a gatilhos emocionais.[14] A estrada alta fica no topo do cérebro e envolve a reflexão sobre a experiência e a codificação dos sentimentos que ela desperta por meio da linguagem e do pensamento. Mas a estrada baixa impõe a supressão desses processos racionais em favor das reações primitivas de lutar-fugir-congelar. O funcionamento da estrada baixa se caracteriza pela inflexibilidade.

Se querem que o filho acredite que o que pensa e sente desperta um interesse genuíno, os pais não podem fingir que prestam atenção. Sentimentos fortes de preocupação, raiva ou perturbação inconsciente, transmitem um senso de urgência que é difícil de esconder. Se os próprios sentimentos frequentemente, embotam a capacidade de escutar dos pais, os meninos aprenderão a manter distância. O menino que se torna reticente tipicamente não espera ser ouvido. Formar a expectativa confiante de um menino de que será ouvido requer que os cuidadores notem quando sua atenção fica absorvida pelas próprias preocupações. Os sentimentos mais fortes são os mais difíceis para se ter uma perspectiva acurada a respeito. Para muitos, tais sentimentos se parecem mais com preocupações legítimas — lições obrigatórias que bons pais devem transmitir aos filhos.

Meninos são especialmente propensos a testar limites, forçando os pais a papéis de autoridade que podem interferir na escuta. Disputas por poder podem desencadear más lembranças nos pais e levá-los a reações impulsivas. Mas, para ajudar um menino a desenvolver a autorregulação interna, qualquer comportamento inapropriado ou irracional deve ser encarado com um limite brando por parte de um cuidador conectado. Manter a calma diante de um mau comportamento é essencial para a disciplina eficaz. Um menino que age errado, não está buscando permissividade, mas sim alguém que o conheça bem o suficiente para reconhecer quando ele está "fora de si" e precisando descarregar a tensão que causa seu mau comportamento. O truque é se preocupar menos com a imposição de limites e focar mais em descobrir o que está causando o comportamento irracional — conectar-se com a alma e o coração por trás desse comportamento.

Quando exercer autoridade se torna uma finalidade, os cuidadores efetivamente se desconectam do menino. A atenção deles está focada internamente, e sua sintonia emocional com ele foi rompida. Particularmente quando lutas por poder geram frustração e raiva, os cuidadores ficam preocupados em justificar seus sentimentos. Emoções fortes suscitadas em confrontos com meninos, muitas vezes, têm raízes em "lembranças implícitas": experiências de infância que o pai esqueceu, mas que ainda têm o poder de influenciar suas reações.[15] A menos que os cuidadores queiram retornar inúmeras vezes a esses pontos cegos, quando notam que sua atenção está girando em torno de preocupações internas, isso sinaliza que algo está pendente e precisa ser resolvido.

Diante da alta frequência, das rupturas em relacionamentos com meninos, talvez ainda mais importante que escutar sejam as habilidades para se recuperar de armadilhas emocionais. Quando percebem que seus cuidadores se automonitoram e retornam após lapsos de desconexão, os meninos desenvolvem uma perspectiva positiva: "Minha mãe, pai, treinador ou professor certamente manterão o relacionamento comigo, sem chegar ao ponto de me culpar, desistir ou se afastar de mim". O que Siegel e Hartzell chamam "rupturas tóxicas" são as ocasiões em que os cuidadores ficam empacados na estrada baixa, culpando o filho por suas perturbações.[16] Rupturas aleatórias e idiossincráticas nas relações solapam a confiança de um menino.

Consertar a situação sempre é uma responsabilidade do cuidador. Um menino não tem condições de restabelecer a conexão após uma ruptura em suas relações com os pais, professores ou mentores. Cabe ao adulto exercitar o autoconhecimento e saber que desconexões causadas por reações ásperas ou raivosas devem ser monitoradas e restauradas. Felizmente, ninguém espera atingir a perfeição. Meninos se apegarão ao compromisso oferecido, até quando o cuidador tem uma dificuldade eventual para permanecer conectado ou para continuar escutando. Quando os cuidadores retornam e admitem que se desligaram momentaneamente, os meninos aprendem uma lição moral importante com esse exemplo. Basta dizer o seguinte: "Sinto muito ter falhado com você. Embora não tenha gostado do que você fez, minha perturbação tinha mais a ver com minhas experiências de ser maltratado do que com isso. Eu sei que você não quis ser malvado". Meninos são menos capazes de absorver mensagens morais quando se sentem inseguros ou abandonados.

TEMPO ESPECIAL COM OS MENINOS

Patty Wipfler, fundadora da Hand in Hand Parenting, organização sem fins lucrativos dedicada à educação parental na Califórnia, criou um conjunto de ferramentas para aprofundar as conexões entre pais e filhos:

- Manter-se na escuta (simplesmente dar atenção, enquanto uma criança descarrega a tensão);
- Escuta lúdica (seguir a liderança da criança em um jogo que provoca risos e alegria);

- Impor limites (interromper gentilmente, porém com firmeza, uma criança cujo comportamento indique que está aborrecida);
- Tempo especial (dar atenção de maneira confiável e centrada na criança).

Tais ferramentas são relevantes para crianças de todas as idades e aperfeiçoam a capacidade dos pais de dar a ajuda de que os meninos precisam para atingir as metas importantes. Conforme Wipfler, que é mãe e conselheira de pais há muito tempo, proclama em seu livro *Listen: Five simple tools to meet your everyday parenting challenges*, escrito com Tosha Schore, "já é hora de os pais substituírem o foco em comando e controle pelo foco na conexão, nos limites sensatos e na escuta.[17]" Com uma criança pequena, o tempo especial requer que o cuidador crie oportunidades para que ambos brinquem, vejam filmes, leiam ou simplesmente conversem. A chave é que a criança decida como o tempo é estruturado e usufrua a oportunidade de "gastar" como quiser a atenção oferecida. O resultado típico é que, consciente e inconscientemente, seu senso de ser conhecida e cuidada aumenta e se aprofunda. Esse tempo especial também se aplica a relacionamentos com garotos adolescentes e tem um efeito poderoso, pois os meninos nessa fase raramente acham adultos dispostos a sair com eles.

Passar um tempo especial com um adolescente, pode inicialmente significar muitos videogames, músicas desconhecidas e filmes e programas de televisão grosseiros ou violentos. Às vezes, o tempo especial é usado construindo fortalezas, vendo o garoto fazer proezas no skate, jogando futebol ou basquete no quintal. O que importa é reforçar o apreço do menino por ter o apoio de um adulto que não está tentando direcioná-lo, dominá-lo ou corrigi-lo. Simplesmente demonstrar atenção e interesse no que seu filho gosta, produz resultados surpreendentemente poderosos.

Wipfler e Schore dão ideias práticas para encaixar o tempo especial na rotina familiar. Eles sugerem que esse tempo ganhe uma designação ("qualquer nome serve, mas tem de haver um"), assim como um dia e horário específicos, para que o menino possa ansiar por ele e ter certeza de que ocorrerá.[18] Para seu próprio bem, os cuidadores devem começar com um compromisso mais curto, talvez 15 minutos, para mensurar a própria atenção e capacidade de acompanhar o filho a contento. Após adquirir mais confiança e controle da própria atenção, o encontro pode durar uma hora ou mais. Escolher as distrações é outro desafio, mas é um prazer enfocar no filho e simplesmente desfrutar o relacionamento. A questão é aceitar qualquer coisa que o garoto invente e sua maneira de se expressar, permitindo um grau inusitado de compreensão que faça ambos se sentirem próximos.

Invariavelmente, quando espera atenção e passa a acreditar que ela estará disponível, o garoto fará um excelente uso dela. Estar com um menino, aceitar seu comando nas brincadeiras ou conversas, demonstrando o desejo de conhecê-lo por prestar atenção em tudo o que ele faz ou diz, é um ato profundo de validação que forma um sentido mais forte e mais confiante de si mesmo. Oferecer um tempo especial regularmente é como depositar dinheiro na conta bancária do menino: esse tempo o protegerá contra muitos aborrecimentos no futuro.

Muito antes de me tornar psicólogo e pai, participei de *workshops* com Wipfler e outros que utilizavam essas ferramentas. Fiquei especialmente interessado no poder da conexão para promover o desenvolvimento masculino saudável. Em um dos *workshops*, conheci uma mãe solteira com um filho de 12 anos e, quando ficamos amigos, ela me perguntou se eu toparia passar algum tempo com ele. Jimmy era um menino vigoroso que adorava praticar esportes e também era muito sensível. Por vezes, era teimoso e virava uma fera. Eu também adorava esportes e achei que estava preparado para o desafio. Então me comprometi a passar um tempo com ele uma vez por semana, a fim de aprofundar meu conhecimento sobre meninos e me preparar para ser pai futuramente. Além de ajudar minha amiga e seu filho, eu achava que descobriria muitas coisas sobre mim mesmo.

Na primeira vez em que fui à casa deles, ela explicou ao filho, Jimmy, que eu era um amigo e que queria conhecê-lo. Nós três então saímos naquela tarde para fazer tudo o que ele quisesse. Como naquela época estava em uma equipe de beisebol, Jimmy naturalmente queria mostrar seus dotes no esporte jogando conosco. Em uma rodada, eu arremessei a bola, sua mãe a apanhou e Jimmy então dominou o jogo por bastante tempo. No final da tarde, perguntei a ele se eu poderia voltar para sairmos juntos de novo. Ele respondeu: "Com certeza". O padrão que nós estabelecemos se estendeu no ano seguinte: eu ia vê-lo uma vez por semana no horário combinado, e nunca mais tive de explicar meu interesse em estar com ele — basicamente, os jovens esperam que os adultos queiram estar com eles. No entanto, eu tinha de assegurar a ele, semana após semana, que eu voltaria. Como seus pais haviam se divorciado havia alguns anos, ele tinha receio de que coisas consideradas seguras pudessem desaparecer.

Em pouco tempo, Jimmy passou a depender do nosso tempo especial. Nós íamos a uma mata perto de sua casa e ele me mostrava todos os seus lugares especiais, ou íamos de carro ao McDonald's quando ele estava com fome. Durante o tempo especial, eu me desafiava a prestar atenção em Jimmy, não para iniciar uma atividade ou modificar o que ele queria fazer. Minha batalha interna era não ser arrebatado por outra coisa que me parecesse mais interessante. Minha mente se distraía regularmente com preocupações. Eu tinha de me policiar repetidamente para redirecionar a atenção para Jimmy e para o momento presente.

Fui conhecendo Jimmy cada vez melhor. Às vezes, à medida que passou a confiar mais em mim, ele se tornava difícil — não cooperava, aborrecia-se facilmente, fazia pedidos irracionais —, como se estivesse me testando até o ponto de eu dizer não e impor um limite. Nessas ocasiões, seus sentimentos refulgiam e ele ficava raivoso, emburrado e até choroso, deixando muitas emoções dolorosas virem à tona. Outras vezes, ele era rude ou desrespeitoso. Quando eu conseguia manter minha confiança e compostura, não tomando as coisas pelo lado pessoal nem me perturbando, ele sempre ficava mais descontraído e aberto comigo. Nosso relacionamento se consolidou. Em geral, a oportunidade de praticar uma abordagem relacional com um adolescente foi inestimável. Aprendi muito com Jimmy.

O comportamento dele frequentemente merecia uma reprimenda. Porém, como estava praticando uma disciplina — a abordagem da escuta para construir um relacionamento —, eu mordia a língua e aprendi o quanto é importante monitorar e controlar a impulsividade para julgar meninos e corrigi-los. Eu sabia que podia exercer meu poder, mas não queria meramente dominar Jimmy. Eu também acreditava que não precisava ensiná-lo a se comportar direito, pois o principal era apoiá-lo enquanto ele batalhava para se autorregular. Com grande frequência, pais e outros reagem impensadamente, apenas transmitindo regras e estilos de relacionamento que passam de uma geração à seguinte. Muitas vezes achamos que o conselho "o que eu fazia na sua idade..." é a melhor maneira para os meninos melhorarem o próprio discernimento, mas esquecemos de que a época e os desafios atuais diferem radicalmente dos velhos tempos.

Há várias regras para aproveitar ao máximo o tempo especial: não dar conselhos, não dispersar a atenção com outras tarefas, não conversar com outras pessoas, não abreviar o tempo que foi prometido e não modificar a atividade escolhida pelo menino, mesmo que ela não faça sentido. A regra principal, porém, é manter sua atenção focada no menino e manter a conexão com ele seja lá o que ele fizer. Tudo isso é um desafio para qualquer cuidador, pois a maioria das pessoas funciona prestando pouca atenção. Quantos de nós recebemos atenção e escuta dessa maneira? Quem teve um pai ou professor tão interessado a ponto de deixar tudo de lado simplesmente para escutar e brincar com seu garoto? A maioria dos adultos vai tocando a vida automaticamente, e raramente partilha seus pensamentos ou sentimentos mais profundos. Todos nós padecemos de déficit de atenção.

O que podemos esperar quando conseguimos ficar com um menino durante um tempo especial? Principalmente no início ou em relacionamentos com meninos que cresceram longe de nós, pode-se prever que seremos testados, pois muitos deles se tornaram bem céticos. É como se eles pensassem: "Aposto que mamãe e papai não iam querer ficar comigo se eu lhes mostrasse tudo o que há dentro de mim" ou "duvido que eles segurariam a onda quando eu faço o que realmente tenho vontade".

Ao longo do ano que passei tempos especiais com Jimmy, às vezes ele aumentava o tom de desafio, e eu ficava confuso, sem saber o que fazer. Certa vez, por exemplo, sem motivo algum, ele começou a fazer birra no caminho entre o McDonald's e sua casa. Ele estava animado e feliz, mas de repente virou de costas para mim no carro, ficou olhando amuado pela janela e nem respondeu quando perguntei o que havia de errado. Eu não tinha ideia do que causara essa mudança brusca de humor e me senti preocupado e um tanto manipulado. "A troco de quê essa reação?", resmunguei para mim mesmo.

Mas me mantive paciente e aberto com Jimmy até chegarmos à sua casa, então ele correu para seu quarto e fechou a porta. Em seguida, sentei-me diante da porta do quarto e assegurei que não estava chateado com ele nem ia sair dali. Eu ouvia seus soluços abafados, mas não houve resposta por bastante tempo. Por fim, Jimmy saiu do quarto e eu simplesmente sorri para ele e o segui até o quintal, onde ele pegou um taco de beisebol e uma bola e começamos a jogar. Percebi que Jimmy ainda não conseguia me dizer diretamente quando se sentia perturbado, mas também entendi que, ficando ao seu lado nos momentos difíceis — sem fazer drama —, eu havia passado no teste. Ele tinha descoberto que eu não o julgaria nem o abandonaria.

As diversas maneiras como os meninos testam os cuidadores no decorrer de um relacionamento com tempo especial não visam afastá-los, mas inconscientemente refletem uma pergunta que fica martelando em suas mentes:

"Essa pessoa consegue lidar comigo?" À medida que os testes confirmam que a atenção e o cuidado são reais e confiáveis, que há um adulto capaz e disponível para um relacionamento, o menino tipicamente sente cada vez mais esperança: "Talvez eu realmente possa contar com isso".

O tempo especial, mesmo quando transcorre bem, pode causar perturbações. Às vezes, o menino irá se abrir e falar de coisas que o inquietam — até em relação ao próprio cuidador. Outras vezes, especialmente quando se sente envergonhado, emoções dolorosas podem ser mascaradas ou guardadas até que o menino tenha ainda mais confiança. Ao escutar as mágoas de um menino, é importante não interrompê-lo e não se deixar dominar pela curiosidade. O menino determina o quanto e em que ritmo partilha o que se passa em sua mente.

Às vezes, os meninos têm dificuldade de expressar sentimentos difíceis com palavras e criam situações lúdicas que indicam o que estão sentindo. Jimmy, por exemplo, às vezes se "machucava" quando jogava beisebol ou basquete e caía no chão chorando. Meu papel era levar seu machucado a sério, mesmo sem saber como isso havia acontecido, e prestar atenção pacientemente enquanto ele se queixava. Eu vi que um acúmulo de frustração e medo surgia em torno da prática de esportes, e que ele estava simplesmente me mostrando como lutava e se esforçava para dar conta da competição e do desafio.

Oferecer oportunidades de tempo especial a meninos mobiliza o espírito mais generoso, a disciplina e o foco dos cuidadores. Alguns dias são mais fáceis do que outros. Nos dias difíceis, parece que cada momento traz uma distração, outra intrusão, que faz a mente se desviar do garoto para alguma questão urgente. Sobrecarregados por um excesso de demandas, poucos cuidadores conseguem manter toda a atenção em uma criança, especialmente quando tudo o que ela quer é se distrair com jogos, mas é útil se lembrar de que sob o disfarce do jogo um trabalho vital está em andamento. Aquele menino está inculcando na mente e no coração que importa tanto a seus cuidadores que, mesmo quando pressionados por assuntos importantes de adultos, arranjam tempo para ele. Dessa maneira, ele está se fortalecendo para os desafios da infância. Simplesmente por tentar e voltar mesmo quando não é bem tratado, um cuidador está oferecendo um presente maravilhoso.

CAPÍTULO 3

MENINOS E SEUS CORAÇÕES

No Capítulo 1, apresentamos o estudo "Man Box" de 2017, que fez um levantamento junto a rapazes na faixa etária entre 18 e 30 nos Estados Unidos, Reino Unido e México. Quando vi o relatório do estudo, várias conclusões saltaram da página: atrelados a uma identidade masculina tradicional, três entre cada quatro rapazes disseram que "tiveram pouco prazer em fazer coisas" pelo menos uma vez nas duas semanas anteriores; dois entre cada três disseram que se sentiram "desanimados, deprimidos ou desesperançados"; e dois entre cada cinco disseram ter tido "pensamentos suicidas".[1] A prevalência da infelicidade entre esses rapazes atesta o descompasso entre suas identidades masculinas e seus corações humanos. Forçados a censurar pensamentos e sentimentos, a vida deles havia se tornado mais uma encenação do que uma experiência autêntica. Eles estavam solitários e desanimados, destituídos da tranquilidade e do entusiasmo resultantes de uma boa conexão emocional.

Segundo a cultura popular, as mulheres são movidas por sentimentos e os homens, pela ação, o que podia até ser válido antigamente, mas não hoje em dia, já que tudo mudou. As mulheres têm desafiado vieses sobre suas capacidades demonstrando o quanto são hábeis para sentir e agir. Além disso, pesquisas recentes indicam que estereótipos sobre a incapacidade emocional masculina são igualmente equivocados. Segundo alguns levantamentos recentes, os rapazes inclusive cuidam mais de sua saúde mental do que do bem-estar físico, pois entendem que administrar bem suas mentes é essencial para uma boa vida. O jogador de basquete Kevin Love, por exemplo, revelou em 2018 que teve um ataque de pânico que atrapalhou seu desempenho em um jogo importante da NBA. Aos 29 anos, ele foi forçado pela primeira vez a levar sua vida emocional em conta, e resolveu servir de exemplo para outros homens que reprimem o que sentem. Conforme ele escreveu no site de esportes Players' Tribune, "todos nós carregamos dores que podem nos machucar se as mantivermos enterradas dentro da gente".[2]

Na realidade, os estereótipos dos homens insensíveis têm certo fundamento. Com convenções masculinas ainda policiadas vigorosamente, a maioria dos meninos aprendem a manter seus sentimentos em segredo, a suprimi-los ou driblá-los. Exceto pela raiva, os meninos perdem contato com o que sentem. Banhos frios, rituais de trote, *bullying* e testes de coragem, historicamente reforçam a desconexão emocional. Quando um menino atinge a idade adulta, estar emocionalmente presente pode ser um desafio. Há diversas consequências negativas da supressão de sentimentos, desde mau desempenho escolar a comportamentos de risco como consumo de substâncias entorpecentes ou alucinógenas, brigas e imprudência.

Mas a noção de esferas separadas para agir e sentir é equivocada. Mesmo no mundo atual tão conectado, os principais relacionamentos ocorrem onde vivemos. Quando não é ciente dos próprios sentimentos, um menino é menos capaz de se relacionar com os outros. Além de seu controle consciente, sentimentos fortes reprimidos podem vir a dominar seu comportamento. Sem o freio da empatia, ele é mais capaz de fazer mal aos outros.

Além disso, as demandas emocionais são ainda mais complexas e desafiadoras para a juventude atual. A psicóloga Jean Twenge, da Universidade Estadual de San Diego, detectou um aumento alarmante de infelicidade entre rapazes e moças. Ela adverte sobre "a crise de saúde mental mais grave para os jovens em décadas",[3] mostrando uma incidência dramática de solidão, depressão, ansiedade e insatisfação com a vida entre os iGen'ers (a geração digital, nascidos entre 1995 e 2012) desde 2011. Como Kevin Love, muitos homens parecem dispostos a reconhecer que a desconexão emocional é uma péssima estratégia de vida. Em um levantamento recente sobre homens jovens no Reino Unido, a maioria relatou que a ansiedade era constante e tinha um impacto negativo sobre seu trabalho e sua vida social. Dados adicionais de um levantamento realizado pelo Instituto Nacional de Saúde Mental (NIMH), dos Estados Unidos confirmam que quase um terço dos jovens sofre de ansiedade. Os iGen'ers, também chamados de Geração Z, estão tendo uma "epidemia de angústia".

Segundo Twenge, os sintomas de depressão também "dispararam", atingindo em 2016 as taxas mais altas de todos os tempos, e a maioria dos calouros universitários agora avalia sua saúde mental como "abaixo da média[4]". Embora 6 milhões de homens sofram de depressão a cada ano, os sintomas muitas vezes são enganosos e não diagnosticados. "Os homens são mais propensos a relatar fadiga, irritabilidade e perda de interesse no trabalho ou nos passatempos do que tristeza e a sensação de ser inútil", explica Twenge.[5] Além disso, o suicídio, em alta desde 2000, agora é a sétima causa principal de morte de homens, apresentando uma taxa quatro vezes mais alta que a das mulheres.

Pesquisadores documentaram como os meninos têm diversas deficiências no desenvolvimento emocional. O psicólogo Ronald Levant, da Universidade de Akron, até sugeriu que a alexitimia, ou "dificuldade marcante para descrever emoções, sentimentos e sensações corporais", que geralmente afeta sobreviventes de traumas, também caracteriza a condição emocional de muitos homens.[6] O dr. James O'Neil, professor de psicologia na Universidade de Connecticut, que dedicou a carreira a pesquisas sobre a vida dos homens, concluiu que a "restrição emocional" tem numerosas consequências nocivas, incluindo "posicionamentos psicológicos negativos em relação a mulheres e homens gays, atitudes violentas contra mulheres, hábitos perigosos em relação a sexo e saúde, uso e abuso de substâncias tóxicas, estresse e tensão psicológicos, recusa a buscar ajuda, comportamento delinquente, baixa autoestima, hostilidade e agressão, níveis mais altos de pressão arterial, depressão, ansiedade e problemas conjugais e familiares[7]".

Embora essas descobertas, às vezes, sejam explicadas por diferenças na constituição emocional de homens e mulheres, o fato é que meninos e meninas começam a vida com capacidades iguais para expressar o que se passa em seu âmago. É durante a infância que o desenvolvimento emocional de ambos os sexos toma caminhos diferentes. Stephanie Shields, psicóloga na Universidade Estadual da Pensilvânia, argumenta que meninos e meninas diferem na *expressão* das emoções, não na *experiência* delas. O condicionamento é que gera a diferença: "O menino aprende a combinar as emoções 'de meninos' com seu repertório comportamental, a menina combina as emoções 'de meninas' ao seu, e ambos rejeitam o estilo emocional associado ao sexo oposto, achando-o inaceitável para eles[8]".

A socióloga Arlie Hochschild, da Universidade da Califórnia, em Berkeley, cunhou o termo "regras dos sentimentos" para descrever como as normas sociais regem as emoções humanas. À medida que as crianças se adaptam a essas regras, elas se tornam uma segunda natureza. Os meninos aprendem não só a "encenação superficial", mas principalmente a "encenação profunda",[9] na qual tentam demonstrar um comportamento emocional apropriado e de fato produzi-lo. Eles devem manifestar coragem e firmeza, e lutar para jamais ter medo. Os meninos ficam envergonhados e decepcionados consigo mesmos quando sentem medo.

O estresse da vida moderna pressiona os pais de meninos: com a valorização da inteligência emocional, os próprios garotos querem cuidar melhor de suas mentes, mas modelos tradicionais de socialização masculina prejudicam sua aprendizagem emocional. Felizmente, essas ideias antiquadas estão sendo sistematicamente questionadas.

As escolas, por exemplo, estão reagindo ao surgimento de novas oportunidades de mudanças e implantando programas de aprendizagem socioemocional. Na escola para meninos na qual trabalhei por muito tempo, os administradores decidiram introduzir um programa para todos os alunos do ensino secundário, que estimula o apoio e a escuta entre pares. Em *workshops* sobre primeiros-socorros emocionais, conversamos sobre perturbações, mágoas e estresses rotineiros na vida, mostrando o quanto faz mal abafá-los. As habilidades de conversar e escutar foram descritas, e os meninos foram instruídos a escolher um parceiro para treiná-los.

Ao formar pares e se espalhar pelo salão espaçoso, a maioria dos meninos fizeramcom grande interesse o exercício de escutar seu par. Fiquei surpreso com a prontidão com que a maioria deles aceitou o desafio, o que foi um lembrete de que em geral nutrimos estereótipos. Aliás, o professor Thomas Newkirk, da Universidade de New Hampshire, observou que há um estereótipo sobre "a aversão masculina à sinceridade[10]". Mas essa geração de rapazes, ou pelo menos aqueles diante de mim, claramente querem ferramentas para combater o estresse e a melancolia. Olhando os pares sentados em arquibancadas ou no chão, apoiados nas paredes ou em colchonetes de luta romana enrolados nas laterais, também fiquei surpreso com sua necessidade de ter a permissão de um adulto para quebrar o tabu de que homens não se abrem uns com os outros. Ali eles podiam se rebelar contra tabus masculinos, graças à minha orientação, mas não por vontade própria.

Alguns tiveram dificuldade com o desafio e interromperam o exercício. Embora a maioria tentasse, apesar de se sentir sem graça, esses meninos estavam pisando em um terreno tão desconhecido e proibido que simplesmente se frustraram. Um menino, que ficou muito inquieto e começou a distrair seus vizinhos, me disse: "Eu não tenho nada para conversar". Newkirk e o psicólogo William Pollack, autor de *Real boys: rescuing our sons from the myth of boyhood,* descrevem sensivelmente o "beco sem saída" do partilhamento emocional para homens. Segundo Pollack, "um menino sabe que, caso começasse a conversar sobre suas notas decepcionantes, a doença de sua mãe ou seus fins de semana solitários, estaria violando o código de meninos[11]".

Eu entendi o que aconteceu e, após o término do exercício, disse aos meninos que a maioria dos homens cria o hábito de desviar a atenção de sua vida interior. Contei também que, quando era um jovem adulto e comecei a dar aconselhamento, eu não conseguia me lembrar da última vez em que fora emotivo. Na realidade, não conseguia me lembrar de uma única vez em que alguém tivesse me perguntado como eu me sentia — meus pais, professores, treinadores ou mesmo meus amigos. Se a inteligência emocional consiste em captar acuradamente os sentimentos e codificá-los com a linguagem, eu havia me tornado funcionalmente analfabeto. Como alguns meninos à minha frente na sala, eu tinha enorme dificuldade para falar até com amigos próximos ou meus pais sobre as coisas complicadas em minha vida. Eu compreendia os meninos como aquele que não tinha "nada para conversar". Minha vida emocional era um mistério, e descobrir como me comunicar a respeito disso era praticamente impossível.

Obviamente, há um custo pessoal de se suprimir os sentimentos, conforme descoberto pelo estudo "Man Box". Felizmente, as regras dos sentimentos que regem o desenvolvimento emocional estão mudando. Com base na revisão de pesquisas, o doutor O'Neil fez uma previsão otimista. "Está ocorrendo uma mudança de paradigma nos Estados Unidos sobre como nossa sociedade percebe as emoções masculinas", escreveu ele. "Mais do que nunca, os homens estão podendo ser seres humanos vulneráveis e emotivos[12]."

Em parte, tais mudanças se devem a uma necessidade prática, pois o mundo atual exige cada vez mais habilidades "socioemocionais" que fomentem a motivação, a perseverança e o autocontrole. O livro marcante de Daniel Goleman *Emotional intelligence,* de 1995, captou o espírito da época e desencadeou um novo interesse científico. Desde então objeto de milhares de estudos,[13] a inteligência emocional é definida pela organização Collaborative for Academic, Social and Emotional Learning (Casel) como habilidades de autoconhecimento, autogestão, consciência social, relacionamentos e tomada responsável de decisões. O número crescente de programas de aprendizagem socioemocional (ASE) em escolas é um resultado direto dessa necessidade atual. Em 2005, 60 por cento das escolas nos Estados Unidos ofereciam programas que ensinam habilidades emocionais.

Uma análise, em 2011, de mais de 200 estudos sobre programas de ASE atingindo 270 mil crianças confirmou sua eficácia. Os autores concluíram: "A programação de ASE melhora as conexões dos alunos com a escola, o comportamento em sala de aula e o desempenho acadêmico.[14]" Um levantamento feito em 2012 sobre professores, descobriu que "os educadores sabem que essas habilidades podem ser ensinadas; querem que as escolas deem mais prioridade à integração dessa disciplina no currículo, instrução e cultura escolar; e acreditam que padrões de aprendizagem de estudantes estaduais devem refletir essa prioridade[15]". Em comparação com os tempos em que estoicismo, simulação e determinação implacável eram o ideal emocional, os meninos de hoje em dia ouvem mensagens bem diferentes sobre seus sentimentos.

O Centro de Inteligência Emocional de Yale desenvolveu uma abordagem "para infundir emoções no DNA de uma escola", que agora é utilizada em 1.200 escolas públicas, particulares e cooperativas escolares nos Estados Unidos e em outros países. O programa treina as equipes das escolas nas habilidades de reconhecer, entender, identificar, expressar e regular as emoções (RULER, na sigla em inglês) para que possam aplicá-las ao dar aulas. Indagado, em 2017, sobre a receptividade das escolas ao programa, Marc Brackett, diretor fundador do centro, respondeu: "Sinceramente, foi muito além do que esperávamos. Agora mesmo, centenas de escolas públicas, privadas e cooperativas escolares estão nos solicitando treinamento, e isso acontece todos os anos[16]". Ajudar os pais e os professores diariamente na aprendizagem emocional de seus meninos, representa um rompimento radical após séculos de descaso, repressão e concepções erradas. Em casa, os pais podem estimular os filhos a desenvolver seu vocabulário emocional, simplesmente escutando-os com interesse genuíno e paciência. Em programas escolares, os alunos aprendem a reconhecer e entender seus sentimentos, em vez de encená-los. A ênfase na prática é essencial nesses programas. As crianças aprendem não só a processar o que sentem, mas também a se expressar com base em seu entendimento dos sentimentos. Em suas mentes em desenvolvimento, o encadeamento entre sentimentos, conscientização e ação é reforçado para evitar que emoções negativas desemboquem em reações impulsivas.

Quando disse "eu não tenho nada para conversar", aquele garoto estava expressando a situação comum dos alunos, principalmente meninos cujo desenvolvimento emocional foi impedido. Em geral, os meninos têm muito menos oportunidades na vida para exercitar e praticar as habilidades da inteligência emocional. Na Escala dos Níveis de Consciência Emocional (LEAS, na sigla em inglês), uma mensuração criada por Richard Lane, da Universidade do Arizona, e Branka Zei Pollermann, da Universidade de Genebra (Suíça), para distinguir diversos níveis de desenvolvimento emocional, as pontuações femininas são geralmente mais altas que as masculinas.[17] Dar todo o apoio aos meninos para fazerem esse trabalho é um desafio que precisa ser enfrentado.

SENDO UM HOMEM FELIZ

As disparidades de gênero no desenvolvimento emocional refletem o quanto oportunidades e resultados são interligados. Condicionar os meninos às normas da masculinidade prejudica demais sua aprendizagem emocional, mas a boa notícia é que os próprios meninos estão dispostos a aprender sempre que têm condições.

Nós elaboramos o programa de aconselhamento entre pares na Haverford School para estimular os meninos a exercitarem as habilidades emocionais: escutar com empatia, falar honestamente sobre assuntos emocionalmente delicados, e permitir que emoções dolorosas venham à tona e até fluam. Com pouca persuasão, *nerds* estudiosos, aficionados por teatro e adeptos de futebol americano e luta romana praticam a escuta com compaixão e descrevem os próprios estresses e perturbações. À medida que criam uma conexão e confiança, os meninos gostam de abordar tópicos com elevada carga emocional, como os relacionamentos com os pais e com garotas, sexo, pornografia, drogas e bebidas alcoólicas. Eles tomam coragem de assumir suas batalhas mais árduas e até de admitir comportamentos que os preocupam ou dos quais se arrependem.

Opondo-se aos estereótipos do homem emocionalmente retraído, esse programa valida a esperança de que meninos possam comunicar plenamente o que sentem. De fato, quando se abrem a respeito de seus sentimentos difíceis, eles apreciam muito o aconselhamento entre pares, por aliviar as tensões reprimidas.

Um participante explicou isso:

> Antes do aconselhamento entre pares, quando ficava com raiva ou triste, eu me isolava em meu quarto e não queria falar com ninguém. Mas o aconselhamento me mostrou que quando falo com alguém isso ajuda a me sentir muito melhor. Eu estava conversando com meu amigo quando rompi com minha namorada e, normalmente nesse tipo de situação, eu teria ficado trancado no quarto. Mas, pensando sobre o aconselhamento entre pares, percebi que quando se fala sobre os problemas as coisas melhoram. Então, decidi falar com meu amigo e isso realmente ajudou a me recuperar emocionalmente e a me sentir mais aliviado.

Oportunidades de ser autêntico com alguém ainda são um oásis em uma infância geralmente dominada pelo espírito de sacrifício. Um estudante observou que há um contraste evidente entre o que os meninos fazem durante as reuniões e o restante de sua rotina. Então refletiu que "há uma coisa tão genuína em ser vulnerável e permitir que seus colegas também sejam, que eu até chorei mais tarde, naquela noite. Durante dias só conseguia pensar nisso".

Pesquisadores descobriram que os homens "se emocionam" menos com o passar do tempo. Mas, segundo nossa experiência nesse programa, quando as condições favorecem a intimidade emocional, os meninos embarcam nela, conforme explica este menino:

> Acho que o fato de poder falar sobre qualquer coisa que você precise nesse clima de confidencialidade torna o programa um lugar seguro. Ali ninguém julga ninguém e todos se colocam no lugar do outro. E acho que uma coisa que torna o ambiente seguro, é que não há reações como "Nossa, não acredito que você fez isso!" ou "É inacreditável você se sentir assim!" O que mais acontece é alguém lhe dizer "Entendo o que você está passando" e, talvez, oferecer palavras de estímulo. Não se encontra isso em todo lugar. Por isso, sinto que este é um lugar seguro.

Há muitos exemplos revelados ao longo dos anos de meninos que aprofundaram sua autenticidade graças à segurança gerada pelo programa. Tate era um menino querido, cuja simpatia e naturalidade haviam conquistado seus colegas de classe. Embora o sobrepeso o impedisse de participar de esportes, ele ia a jogos e partidas para torcer por seus colegas nos times. Logo após seu ingresso no programa de aconselhamento entre pares, pedi-lhe para fazer uma apresentação diante de todos, uma parte padrão de cada reunião que é proveitosa para o grupo, e para o indivíduo que consegue contar sua história.

Apesar de ser tão agradável e generoso, Tate partilhou uma história que mostrou o quanto muitos meninos se tornam isolados e solitários quando não conseguem achar alguém que os apoie. Assim que começou a falar, Tate revelou que sua mãe havia morrido vários anos atrás. Pelas expressões faciais dos outros meninos, percebi que ninguém sabia disso — Tate não encontrara uma maneira de contar o fato a seus professores ou a seus amigos. Quando ele contava que ia ao túmulo dela, sentava-se em uma cadeira dobrável e conversava com ela em seus momentos de estresse, entendemos melhor o quanto ele era solitário. Tate também explicou que não conhecia seu pai e que não podia sobrecarregar seus avós idosos que cuidavam dele. Enquanto ele se expressava e se sentia acolhido por seus amigos, percebi que há muito tempo ele vinha carregando muitos fardos sozinho.

Lamentavelmente, Tate não era o único menino com segredos profundos. Na primeira reunião do programa, que é sempre em setembro, vemos muitos meninos que estão se escondendo do mundo. Mas, assim como Tate rompeu corajosamente a barreira para contar sua história, geralmente outros garotos também se manifestam. A receita confiável para ajudar meninos a abrir seus corações não é misteriosa. Eles querem o que todo mundo quer: falar com alguém que escute, compreenda e se importe. Então fazem a conexão entre aliviar o peito e lutar pelo direito de ser felizes.

Perto do final do ano, um menino escreveu:

Acima de tudo, minha experiência com o aconselhamento entre pares me ensinou a ser homem; mais especificamente, como buscar a felicidade como um homem. Há muitas ideias erradas permeando as paredes desta escola sobre o que é ser um homem de verdade, mas eu aprendi a definir o que para mim é ser um homem feliz. Sei que felicidade significa estar à vontade para demonstrar honestamente as emoções e se apegar ao que é mais importante. E sei que a felicidade deriva de assumir responsabilidade pelas próprias ações. Aprendi que aceitar minhas fraquezas e meus erros enriquece minha vida, me motiva a alcançar coisas maiores, me ensina humildade e me incita a sentir amor próprio e a perdoar.

Em meus atendimentos clínicos privados, vejo com frequência o abismo entre o que um menino sente e o que aqueles próximos dele sabem. Guardar segredos faz parte da infância. Mas abafar sentimentos nunca funciona muito bem, e acaba respingando no comportamento. Além disso, os sentimentos abafados ficam ampliados e distorcidos na câmara de eco dos pensamentos tormentosos de um menino.

Foi esse o caso de Sean, que aos 16 anos tinha problemas praticamente em todos os lugares: na escola, em casa com seus pais e, ultimamente, estava até começando a chamar a atenção da polícia. Quando telefonou para marcar uma consulta, seu pai tinha uma longa lista de preocupações. Sean ia mal na escola, era rebelde em casa e começara a se envolver com bebidas alcoólicas e, talvez, até com drogas, apesar de seus pais o advertirem sobre o histórico familiar marcado por vícios. Sean era um atleta muito talentoso, mas seu desempenho em campo era inconsistente e seu treinador não confiava mais nele. Em todos os lugares, as pessoas o criticavam e atribuíam suas dificuldades às más escolhas, ao mau-caráter, à falta de coragem e daí para pior. Ele estava à beira de se tornar um "garoto mau". Eu estava esperando um menino durão, então me surpreendi quando ele entrou em meu consultório e começou logo a chorar. Durante aquela sessão e as numerosas outras que se seguiram, Sean descarregou prontamente as tensões e o sofrimento emocional que tanto o acabrunhavam. Ele falou abertamente sobre o quanto ficava magoado com as desavenças com os pais. Em sua opinião, eles eram rápidos em culpá-lo, se enfurecerem e puni-lo ou se afastar friamente. Em reação aos problemas que ele criava, os pais não reconheciam mais a essência do filho. Sean se sentia atemorizado e totalmente sozinho, e agarrou a oportunidade do aconselhamento para achar alívio e compreensão.

Conforme conseguiu livrar a mente dessas perturbações, Sean começou a pensar mais claramente sobre suas escolhas e, em última instância, a ter mais controle sobre seu comportamento. A certa altura, Sean explicou que sempre havia sentido a necessidade de aliviar o peito e descreveu a "pressão interna" quando tinha de abafar as coisas. Mas, como sua relação com os pais caiu em uma espiral descendente e não havia ninguém com quem desabafar, o menino recorreu ao álcool e às drogas para aliviar a pressão.

Sean adquiriu uma nova perspectiva e começou a enxergar a natureza autodestrutiva de seu comportamento. Em pouco tempo, concordou em fazer um tratamento para se livrar do hábito de consumir drogas e bebidas alcoólicas para entorpecer os sentimentos que o haviam descontrolado. Em sessões com a presença de seus pais, ele explicou como eles poderiam ajudá-lo. Ele melhorou as notas na escola, passou a jogar com mais empenho e acabou ganhando uma bolsa de estudos para jogar em uma ótima faculdade.

Minha surpresa ao ver Sean se tornar tão consciente mostra o quão efetivamente imagens de meninos emocionalmente reprimidos dominam o inconsciente coletivo. Eu estava despreparado para a profundidade e a disposição emocional de meninos como Sean e Tate. Meu treinamento emocional havia plantado estereótipos masculinos profundamente em minha mente. Quando me deparei com a rede de aconselhamento entre pares, havia anos que eu não era emotivo nem totalmente sincero com ninguém. E tinha pouca noção do quanto havia me entorpecido para abafar sentimentos difíceis e abrir caminho no mundo.

Durante o primeiro ano, eu tateei cegamente a chave de acesso aos sentimentos mais profundos. Voltar a sentir foi um processo lento, pois tive de reaprender o que originalmente ocorria com naturalidade. Uma lembrança após a outra de ser calado na marra, envergonhado, ameaçado ou simplesmente ignorado vinha à mente, enquanto lutava para me recuperar da alienação acumulada. Alguns anos depois, quando conheci um menino como Sean — que conseguia manter a capacidade de romper seus bloqueios quando necessário —, fiquei muito impressionado com a integridade que ele preservara.

Achar o acesso a meu coração demandou empenho, disciplina e fé. Mas eu estava infeliz por ter me tornado tão fechado, e sentia que havia perdido algo muito importante. O processo de restaurar a integridade de minha mente, muitas vezes, era doloroso — as reações emocionais e lembranças acumuladas não eram boas —, mas quando me permiti sentir houve uma melhora ampla. Além de dissipar as tensões, passei a ver o mundo de maneira diferente, como se houvesse retirado a lente da decepção, amargura e medo. Até sentimentos inconscientes, mascarados pelo pessimismo e cinismo habituais, adquiriram o poder de se expressar e ser ouvidos. Retomar o contato com o que eu sentia levaria a uma perspectiva revigorada e mais esperançosa em relação à vida.

A maioria dos meninos pequenos e ainda abertos tem mais facilidade para isso do que eu tive como adulto. No programa na escola, vemos que todo menino passa a observar, expressar e regular melhor seus sentimentos. Eles demonstram diversos níveis de abertura emocional no início, dependendo do quanto suas vidas são estressantes e da qualidade de seus relacionamentos. Mas, enquanto prática no programa, cada menino descobre sua voz e aproveita a chance. Tanto Tate quanto Sean tinham sentimentos difíceis que não conseguiam descarregar. Más decisões aumentavam seu isolamento e multiplicavam as consequências negativas.

Dois estados emocionais têm especial relevância para os meninos, sobretudo, quando eles não têm a oportunidade de se recuperar de adversidades. As normas culturais reforçam as experiências de vergonha e raiva dos meninos, confundindo e prejudicando seu desenvolvimento emocional.

EXPERIÊNCIAS VERGONHOSAS

A vergonha é indissociável do desenvolvimento masculino, contaminando a autoimagem do menino. A doutora Judy Chu descobriu que, entre 4 e 6 anos, um padrão inatingível de masculinidade já está inculcado em suas vidas, desencadeando uma tensão duradoura, entre quem um menino é, e como ele acredita que precisa ser para estar à altura das expectativas culturais. "Isso pode começar com alguém o espicaçando por participar de uma brincadeira de meninas ou por ser 'tímido', e isso se torna presente para todo soldado que, diante da batalha, se apavora com o próprio terror e a possibilidade de que seu medo indigno de um homem o faça agir como um covarde", escreve o psicólogo Steven Krugman.[18] Fazer meninos que não estão à altura das expectativas passarem vergonha, é uma tradição transmitida por numerosas gerações. E ele acrescenta: "A socialização masculina de praxe se baseia largamente no poder hostil da vergonha para moldar comportamentos e posicionamentos masculinos aceitáveis, e deixa muitos meninos extremamente sensíveis à vergonha[19]".

Os meninos são suscetíveis a se sentirem inadequados, pois passam vergonha constantemente. O ideal masculino, embora inatingível, é martelado em lembretes diários. O pai que se preocupa com o jeito como seu filho atira uma bola, o professor que passa uma descompostura quando se irrita com seu mau comportamento, o treinador que tenta motivar com insultos e humilhação, colegas de classe que o chamam de "gay" — o efeito de tudo isso é confundir a autoimagem de cada menino. Meninos aprendem cedo — aos 5 anos, segundo Chu — que precisam se vestir, falar e se relacionar de determinadas maneiras, caso contrário atrairão reações negativas.

Como, muitas vezes, a vergonha é impingida pelas pessoas mais próximas, os meninos são incapazes de se desviar das críticas constantes ao seu modo de ser. A negatividade se infiltra em sua autoimagem, de modo que, eles aprendem a não externar suas dúvidas. Conforme Krugman explica, "a vergonha vem à tona quando o menino capitula e esconde sua subjetividade[20]". Em consequência, os sentimentos dos meninos ficam em um plano subterrâneo e oculto até daqueles mais próximos. Aprender a funcionar apesar da insegurança se torna tão automático, que em grande parte é inconsciente.

Mas nem sempre dá para evitar a vergonha, sendo, às vezes, impossível escapar desse sentimento. Um exemplo disso foi Josh, um garoto de 13 anos muito sagaz e sensível, porém, com déficit de atenção, que fazia muitas coisas com dificuldade, incluindo os estudos e a vida social. Ele acabou se acostumando a estar defasado nas aulas e a receber advertências dos professores em razão do seu comportamento irrequieto. Ele também achava difícil conviver com os colegas de classe. Sentindo-se vulnerável e constrangido, ele era um alvo fácil para outros meninos que estavam entediados, ou querendo se mostrar. Sua frustração reprimida levava a explosões que, obviamente, só pioravam a situação com seus professores e colegas. Cada vez mais apreensivos, seus pais acabaram marcando uma consulta para Josh comigo.

Desde o início, vi que nessa configuração familiar tradicional o pai de Josh, que passava a maior parte do dia fora de casa, fazia o papel de pacificador, enquanto cabia à sua mãe impor disciplina. Em meu consultório, o pai conseguia falar de maneira tranquilizadora com o filho; a mãe, porém, mais cheia de irritação e decepção, transmitia menos segurança. Os pais estavam preocupados não só com os problemas de Josh na escola, mas também com seus acessos de raiva com a mãe. Apesar da situação tão difícil, o garoto era profundamente ligado aos pais e, ainda, se importava com o que eles pensavam. O que ele mais queria era agradar à mãe e dar orgulho aos pais.

À medida que ele e eu analisávamos seus descalabros e mau comportamento, ficou claro que eles ocorriam quando ele chegava ao ponto do desespero e sentia que nada do que pudesse fazer deixaria sua mãe satisfeita. Em reação às tensões que sentia com ela, ele explodia ou se fechava. Aprendeu a se isolar com um gibi ou videogame e a resistir tenazmente aos esforços para envolvê-lo. Os pais interpretavam essa postura silenciosa como resistência proposital e recorriam a punições como confiscar seus aparelhos eletrônicos, assim o impedindo de se comunicar com seus poucos amigos pelas redes sociais. O relacionamento deles com Josh entrou em parafuso.

Após me mostrar o quanto amava sua família e se importava com suas expectativas, eu o pressionei a revelar seu segredo aos pais. Com apoio paciente, ele conseguiu contar a eles que se refugiava no silêncio, porque se sentia dominado pela vergonha. Eu ajudei seus pais a entenderem que o que ele precisava não era ficar levando a culpa, mas sim a garantia de que, apesar de seus erros ou reveses, sua bondade não seria questionada. Eles então deixaram claro que o filho não os perderia mesmo que fizesse bobagens.

Em última instância, a vergonha pode ser resolvida ou vir a dominar os relacionamentos de um menino consigo mesmo e com os outros. Há, porém, estratégias saudáveis e outras nocivas para lidar com a vergonha. Ocultar medos e inseguranças dá grande poder à vergonha, mesmo que esse pareça ser o único caminho disponível. Mas quando é compreendido e aceito um menino pode aprender a se aceitar como incompleto e imperfeito. Ele pode aprender a se ver independentemente do padrão masculino e até a desenvolver críticas libertadoras sobre as próprias normas. Ele pode chegar a um acordo com suas vulnerabilidades e descobrir o conforto de ter pessoas que lhe querem bem, apesar de suas falhas e erros.

Derek era um menino inteligente e tímido que morava na área degradada da cidade e tinha uma bolsa de estudos em uma escola privada suburbana. Embora fosse educado, bem disposto, caloroso e talentoso, geralmente se retraía um pouco e observava o que se passava a seu redor, abrindo mão de sua espontaneidade. Todo mundo gostava de Derek e ele tinha muitos amigos, mas seus relacionamentos eram um tanto superficiais. Ele era muito divertido e sempre era convidado para festas, embora, às vezes, fosse deixado de lado nessas ocasiões.

Por fim, um treinador de corrida, que notou a hesitação de Derek e acreditou que sua capacidade era maior, chamou-o de lado um dia e perguntou como ele estava. Derek reagiu a esse interesse genuíno dizendo que sabia que estava se refreando e explicou quando havia aprendido a "resguardar o que sentia". Acontece que seu pai, que não tivera uma boa educação formal e constantemente estava desempregado, volta e meia tinha acessos de raiva. Derek presenciara discussões violentas entre seus pais. Certa vez, após o pai se retirar e ele e seu irmão irem dormir, Derek acordou com o barulho de coisas quebrando e vozes alteradas. Ele, então, ouviu seu pai subindo as escadas e gritando que ia pegar os filhos e sair de casa. Enquanto o pai entrava no quarto, sua mãe o alcançou e tentou detê-lo. O pai a empurrou para fora do quarto e escada abaixo. A queda dela finalmente o fez reagir, e ele saiu correndo de casa para nunca mais voltar.

Após o incidente, Derek e sua mãe continuaram tocando suas vidas, mas ele ficou em choque e com emoções conflitantes. Conforme é comum com crianças, ele se sentia mal por não ter impedido o pai de machucar sua mãe. Ele se culpava por ter ficado tão paralisado pelo choque e o medo que não conseguiu fazer nada. E decidiu não contar a ninguém o que havia passado. No decorrer do tempo, o hábito de guardar as coisas para si mesmo se enraizou profundamente. Ele explicou ao treinador que não queria a "piedade de ninguém". Em sua nova escola, os estereótipos de famílias da cidade eram abundantes entre seus amigos e companheiros de equipe mais abastados.

Aliviado por ter partilhado sua história, Derek ficou disposto a abordar como a vergonha o inibia. Então, ele e o treinador elaboraram um plano. O treinador pediu que ele se empenhasse totalmente em não se refrear mesmo nos momentos mais difíceis. Durante as práticas, o treinador gritava com ele para que fosse mais fundo, se empenhasse mais. Por fim, em um dia estafante, Derek desabou na linha de chegada com um acesso de raiva e choro. Toda a sua frustração com as próprias limitações extravasou. O treinador sentou-se a seu lado na pista de corrida e ficou ouvindo o que ele sentia, afirmando que estava tudo bem.

A combinação da sinceridade de Derek com os instintos do treinador permitiu que ele tivesse um progresso decisivo. Ambos captaram que o estoicismo emocional estava impedindo Derek de atingir sua plenitude como corredor. Censurar os sentimentos de um menino e vigiá-lo constantemente esgotam sua vitalidade.

Sentimentos de vergonha podem fazer um menino se isolar, a fim de silenciar a autocrítica ansiosa. O padrão de isolamento masculino se desenvolve cedo. Sentimentos normais de querer ficar próximo da mãe, por exemplo, tornam-se suspeitos quando um menino recebe mensagens de que deve ser durão, independente e autossuficiente. Segundo o psicólogo William Pollack, "esse processo doloroso que obriga muitos meninos pequenos a se afastarem mais do que gostariam de suas mães e a serem apenas parcialmente acalentados pelos pais, é uma disrupção devastadora na vida emocional de um garoto[21]". Em todos os lugares, mães de meninos sofrem quando eles chegam à idade em que evitam abraçá-las em público, por temor de serem chamados de "filhinhos da mamãe" ou "bebês".

Dependendo do grau de rispidez dessas mensagens, um menino pode ficar na defensiva, a fim de mascarar sentimentos vergonhosos de dependência e carência. Uma estratégia comum é negar totalmente os desejos — "Eu não preciso de ninguém" — ou recorrer a vínculos com homens e a comportamentos hipermasculinos para contar com proximidade e conexão. Para alguns meninos, a desconexão alimenta a raiva e a fúria. Quanto mais são bloqueados para buscar a aceitação dos outros, maior é a probabilidade de os meninos recorrerem ao único escape emocional disponível.

MENINOS RAIVOSOS

A raiva exemplifica bem como as regras emocionais diferem para homens e mulheres. Espera-se que as meninas contenham a raiva e sejam "boazinhas", mas é comum os meninos terem permissão para manifestá-la. Em consequência, os meninos tendem a ser agressivos e hostis, assim como, a roubar e a envolver-se em atos antissociais. Essas regras emocionais criam um enigma para quem cuida de meninos. Se a raiva é a única maneira permissível de os meninos demonstrarem emoção — seja medo, mágoa, decepção ou perda —, como eles podem fortalecer sua inteligência emocional? A psicóloga Stephanie Shields, da Universidade Estadual da Pensilvânia, escreve o seguinte em seu livro *Speaking from the heart: gender and the social meaning of emotion*: "A questão da raiva é *o* paradoxo fundamental nos estereótipos da mulher emotiva e do homem frio. O estereótipo da emocionalidade é feminino, mas o estereótipo da raiva, da emoção prototípica, é masculino[22]".

Ela diz que a raiva aflora "quando acreditamos que fomos ou podemos ser privados de algo a que temos direito[23]". Diferente da tristeza, a raiva é uma emoção que impulsiona a ação. O indivíduo raivoso é tomado pelo impulso de reparar uma injustiça e se sente no direito de fazer uso da agressão e do poder. Indivíduos com posição social mais alta são mais propensos a sentir raiva, ao passo que pessoas com *status* mais baixo tendem a reagir a uma perda com tristeza ou culpa.

A raiva é considerada uma característica e um estado. Como característica, acredita-se que algumas pessoas sejam mais propensas a reações raivosas do que as demais. Neste aspecto se enquadram os meninos que rotineiramente ficam furiosos quando estão praticando uma habilidade ou um esporte; sua frustração explode. Outro exemplo é o jovem com quem os outros pisam em ovos por temer suas explosões aleatórias. Todas as questões que os pais de David abordavam com ele — reclamações da escola sobre seu mau comportamento, piora constante nas notas, brigas com sua irmã, infrações no horário de voltar para casa e acordos sobre o uso da internet —, inevitavelmente faziam David perder a cabeça. Sua frustração e decepção rotineiramente explodiam. A raiva de Chad, por outro lado, só explodia com os comentários intoleráveis de outro menino. Essas duas maneiras como os meninos manifestam a raiva têm duas causas: a liberdade de expressar raiva quando contrariados e a suposta legitimidade de se enfurecer.

A autora Megan Boler, professora na Universidade de Toronto, aponta dois tipos de raiva — a moral e a defensiva —, dependendo da reação desencadeada na situação. Quando um menino acredita ser vítima de uma injustiça, os sentimentos de raiva são movidos pela indignação moral e a retidão. Mas, quando um menino se sente ameaçado, suas reações raivosas são mais atreladas ao medo. Um jovem que encontrei recentemente, que tinha um relacionamento difícil com seu pai, chegou ao ponto do esgotamento físico durante uma discussão e começou a tremer descontroladamente. Era evidente que as emoções intensas despertadas pelo pai sobrepujaram o autocontrole do rapaz. Boler escreve: "Aparentemente, duas características chaves são subjacentes à raiva defensiva: o medo como reação à mudança e o medo da perda. Na maioria dos casos em que há medo, é mais fácil reagir raivosamente do que sentir a própria vulnerabilidade[24]".

Em seu livro *Angry white men: American masculinity at the end of an era*, de 2017, o sociólogo Michael Kimmel vê o suposto direito masculino à raiva como um fenômeno histórico que perdura. Incomodados com o aumento da igualdade racial e de gêneros, alguns homens acham que tiveram seus "direitos usurpados", pois percebem a diminuição das oportunidades.[25] Em vez de admitir o medo e a perda, esses homens expressam uma indignação amparada em sua suposta retidão. O que era "deles" foi tomado. Eu presenciei reações semelhantes de meninos que foram cortados ou postos nos bancos de reserva de times de futebol dos meus filhos. Em vez de admitir suas falhas, muitas vezes eles — e às vezes seus pais — se queixavam dos treinadores que reduziram "seu" tempo jogando bola.

Cálculos dos riscos frequentemente regem como um menino expressa a raiva. "Isso vai me causar problemas?" "Vou conseguir encarar as consequências?" O grande abismo entre gêneros quanto ao mau comportamento na escola salienta o quanto os meninos são mais livres para expressar a raiva. Atitudes de desafio e oposição explícita ainda são predominantemente o terreno do menino raivoso e nada cooperativo. Especialistas acham que os, meninos recebem uma disciplina mais severa em suas famílias por razões semelhantes.

Esta história sobre um menino que atendi, mostra como a raiva e o mau comportamento costumam estar ligados. Lawrence era um estudante do ensino médio que tinha uma fome insaciável. Encarregado de acondicionar seu almoço, incluindo o sanduíche que ficava na geladeira, certa manhã ele se esqueceu de fazer isso e, quando chegou ao refeitório na escola, viu que sua lancheira estava vazia. Ele estava sem dinheiro e já havia exaurido a paciência de seus amigos após implorar comida a eles durante semanas. Tomado por uma onda de raiva em relação à sua mãe, ele foi à bancada, furou a fila, serviu-se da quantidade de comida que queria e saiu rapidamente antes de chegar ao caixa. Só após ser suspenso por roubar, falar com sua mãe e ser punido, Lawrence reconheceu que a frustração havia prejudicado seu discernimento.

A raiva dos meninos seguida por mau comportamento, muitas vezes, confunde as pessoas. Há gerações, supõe-se que a atividade hormonal seja a causa das diferenças emocionais e comportamentais entre meninos e meninas, mas essa ideia jamais foi corroborada por pesquisas. Meninos expressam sentimentos raivosos porque podem — e porque é mais difícil expressar outros sentimentos. Muitos meninos brigam quando sentem que não podem fazer o que realmente querem: fugir de uma situação ou desabar emocionalmente.

Certa manhã, durante meu trabalho na vara de família, o oficial de justiça me chamou para irmos ao subsolo. Enquanto descíamos de elevador, ele explicou que eu precisava conversar com "meu" garoto. Quando a porta do elevador abriu, vi meu cliente Niles, ríspido e machucado, na única cela por lá. O menino meigo, sensível e com dons artísticos que comparecia às nossas sessões semanais havia se transformado em um ser embrutecido e raivoso, que mal admitia nossa conexão. Ele fora dominado fisicamente no saguão após começar uma briga com meninos de um grupo rival que encontrou por acaso, enquanto se dirigia ao nosso encontro semanal. Durante a briga, ele retirou um par de *nunchakus* que tinha escondido nas calças.

Por que Niles partiu para a violência sob o nariz de um sistema de justiça prestes a decidir seu destino? Percebi então que sua reação aos outros meninos foi mais instintiva do que racional; ele fez o que sentiu que tinha de fazer. Acuado em um canto e sem pensar nas consequências, o ardor da raiva mascarou os sentimentos mais difíceis do medo e da vergonha. A raiva era a única reação que ele conseguia expressar.

O que os psicólogos de crianças Dan Kindlon e Michael Thompson chamam "cultura da crueldade", assegura que todo homem tenha muita prática em resistir aos valentões intimidadores e a se defender contra a humilhação pública.[26] Os sentimentos que meninos exteriorizam, muitas vezes, não condizem com o que sentem por dentro. Ansiedade, incerteza, vergonha e humilhação assombram os pensamentos de muitos meninos. Na arena pública, as regras dos sentimentos ordenam que um menino nunca recue ou ceda aos medos.

PAIS COMO CONSELHEIROS DOS FILHOS

O desenvolvimento emocional é um problema especial na infância. Tradicionalmente, acreditava-se que as diferenças de gênero em termos emocionais resultassem de diferenças binárias de cunho biológico. Mas, há mais probabilidade de que as diferenças observadas no comportamento emocional de meninos e meninas resultem de experiências emocionais, regidas por regras baseadas em gêneros. Pesquisas confirmam que por trás das máscaras dos meninos há um coração emotivo pulsando. Sozinhos, poucos conseguem se opor às poderosas normas sociais que os confinam. Pais e cuidadores são os defensores mais naturais de meninos, assim como seus "primeiros-socorristas" e os receptores mais óbvios para suas perturbações. Expor sua mágoa e perturbação a seu cuidador, buscando compreensão e alívio, é instintivo desde a infância quando a criança sente fome, frio ou solidão, e depois se estende a outros sentimentos durante o crescimento do indivíduo. Ser conselheiros dos filhos faz parte das funções parentais. Mas como podemos dar conta desse papel com nossos filhos?

É preciso reconhecer que essa missão implica muitos desafios para os iniciantes. Embora um menino espere ajuda em relação a sentimentos difíceis, nem todos a recebem. Às vezes, inconscientemente, os pais reagem com pouca atenção, compaixão e tranquilidade. É difícil escutar certos assuntos. Os pais podem hesitar em ultrapassar limites e se imiscuir em "questões pessoais" dos filhos. Meninos que não se encaixam no molde masculino podem ter poucas interações isentas da própria perturbação de seus pais, que podem até insistir para que o filho aja de forma mais viril. As tensões podem interferir de diversas maneiras na capacidade do pai ou da mãe de escutar.

Cory e sua mãe procuraram minha ajuda profissional depois que ela esgotou todos os seus recursos. O garoto da 10ª série ia de mal a pior na escola, e não fazia o menor esforço. Quando fiquei a sós com ele, descobri que sua falta de motivação e mau desempenho, se relacionavam ao fato de que Cory se drogava praticamente todos os dias, o que era seu modo de lidar com uma família que sofria há anos, desde que seu pai os abandonara. Sua mãe não se conformava com isso e mal podia funcionar fora de seu emprego e das tarefas domésticas rotineiras. Cory era protetor e solícito com ela, mas ficar "chapado" era uma maneira de administrar a raiva que sentia do pai e a preocupação com a mãe.

Em sua vida familiar deprimente após o divórcio de seus pais, Cory resolveu esconder sua dependência crescente. Ele me explicou que não queria aumentar o sofrimento da mãe, a qual sentia que já tinha perdido, assim como seu pai. Não havia sobrado ninguém para ajudá-lo com seus problemas.

Cory afinal conseguiu pedir à mãe que achasse alguém com quem ele pudesse conversar. Quando ele disse que estava tentando ajudar a mãe ao omitir suas turbulências, eu sugeri que o que ela mais precisava era da ajuda dele para fazer seu trabalho como mãe. Cory concordou relutantemente em fazermos uma sessão conjunta, para que ela ficasse a par do que o filho estava sentindo. Na sessão, explorei com sua mãe o quanto deve ter sido difícil quando seu marido partiu, mas que ela estava ficando mais forte. Insisti que ela deixasse claro para o filho que agora estava mais fortalecida, que adorava apoiá-lo e que queria voltar a participar de sua vida. Eu ajudei Cory a expressar o quanto se sentia sozinho e amedrontado, e o orientei a apoiar a cabeça no ombro da mãe e a absorver o fato de que ela conseguia aguentar seu peso — que ele precisar dela não iria esgotá-la nem sobrecarregá-la.

É impressionante a frequência com que os pais se esquecem de que os filhos, mesmo quando já encorparam a voz e os músculos, ainda precisam de cuidado e proteção. O mito de que um homem tem responsabilidade por si mesmo se imiscui em relacionamentos com meninos em crescimento. Em geral, eu tento marcar algumas sessões juntando os rapazes e seus pais, porque orientá-los em seus relacionamentos básicos é o melhor tratamento em longo prazo que posso oferecer. Convenço o menino a levar suas necessidades emocionais a sério e a se nivelar com os pais. Nesse ínterim, lembro a mães e pais que eles continuam tendo papéis cruciais. Embora não lhes caiba resolver todos os problemas dos filhos, os pais podem ajudá-los, escutando e dando oportunidades aos meninos para que diferenciem os sentimentos para seu próximo passo.

SEJA PACIENTE E MANTENHA-SE CONFIANTE

As qualidades principais para ouvintes de meninos são paciência e confiança. Por diversas razões, muitos meninos têm de virar homens prematuramente, treinando para não externar sentimentos perturbadores, exceto a raiva. Reverter o caminho e abrir-se, embora traga grande alívio, inicialmente pode parecer estranho e ameaçador. Alguns meninos talvez sintam que estão regredindo a um estágio mais dependente e que sua masculinidade está em jogo. Os pais não podem tranquilizar os meninos quanto a essas preocupações; o próprio menino tem de achar a saída, descobrindo que é mais forte e mais resiliente quando está menos sozinho.

Enquanto se debate com a preocupação, a insegurança e o isolamento por ter de suprimir seu lado emocional, um menino pode projetar sua perturbação no pai que tenta ter acesso a ele, como se ele estivesse fazendo algo errado. No entanto, o próprio ato de procurar contato com o menino que se retraiu atrás de uma máscara é um convite para que ele mostre o que realmente está sentindo. Pais podem captar muitos sentimentos perturbadores quando o desconforto do menino fica às claras. É esse o ponto: ao se fazer de iscas, os pais conseguem atrair o menino para uma conexão mais sincera.

Um aspecto complexo é não levar para o lado pessoal o que seu filho diz ou como ele age. Afinal, muitos pais não conseguem tolerar o desrespeito ou a rejeição, sobretudo quando estão fora de sua zona de conforto. Mas eu peço a pais irritados ou desanimados que reflitam a respeito destes pontos: eles realmente exigem que uma criança nervosa exerça o autocontrole e censure pensamentos turbulentos como pré-requisitos para escutá-la? Eles realmente esperam que a criança tenha tanta perspectiva sobre sentimentos confusos que consiga falar moderadamente a esse respeito?

Se os pais aguentarem com firmeza, mantiverem a calma e até sorrirem com simpatia e compreensão quando forem alvo de críticas, culpabilização ou rejeição, o filho compreenderá que pode contar com eles para dizer o que está sentindo. Os níveis de estresse dos meninos por trás de suas máscaras, geralmente, são mais altos do que os adultos desconfiam. Retraimento e estoicismo ocultam o medo de desafios aparentemente insolúveis. Cabe aos pais oferecer a visão mais ampla de que seus filhos não estão sozinhos e que podem entender as próprias vidas (embora os pais, é claro, se preocupem com isso).

AUMENTE O CAPITAL RELACIONAL

Quando se dispõem a escutar, os pais podem achar que escolheram a ocasião errada. O filho não consegue partilhar e simplesmente os dispensa. Nenhuma questão parece bem formulada e nenhum tom, relaxado o suficiente. Às vezes, as perturbações dos meninos são tão introjetadas e seus problemas tão fora do alcance da ajuda e compreensão oferecidas pelos pais, que o melhor que estes podem fazer é se retirar para ruminar, mal disfarçando sua irritação.

Entre evitar assuntos difíceis para os pais, abordá-los com os amigos, namoradas ou simplesmente se fechar, há muitos obstáculos antes de os meninos de fato aproveitarem o convite do pai ou da mãe para se abrir. Por isso mesmo é tão importante ter relacionamentos baseados em diversão e deleite com os filhos, assim como, reservar regularmente um tempo especial para sair com eles. Meninos fazem uso dessa reserva afetiva quando se debatem com sentimentos mais árduos.

Às vezes, os meninos podem ser explícitos sobre a necessidade de falar; outras vezes, apenas se insinuam para o pai ou a mãe, esperando ser notados ou achar uma brecha. Sob as circunstâncias ideais, os pais simplesmente seguem a dica do filho. Uma pergunta genérica, a exemplo de "Como estão as coisas?" ou "Como foi ontem à noite?", sinaliza sua disposição para escutar, mas os pais não devem desanimar se o menino preferir não responder. Outros fatores, talvez, estejam dificultando que o menino se abra e, nesse caso, insistir em fazer perguntas pode fazer o tiro sair pela culatra. Às vezes, o filho será grato pela persistência dos pais, mas, às vezes, ganha mais confiança se eles não forem intrusivos. Quando finalmente se abre, o menino reticente se sentirá ainda mais no controle de si mesmo e mais confiante em relação a seu relacionamento com a mãe e o pai.

Para muitos pais de garotos adolescentes, a "necessidade de saber" é mais motivada pela ansiedade do que real. No entanto, pais que usam uma abordagem do tipo administrativo com seus filhos se baseiam na ideia equivocada de que a qualidade do relacionamento tem pouca influência sobre o desempenho, segurança ou aceitação das regras, expectativas ou valores dos meninos. Em geral, os meninos reagem a isso de duas maneiras: alguns se rebelam e se separam reativamente dos pais, para ganhar um certo senso de independência, ao passo que outros aceitam os termos de intercâmbio no relacionamento e não conseguem ter vidas próprias.

Meus dois filhos começaram a jogar futebol aos 4 anos e assim continuaram até na faculdade. Ao longo de todo esse tempo, em nossos postos de observação em inúmeras linhas laterais e arquibancadas, minha mulher e eu vimos muitos meninos que vacilavam e não capitalizavam seus talentos. Enquanto alguns descobriam outros interesses, muitos se desviavam do esporte, porque era a única solução para driblar mães ou pais que os oprimiam. Em última instância, os pais não podiam obrigá-los a desempenhar bem, e eles podiam vencer justamente ao perder.

Em vez de tentar manipular um menino, é melhor lhe oferecer a magia de ser amado, reconhecido e ouvido. Essa abordagem trabalhosa pode não acalmar a ansiedade subjacente ao impulso parental de controlar e dominar, porém tem uma probabilidade muito maior de estabelecer uma comunicação aberta, particularmente com garotos adolescentes. Em meu consultório, às vezes, vejo algum menino que conta quase tudo a seu pai. Certamente, por trás dessa conexão está a fé dele de que o pai está sempre a seu lado — não em cima dele ou pressionando-o sempre que um impulso aflora.

CONTROLE AS REAÇÕES À RAIVA

Talvez ainda mais difícil do que lidar com a propensão dos meninos a evitar o partilhamento, seja como os pais reagem à raiva deles. É comum os meninos terem raiva ou, no mínimo, rompantes; na adolescência essa é a única emoção que muitos acham que podem mostrar. Mas garotos raivosos podem ser apavorantes. Ao longo dos anos, muitos meninos foram ao meu consultório com as mãos envoltas em ataduras ou engessadas por golpearem as paredes de seus quartos. Incapazes de se livrar das tensões reprimidas, às vezes os meninos atacam indiscriminadamente. A raiva de um menino pode explodir facilmente, sobretudo quando atinge a maturidade física, mas não amadureceu a autorregulação. Quando os pais reagem a um menino raivoso com ira ou esforços temerosos para controlá-lo, é como pôr lenha na fogueira.

Muitas vezes a raiva é a primeira onda na liberação emocional de um menino — o jorro inicial da energia dolorosa que precede sentimentos mais difíceis. Geralmente, se o pai ou a mãe reagirem com calma e confiança, haverá espaço e segurança suficientes para o filho descascar essa camada superior de sentimento até as emoções mais profundas de medo, vergonha, decepção e tristeza. Dependendo de quanto o menino está apoiado ou do quanto ele quer ferir fortemente, o surto raivoso pode ser grande e ruidoso. Pode ser difícil enxergar qualquer racionalidade regendo sua ira. Mas faz muita diferença quando um jovem acha espaço para mostrar o quanto se sente ameaçado ou frustrado. Músculos tensos relaxam, o nó no estômago dá lugar a respirações profundas e, em vez da reação de lutar ou fugir, há alívio, conexão e conscientização.

Para atuarem como conselheiros de meninos irados, os pais talvez tenham que se lembrar das próprias experiências, de terem sido magoados por homens raivosos no passado. Com grande frequência, o elo entre a raiva do seu filho e o trauma passado do pai permanece inconsciente. Nessas circunstâncias, os pais serão propelidos por sentimentos fortes para reprimir o filho ou simplesmente evitá-lo. Mas é trágico pais perderem essa oportunidade por causa das mágoas não resolvidas que os impedem de estar emocionalmente presentes para o filho.

John, por exemplo, estava bem adaptado no ensino secundário, musicalmente talentoso e desembaraçado socialmente. Sua família o adorava, e ele aproveitava ao máximo sua atenção. Embora respeitasse e fosse bem próximo do pai e da mãe, o pai ocupado delegava à mulher a maioria das questões parentais. John e ela tiveram um relacionamento especial, até o menino entrar na adolescência e começar a testar o código moral dela. Mãe e filho me procuraram por recomendação do diretor da escola, que observou que John estava ficando mais agressivo e menos focado em suas responsabilidades. Em minha avaliação, percebi que, embora tivesse políticas firmes quanto ao uso de drogas e comportamento sexual, a mãe de John era relativamente incompetente com ele. O garoto mentia ou dava um jeito de driblar os limites impostos por ela, enquanto se afundava cada vez mais na direção errada. Quando ela o enfrentava, John ficava raivoso e frustrado, e sua mãe então cedia. Quando perguntei sobre a mensagem confusa que estava passando ao filho, ela entrou em um estado de ansiedade acabrunhante, pois, se sentia incapaz de controlá-lo.

No decorrer do tempo, ela revelou que no passado fora abusada pelo pai alcoólatra, um período de sua vida que ela tentou apagar ao máximo. Com a energia emocional dessas mágoas ainda viva, ela perdia facilmente o equilíbrio diante de gatilhos como o comportamento de seu filho e entrava em um estado de pavor, além de ter enxaqueca crônica. Com John testando cada vez mais seus limites, ela se tornara estridente e mais estressada.

Pais que têm dificuldade de manter a firmeza com os filhos revivem, consciente ou inconscientemente, situações passadas nas quais se sentiram impotentes. No nível mais primitivo, evitar conflitos torna-se a meta principal, mesmo que seus filhos estejam adentrando um território nocivo. Em outro cenário igualmente marcado pela impotência, os pais podem se sentir perdidos, lutam pela própria sobrevivência e esquecem que são os adultos responsáveis por escutar.

Estabelecer a correlação entre mágoas passadas e reações atuais ajuda os pais a se livrarem de um padrão repetitivo de comportamento ineficaz. A experiência dolorosa que se torna consciente se encaminha para uma resolução e tem menos probabilidade de dominar o comportamento do pai ou da mãe. Embora a energia dolorosa de uma experiência possa levar tempo para ser eliminada, pais que admitem o quanto foram feridos são menos vulneráveis a escalar cegamente seus filhos para o papel de antagonistas.

Permanecer conectado com um menino mesmo quando a raiva dele aflora, cria um espaço no qual ele pode abordar os erros, reais ou imaginários, que o afastaram do relacionamento. Pais não são nem precisam ser perfeitos, e deve haver espaço para o menino dizer quando se sente decepcionado — caso contrário, ele se afasta. Dizer a meninos para engolir o que sentem e serem "bonzinhos", os priva da iniciativa de restaurar um relacionamento que foi rompido. Sempre que possível, quando um pai ou uma mãe capta um tom ou uma atitude raivosa do menino, sempre vale a pena perguntar da maneira mais calma possível: "Eu fiz alguma coisa que o desagradou?" ou "O que aconteceu entre nós?" Quando houve uma ferida real, por algum ato ou omissão, o pai deve pedir desculpas. Às vezes, simplesmente pedir desculpas funciona: "Sinto muito não ter entendido você direito". Auspiciosamente, os pais têm força de ego e apoio suficientes para superar o impasse e restaurar a conexão.

IDEIAS PARA ESCOLAS

O programa de aconselhamento entre pares que eu descrevi é implantado em uma escola por uma boa razão. Tais programas dão treinamento em habilidades essenciais que visam "preparar os meninos para a vida". Programas de ASE em todos os lugares reproduzem essas metas. Segundo a Collaborative for Academic, Social and Emotional Learning (CASEL), uma organização voltada a pesquisa, prática e políticas públicas, o desenvolvimento social e emocional das crianças é um "elemento fundamental para o êxito acadêmico". Quando meninos que participam do programa de aconselhamento entre pares o avaliam, eles citam habilidades que adquiriram ou aperfeiçoaram, incluindo escutar os outros, revelar como se sentem e aprender a confiar em alguém. Eles também gostam de escutar o que outros meninos estão vivenciando, assim ficando mais conectados com seus colegas de classe. A maioria passa a perceber que, independentemente de seus conflitos internos, não está sozinha.

Para um professor em um relacionamento específico com um aluno, o conflito entre os papéis da autoridade que dá as notas e do confidente deve ser bem esclarecido para que o menino perceba a oportunidade de discutir questões pessoais. Reações impulsivas de aconselhar, julgar, repreender ou afirmar a própria superioridade também podem impedir o menino de se abrir. A solução para o professor formar uma conexão pessoal com cada aluno é utilizar um repertório de gestos relacionais — por exemplo, partilhando algum interesse, identidade ou experiência em comum com um aluno para aprofundar o vínculo. Outra boa ideia é transmitir confiança e até humor, na esperança de que até os meninos mais resistentes acabem se aproximando.

Consequências disciplinares evocam as emoções dos meninos. Com grande frequência em escolas, o código de comportamento é a prioridade, cabendo aos educadores uma postura disciplinadora, e não de aconselhamento. A justificativa comum é que regras inflexíveis são a melhor maneira para ensinar os meninos a se manterem na linha. De fato, vi muitos meninos que precisavam entender a dura realidade das consequências, para pensar duas vezes antes de ceder a seus impulsos. Mas, não exagerar nas punições ajuda os meninos a entenderem melhor as coisas e a adquirir mais autocontrole. Quando a punição é a abordagem dominante, os meninos prontamente recuam para racionalizações defensivas que, embora muitas vezes pareçam absurdas, os impedem de ver os próprios erros e de mudar seu comportamento.

Ted era um menino calmo na maior parte do tempo. Certo dia, porém, entrou em uma discussão com uma professora que o flagrou usando o telefone celular durante a aula. Apesar de se tratar de uma desobediência óbvia, o menino insistiu para que ela abrisse uma exceção. Sentindo que a professora não estava cedendo a seus apelos, ele começou a ofendê-la. Felizmente, eu estava na escola naquele dia e tive tempo para falar com ele à tarde. Desde a manhã ele ficara de castigo sentado sozinho em um escritório, mas lampejou de indignação quando perguntei o que havia acontecido. Eu fiquei escutando, solidário com a confusão na qual ele tinha se metido, e Ted logo desabou e começou a chorar. Enquanto mencionava sentimentos complexos, ele revelou que estava sob pressões terríveis.

Tenista talentoso, em pleno processo competitivo de recrutamento em uma faculdade, Ted estava deprimido ao ver sua mãe mais interessada em seu êxito nas quadras, do que em seus sentimentos. Ele estava solitário, sobrecarregado e, quando a professora o flagrou, estava respondendo a uma mensagem urgente da mãe. Foi por isso que explodiu. Após Ted me contar tudo o que estava acontecendo, fizemos um plano para ele se desculpar com a professora, explicando que seu rompante não tinha nada a ver com ela, mas que ele assumiria as consequências que lhe fossem impostas. Combinamos também de reunir ele e sua mãe em uma sessão, para que se reconectassem com mais sinceridade. Impor um limite pode ser mais o começo do que o fim para entender o que está acontecendo.

Lamentavelmente, muitos garotos adolescentes estão prestes a sofrer uma desconexão emocional por não ter em quem confiar. A fim de suprimir sentimentos complexos, esses meninos tiveram de endurecer para não ficar vulneráveis. Disciplina e punição muitas vezes parecem o único recurso para dobrar esses meninos tão endurecidos, distantes e inatingíveis, mas vale a pena tentar outra estratégia: professores e treinadores podem servir de exemplos.

No programa de prevenção contra a violência juvenil que desenvolvemos na Filadélfia, que os primeiros meninos atendidos chamaram de Turma Pacífica, uma componente chave, foi treinar líderes de bairro para atuarem em centros da juventude, programas esportivos e grupos de igreja. Nossa meta era treinar homens adultos que mostrassem aos meninos, muitos do quais não conviviam com nenhum homem em casa, como lidar com suas emoções. Esses homens montaram grupos para garotos no início da adolescência, nos quais cada participante, incluindo o líder, falava sobre experiências que o perturbavam. O efeito foi eles perceberem que era normal ter conflitos emocionais e era natural falar sobre sentimentos. A intenção era oferecer uma alternativa mais humana em comparação com a usual representação dos homens como figuras de ação e guerreiros em videogames, filmes e programas de televisão.

Seguindo a mesma linha, um treinador de lacrosse em uma escola suburbana, o qual era formado em West Point, e professor de matemática muito querido pelos alunos, fez uma palestra durante uma assembleia. Ele a intitulou de "Choro", pois percebeu que muitos meninos que ele ensinava e treinava eram reféns de estereótipos do que é ser homem. Na palestra, ele frisou que passou a achar natural que os homens se abrissem sobre sentimentos de todos os tipos, incluindo sofrimento profundo, desgosto e tristeza, e, então, decidiu mostrar seus verdadeiros sentimentos a seus amigos e chorar abertamente quando sentia necessidade. Embora tivesse de se opor a normas culturais que proíbem um homem de ser tão aberto, ele sentia a responsabilidade de ser sincero sobre as realidades da vida emocional masculina com homens mais jovens para os quais ele era um exemplo.

O atletismo é outro contexto que dá muitas oportunidades para os meninos chegarem a um acordo melhor com suas emoções. Muitos treinadores, particularmente de faixas etárias mais jovens, veem seus papéis não só no sentido de treinar atletas e vencer jogos, mas também na formação de caráter. Eles entendem que suas exortações têm probabilidade de levar a conversas francas com meninos que apresentam desempenho limitado. Pedir a um menino que conte como ele se vê no contexto de uma equipe ou competição, particularmente quando está de certa forma defasado, abre uma janela geralmente bem fechada. Ter uma equipe contribui para enfocar melhor sentimentos como medo ou baixa autoestima, e cria incentivos para os meninos se abrirem sobre seus conflitos e sentimentos. Remo, corrida, natação e outros esportes coletivos, nos quais o caráter de um menino é revelado em um desempenho que exige o máximo de suas capacidades, representam ótimas oportunidades para um treinador ajudá-lo a se distender e crescer, requerendo uma mudança em sua autoimagem e um ajuste de contas emocional. A melhor maneira para um menino se tornar um vencedor é romper os bloqueios em sua mente.

CAPÍTULO 4

~∗~

APRENDIZAGEM E EDUCAÇÃO DE MENINOS

Durante a aula de ciências, um menino da 7ª série olha de modo sonhador pela janela para a quadra de esportes, onde jogará futebol após o horário da escola. Embora dê o melhor de si para ensinar aos alunos, ao olhar ao redor da sala de aula a professora nota outro menino dando uma olhada em seu celular e dois garotos conversando ao fundo. Há muitos interesses competindo pela atenção de seus alunos.

Segundo a historiadora Michele Cohen, um "hábito de ociosidade saudável" caracterizava o envolvimento acadêmico de estudantes do sexo masculino no século XVII. De várias maneiras, a *ociosidade* ainda define como muitos meninos se envolvem na aprendizagem, mas as consequências do baixo desempenho são bem menos saudáveis. Eles ficam procrastinando o que têm de fazer, sem motivação até quando tiram notas baixas, e não se importam quando são pressionados a tentar com mais empenho. Muitos nunca sentiram a satisfação resultante de dar o melhor de si nos desafios acadêmicos.[1] O fato é que o tempo passado na escola dá muitas oportunidades para desenvolver a coragem — a capacidade de lutar pelos próprios sonhos. No entanto, um número excessivo de meninos não aproveita essas oportunidades.

Um artigo na revista *The Economist,* em 2015, anunciando que "os meninos estão sendo desbancados pelas meninas" referia-se a eles como "o sexo mais frágil[2]". O artigo se baseou no lançamento de um relatório em

2015, da Organização para Cooperação e Desenvolvimento Econômico (OCDE) perfilando resultados acadêmicos de 500 mil adolescentes de 15 e 16 anos em 65 países. Examinando o "novo" abismo de gêneros global, o relatório identificava algumas diferenças de gênero que deixam os meninos em desvantagem na escola:

- Meninos jogam mais videogames e passam mais tempo em seus computadores e na internet fora da escola do que as meninas;
- Eles são mais propensos a ler só por prazer;
- Eles são mais propensos a fazer a tarefa de casa com mais rapidez (uma hora a menos por semana);
- Eles são mais propensos a ter posicionamentos negativos em relação à escola (em comparação às meninas, o dobro deles acha a escola uma "perda de tempo");
- Eles são mais propensos a chegar atrasados à escola.[3]

Mas em uma economia global baseada no conhecimento, ser desligado e inatingível não é uma justificativa suficiente. Visitando escolas pelo mundo, conhecendo meninos de todos os tipos em entrevistas e em observações em sala de aula, sempre me surpreendi com o quão palpavelmente eles esperam ter êxito. Quando um menino é desinteressado nos estudos, a explicação tradicional de que ele "não liga", deixou de ser aceitável. Não se importar é um resultado, não uma causa.

FICANDO PARA TRÁS

O baixo desempenho educacional é um dos prejuízos mais óbvios na infância masculina. Diz-se que meninos mundo afora estão "em crise", em razão do seu desempenho educacional abaixo do esperado. Tanto nos Estados Unidos quanto em outros países, o desempenho das meninas aumentou nas últimas décadas, ao passo que o dos meninos estacionou ou piorou. Segundo o relatório da OCDE, as meninas deixaram os meninos para trás a uma média equivalente a um ano letivo completo. Meninos predominaram nos piores níveis de desempenho e são 50 por cento mais propensos do que meninas a não ter sequer proficiência básica em matemática, leitura e ciências.

Analisando dados dos Estados Unidos no século passado, os professores de sociologia Thomas DiPrete, da Faculdade de Pedagogia da Universidade de Columbia, e Claudia Buchmann, da Universidade Estadual de Ohio, descobriram que havia um abismo entre gêneros no desempenho desde 1900. As diferenças entre meninos e meninas surgem cedo, antes até do jardim de infância, e aumentam ao longo dos anos na escola primária. Três fatores contribuem para esses resultados:

- As meninas entram na escola com a vantagem de ter mais habilidades sociais e comportamentais;
- As meninas se esforçam mais que os meninos e obtêm retornos maiores por suas capacidades;
- As meninas demonstram níveis maiores de apego à escola e se sentem mais gratificadas por seu desempenho.[4]

No final do ensino médio, as habilidades socioemocionais e cognitivas, como fazer toda a tarefa de casa e chegar às aulas preparado, são tão cruciais para o êxito em longo prazo que anotações feitas cotidianamente na 8ª série preveem mais acuradamente a chance de um aluno se formar em uma faculdade, do que obter as notas em provas padronizadas. Elas também explicam a desvantagem crescente dos meninos. O abismo nas habilidades educacionais entre meninos e meninas é maior do que disparidades devidas à pobreza ou ao preconceito racial.

Segundo levantamentos anuais, as diferenças no desempenho fomentam diferentes aspirações, exacerbando o abismo de gêneros. Na 8ª série, os meninos estabelecem padrões mais baixos para si mesmos e, portanto, se esforçam menos. Eles preferem matérias mais fáceis e obtêm notas mais baixas. Menos interessados no desempenho, eles têm mais disposição para correr riscos, como fumar, o que reflete menos preocupação com seu futuro.

Pais que têm um filho e uma filha costumam ter histórias que ilustram bem essas estatísticas. Charlie tinha uma irmã mais velha, Hannah. Ela era uma verdadeira estrela: organizada, automotivada, sincera com os professores e ansiosa para agradá-los, em suma, altamente ambiciosa. Charlie, por outro lado, adorava sair com os amigos, jogar videogames e pregar peças. Ele se dava bem com as pessoas e era sempre agradável com os professores, mas não se empolgava com a escola. Quando viam seu boletim escolar, seus pais não conseguiam se abster de comparar seu desempenho com o de sua irmã, comentando como o nível de preparo e envolvimento do garoto era pior. Charles apenas não achava a escola tão gratificante, ou divertida quanto sua irmã. Ele e seus amigos zombavam das garotas que se empenhavam freneticamente nas tarefas escolares.

As diferenças de gênero no desempenho ficam exacerbadas quando os meninos estão sob estresse maior. Em um estudo recente em grande escala, pesquisadores compararam registros de nascimento, saúde, disciplinares, acadêmicos e de graduação no ensino secundário de mais de 1 milhão de meninos e meninas nascidos na Flórida, entre 1992 e 2002.[5] Uma de suas conclusões foi que os meninos de bairros pobres que frequentavam escolas públicas mal equipadas, tinham maior probabilidade que suas irmãs de ter problemas com vadiagem e mau comportamento desde o ensino fundamental até o médio. Além disso, os meninos tinham taxas mais altas de incapacidades psicológicas e cognitivas, iam pior em provas padronizadas e tinham menos probabilidade de completar o ensino secundário, mas tinham maior propensão a se envolver com o sistema de justiça juvenil. Segundo os autores do estudo, esses fatores de estresse tinham maior efeito sobre meninos "não porque eles sejam mais afetados pelo ambiente familiar em si, mas porque os bairros nos quais as crianças carentes são criadas são particularmente adversos para os meninos".

Somando-se aos problemas sociais de racismo e pobreza, as normas culturais de masculinidade dificultam que os meninos se saiam bem na escola. As condições que interferem em seu empenho na aprendizagem se estendem até as atitudes e comportamentos de seus professores.

O sociólogo Hua-Yu Sebastian Cherng, da Universidade de Nova York, avaliou a qualidade das relações entre professores e alunos no ensino secundário e confirmou que, caso elas fossem boas, haveria expectativas e desempenho estudantis mais altos.[6] O estudo também descobriu que crianças e adolescentes imigrantes que não são brancos têm menos acesso a essa forma importante de capital social.

Conforme o relatório da OCDE observou com franqueza, "um estudo após outro sugere que os estudantes com o melhor desempenho são 'bons' alunos",[7] e acrescentou: "Seja devido à socialização ou a diferenças inatas, os meninos geralmente são mais propensos que as meninas a ser disruptivos, a testar limites e a ser fisicamente ativos — em outras palavras, a ter menos autorregulação[8]". Em relacionamentos entre meninos e professores, estereótipos de todos os tipos prejudicam as parcerias de aprendizagem.

Recentemente, visitei uma escola do ensino secundário para oferecer desenvolvimento profissional aos professores. Era o mês de maio, e a formatura estava próxima. Ao passar pelo escritório de aconselhamento da escola, onde um grupo de alunos do último ano estava reunido, vi uma cena comum: uma garota estava aos pulos e com o celular na mão, exclamando empolgadamente que conseguira ser admitida em sua faculdade preferida. A seu lado, o namorado tentava comemorar com ela, mas seu rosto dava sinais de angústia: ele também tivera notícias de sua escola preferida, que o colocara na lista de espera.

Thomas Mortenson, do Instituto Pell para o Estudo de Oportunidades no Ensino Superior, mapeou as tendências em alta em termos de empregabilidade, educação, liderança e participação cívica para mulheres e as tendências declinantes para homens. Ele emitiu um alerta sobre a queda nas matrículas de rapazes em faculdades e, nas perspectivas de conseguir emprego, sobre os salários estagnados e as taxas crescentes de desemprego, encarceramento, pobreza e suicídio[9].

No entanto, alarmes sobre o abismo de desempenho entre gêneros nem sempre são bem recebidos. A preocupação genuína com os meninos é confundida com um retrocesso disfarçado na batalha pela igualdade de gêneros. Reações justificáveis a privilégios masculinos enraizados, dificultam que alguns observadores considerem como os meninos estão posicionados para fracassar. A socióloga britânica Debbie Epstein e colegas apontam três crenças comuns que levam a conversa para rumos improdutivos.[10] A primeira é o tema dos "pobres garotos", que os coloca como vítimas desafortunadas do condicionamento ríspido e da exploração desalmada. Por essa visão, as escolas são lugares onde condições como *bullying*, controle excessivo e disciplina obrigam os meninos a agirem como típicos "machos". No entanto, tal visão subestima o papel dos meninos no desenvolvimento de suas identidades. Obter a glória nos esportes ou ser considerados exemplos no campus, faz com que alguns optem pela popularidade de curto prazo em detrimento das perspectivas de longo prazo. Essa visão também negligencia o quanto os professores se empenham nas escolas para manter todos os seus alunos na linha. A experiência subjetiva dos atores no drama educacional se perde no embate das grandes forças sociais.

O segundo tema é o da "falha das escolas", que considera que elas são organizadas e equipadas, sobretudo, para meninas. Defensores dessa visão afirmam que os esforços para apoiar as meninas "feminilizaram as escolas", contribuindo para o desânimo dos meninos. O problema é que há evidências de que avanços na igualdade melhoram o clima das escolas em geral. Essa crença também negligencia o fato de que virtualmente em toda escola muitas professoras são as favoritas dos garotos.

Por fim, a crença de que "meninos sempre serão meninos" argumenta que a escola não pode ser um lugar bom para eles, levando em conta sua agressividade, competitividade e hiperatividade determinadas pelos hormônios. Autonomia, aventura e atividades que criam vínculos masculinos são as únicas maneiras de apelar a seus instintos. Mas essa crença apenas reitera o argumento de que "biologia é destino", que caracteriza grosseiramente o relacionamento complexo entre anatomia, experiência e mentes em desenvolvimento. Não obstante suas falhas, essa visão ainda é tida como plausível.

Ideias mais interessantes consideram a influência pessoal dos meninos sobre suas vidas como homens. Thomas Newkirk, da Universidade de New Hampshire, sugere que, como a masculinidade é uma "categoria cultural mais rigidamente construída, com penalidades mais duras para desvios", a relutância dos meninos em se empenhar na escola pode ser considerada uma forma de resistência. Alguns meninos, escreveu ele, podem equiparar "a boa conduta estudantil" com ser "aquiescente, não masculino e uma negação do que são e querem ser[11]". Na mesma linha, as educadoras britânicas Becky Francis, diretora do Instituto de Educação do University College de Londres, e Christine Skelton, que leciona Igualdade de Gêneros na Educação na Universidade de Birmingham, asseveram que as normas culturais incutem posicionamentos como "rebeldia, correr riscos, fazer proezas esportivas e atividade heterossexual" nos meninos.[12] Em ambos os argumentos, a imagem do menino que deve lutar com oportunidades mais limitadas na infância é mais respeitosa e promissora.

UMA SOLUÇÃO

No novo mercado global para talentos e habilidades, meninos que vão mal na escola estão em desvantagem crescente. Mas quem cuida de meninos não pode se resignar e achar que isso é inevitável. Pesquisas recentes mostram que é possível acessar e despertar os meninos, sobretudo, quando se trata de professores que compreendem a infância e enxergam além das atitudes defensivas e autodestrutivas dos garotos. No relacionamento estabelecido com seus professores ou treinadores, esses meninos ficam mais dispostos a ir além do que já sabem ou fazem e a aprender algo novo. Pais afortunados presenciam o que pode acontecer a partir daí. Meninos que eram rebeldes ou vacilantes se transformam e aprendem a se empenhar e a se orgulhar de suas realizações.

Segundo a psiquiatra Amy Banks, "todas as crianças são programadas para se conectar" e não conseguem resistir a um convite para entrar em um relacionamento conduzido habilmente por um professor simpático e interessado. Um novo interesse por esse aspecto das conexões em sala de aula pode ser bastante promissor para avanços na motivação de meninos. Há quase 15 anos, um grupo de especialistas em educação elaborou o "Manifesto da Pedagogia Relacional: Encontrando-se para Aprender, Aprendendo a se Encontrar" para aumentar a conscientização sobre o poder do que então era uma nova linha de atuação. Eles escreveram: "Uma bruma de negligência está pairando sobre a educação, fazendo com que esta se esqueça de que gira em torno de seres humanos. E, como as escolas são lugares onde seres humanos se reúnem, nós também nos esquecemos de que a educação é basicamente ligada a seres humanos que se relacionam entre si[13]".

Pesquisadores educacionais desesperados para reverter a disparidade de desempenho estão focando cada vez mais na dimensão relacional. A importância das "relações positivas entre aluno e professor" foi reafirmada no Programa Internacional de Avaliação de Estudantes (PISA), de 2009, administrado há 15 anos pela OCDE em mais de 70 países para mensurar o progresso educacional. E em uma revisão em 2014 de quase cem estudos, uma equipe holandesa de pesquisa descobriu que relacionamentos positivos e negativos entre professor e aluno têm efeitos significativos sobre o desempenho. Até estudantes altamente resistentes reagem bem a professores que encontram maneiras de se conectar com eles. Relacionamentos positivos de aprendizagem são especialmente benéficos para envolver aqueles — sobretudo meninos — que sempre ficam no fundo da classe.[14] Um sumário recente da Associação Americana de Psicologia sobre os efeitos positivos das relações entre aluno e professor concluiu que, com uma conexão forte, "há maior probabilidade de o aluno confiar mais em seu professor, mostrar mais interesse em aprender, comportar-se melhor na classe e atingir níveis acadêmicos mais altos[15]".

Uma conexão forte com um professor pode funcionar como uma "base segura", protegendo a criança de estresses adversos e permitindo que o professor seja um exemplo inspirador. Em relacionamentos com professores com os quais se sentem seguros, os meninos ficam mais motivados a exercitar a regulação emocional, praticando e melhorando o controle efetivo de seu comportamento. Quando meu parceiro de pesquisa, Richard Hawley, e eu descobrirmos o quanto os relacionamentos são fundamentais para a aprendizagem dos meninos, concluímos que se trata menos de *como* um menino aprende, mas *por causa de quem* ele aprende.

Para nossa pesquisa, apoiada pela IBSC, coletamos e analisamos histórias de professores que tiveram um interesse especial em exercer uma influência positiva sobre meninos. Após criar uma conexão, eles usaram a influência que conquistaram para aprofundar a disposição do menino para tentar fazer o melhor possível. Abordagens relacionais para meninos implicam o entendimento de que, antes de tentar melhorar suas notas ou seu desempenho atlético, eles analisam a pessoa que está lhe solicitando isso. Seu compromisso não é obtido facilmente, em especial se pedirem que eles façam algo novo ou distante de seus pontos fortes e interesses. Afinal, por que um menino — ou qualquer pessoa — faria isso? Indo mais diretamente ao ponto: por *quem* um menino faria isso? Em nossos estudos descobrimos que o poder da conexão para elevar os meninos a novas alturas fica evidente, sobretudo, na escola.

Embora o relacionamento entre professor e aluno esteja ganhando atenção, ideias mais tradicionais ainda dominam a maneira como os educadores tendem a agir em relação à "crise dos meninos". Apesar da falta de embasamento científico, a crença em "estilos de aprendizagem" exerce uma influência persistente em suas imaginações. Por isso, um grupo formado pelos psicólogos, neurocientistas e educadores mais eminentes do mundo publicou recentemente uma carta com o intuito de questionar essa abordagem, argumentando que nem a estrutura cerebral nem os hormônios criam diferentes estilos de aprendizagem em meninos e meninas — e que essas supostas diferenças não devem guiar as práticas de ensino. Os signatários, incluindo o psicólogo de Harvard Steven Pinker, acrescentaram que "o cérebro é essencial para a aprendizagem, mas estilos de aprendizagem não passam de um mito neurológico comum que não melhora em nada a educação[16]".

Lamentavelmente, uma pesquisa de opinião recente descobriu que 85 por cento dos administradores escolares apoiam a abordagem de estilos de aprendizagem, apesar da falta de evidências que corroborem isso. Uma verdadeira indústria oferece treinamento e consultoria a escolas que queiram adaptar seus currículos a estilos intrínsecos de aprendizagem. Um dos problemas mais graves da educação "voltada para meninos" é sua premissa de que meninos totalmente diferentes — um entusiasta de esportes, um *nerd* de ciências, um menino sob grande estresse familiar, outro enfrentando a violência nas ruas e a deterioração de sua comunidade — podem ser tratados como um só grupo. Embora meu trabalho com escolas tenha provado que ser do sexo masculino certamente molda os interesses e a personalidade de uma pessoa, é improvável que muitos meninos respondam a apelos exclusivamente de acordo com suas identidades masculinas. Com base em suas vidas nas trincheiras, os professores sabem que para ter uma influência positiva sobre qualquer menino, em princípio, é preciso construir um relacionamento com ele baseado em quem ele é como indivíduo.

A história a seguir, sobre um menino inteligente que entrou em um ciclo de mau desempenho progressivo até que um treinador sensível conseguiu modificá-lo, ilustra como cada relacionamento de ensino requer um entendimento muito específico do menino, a capacidade de improvisar por parte do professor e grandes quantidades de simpatia e determinação. Ela também mostra o quanto tais relacionamentos podem ser poderosos e transformadores.

Kevin era travesso, alegre e sempre disposto a rir e a brincar. Ele adorava uma boa piada e pregar peças, estava sempre em busca de aventuras e cresceu brincando de correr, perseguir e se esconder. Tolerava a escola, mas se entediava na maior parte do tempo e achava seus deveres maçantes. Quando entrou no ensino médio, que requeria mais tempo e atenção, ele se esquivava de levar os deveres a sério. Nem as notas cada vez piores nem a pressão dos pais ou professores alteravam sua trajetória ou afetavam sua atitude. Ele aprendia prontamente quando se aplicava, mas raramente fazia isso. Embora tivesse condições, ele praticava e dominava poucos hábitos dos estudantes bem-sucedidos — zelo, orgulho de coisas bem feitas, buscar ajuda quando não entende algo, organização e gestão do tempo. Na verdade, estava desenvolvendo outros hábitos — aceitando as notas ruins, racionalizando as falhas, encobrindo coisas e mentindo para evitar as consequências negativas — que impediriam seu êxito. Sua trajetória não era promissora para o ensino secundário nem para depois.

Seus pais tentaram tudo o que foi possível — verificar a tarefa de casa dele, sentar-se com ele à noite para fazer deveres mais longos, insistir na importância da educação, elogiá-lo por sua capacidade, puni-lo quando ele ia mal por falta de esforço —, mas nenhuma das estratégias tinha efeito duradouro. Kevin simplesmente respondia que "odiava a escola" e a culpava por ocupar um tempo que ele preferia usar para fazer as coisas de que gostava.

Por sua vez, os professores não sabiam mais o que fazer com Kevin. Seu repertório para motivar os alunos — conversar com eles, despender tempo para criar um vínculo, falar com os pais, sugerir ajuda adicional, aplicar punições como suspensão ou notas baixas — tinham pouco impacto sobre o comportamento de Kevin. Eles passaram a considerá-lo "preguiçoso", um rótulo que o acompanhou ano após ano.

Mas na 7ª série um jovem professor de matemática que gostava de futebol como Kevin e também adorava rir e brincar criou uma afeição especial por ele. Suas aulas volta e meia davam espaço a jogos, histórias, brincadeiras e bagunça, mas, ao mesmo tempo, esse educador habilmente ensinava o que estava no currículo. Ele se divertia como professor e apreciava genuinamente os meninos e meninas de suas turmas. Suas emoções positivas se irradiavam para os alunos, dando o tom dos relacionamentos em sala de aula. Tudo ao redor dele parecia funcionar bem. Quando chegou a época das conversas com os pais no outono, ele explicou aos pais de Kevin que seu filho o fazia lembrar-se de si mesmo, no sentido de ter muito potencial, mas também muita dificuldade com as rotinas e a repetitividade da escola.

"O que fez você mudar?", perguntaram os pais de Kevin. O professor contou que sua atitude, não só na escola, mas na vida em geral, mudou quando ele teve um professor de inglês que despertou sua imaginação. Ele nunca havia pensado seriamente que escrever pudesse ser divertido ou um ato para satisfazer a criatividade, mas esse professor de inglês prezava a boa escrita e lia exemplos de seus escritores favoritos com um respeito que beirava a reverência. Ele estimulava os alunos a abrir seus corações em tudo o que escreviam, inclusive os deveres mais rotineiros, como uma expressão do que realmente sentiam. O professor de Kevin explicou que seu professor de inglês o ajudou a descobrir algo sobre si mesmo que ele não enxergava claramente e, por isso, ficou grato para sempre.

Em seguida, o professor prometeu se ocupar de Kevin como um projeto especial. Ele arranjaria tempo para o garoto durante o dia, parando junto à carteira dele para uma conversa rápida ou saber de seus estudos, e rindo com ele antes do início da aula. Quando o relacionamento deles se aprofundou, o professor começou a desafiar Kevin a mostrar mais seu verdadeiro eu nos estudos e passou a reparar que o garoto estava indo muito bem e que gostava dele como pessoa. Durante a temporada da Primeira Liga Inglesa de Futebol, os times favoritos deles competiam por uma classificação honrosa, e eles ficaram se espicaçando sobre os altos e baixos de cada time.

Ao longo do ano, os pais de Kevin observaram uma melhora constante em sua atitude em relação à escola. Em junho, ele já se importava com os estudos, hábito que manteve nas séries posteriores. Mas foi sua descoberta sobre o próprio aprendizado que foi mais transformadora: quando criava interesse, ele explorava assuntos e tinha aventuras intelectuais que o entusiasmavam. Um mundo desconhecido se descortinou para ele. No relacionamento de confiança que formou com seu professor, ele aprendeu a ir sozinho a lugares que jamais teria imaginado. Os pais mal podiam expressar a extensão de seu alívio e agradecimento.

APROFUNDANDO A COMPREENSÃO

A partir de 2008, Richard Hawley e eu fizemos uma parceria com a IBSC para estudar o que realmente estava dando certo na educação de meninos. Em uma série de estudos, coletamos histórias e exemplos excelentes de mais de 40 escolas de todo tipo, de 2.500 garotos adolescentes e de 2.000 professores em seis países de língua inglesa.[17] Para começar o estudo, perguntamos simplesmente a professores e meninos o que havia sido eficaz em suas experiências. Embora as respostas dos meninos e dos professores coincidissem em um grau notável, dando credibilidade às características das lições exitosas que descreveram, houve uma divergência significativa. Os professores enfocavam a elaboração das lições adotando uma linguagem técnica; mas os meninos abordavam as qualidades e personalidades dos professores. Embora houvéssemos pedido a todos para não mencionarem nomes, os meninos acabavam identificando o professor ou treinador que havia mudado suas vidas e os descreviam em detalhes vívidos. A diferença entre as respostas dos professores e as dos meninos chamaram nossa atenção para o relacionamento entre aluno e professor. Por que o que os meninos sabiam era tão claro para eles e menos para os educadores profissionais? Em sua validação ressonante dos professores que os inspiraram e recuperaram, viemos a perceber que para os meninos "o relacionamento é o próprio meio pelo qual são realizados o ensino e a aprendizagem bem-sucedidos[18]".

Após publicarmos nossos resultados, recebemos convites frequentes para conferências e visitas a escolas. Era crucial ajudar as escolas a apoiarem a primazia dos esforços relacionais de seus professores. Mas descobrimos que, apesar do forte compromisso de professores e administradores escolares, não era fácil para as escolas nem para os docentes colocar os relacionamentos no centro do que faziam. Descobrimos também que, embora geralmente soubessem que os meninos precisam de uma conexão a fim de se envolver, os professores tinham pouca oportunidade de pensar sistematicamente nesse assunto. Quando perguntávamos por que agiam assim, com frequência eles tinham dificuldade para explicar. Sua pedagogia relacional tipicamente se dá no nível da intuição, como se fosse elaborada em uma caixa-preta. Influenciados por estereótipos culturais de meninos como independentes, os educadores têm dificuldade para captar o que eles sabem.

Os próprios meninos, por outro lado, têm muita clareza. Em um grupo focal, em resposta à nossa pergunta sobre professores com os quais eles se davam bem, um menino começou a falar animadamente sobre um professor que o havia "inflamado". Outros meninos do grupo fizeram coro com ele, falando de seus professores com muita simpatia e descrevendo a atmosfera da sala de aula como um espaço sagrado. "Nas aulas dele", disseram eles, "ninguém pensa em fingir." A presença do professor não era rigorosa nem imponente, mas eles sentiam que precisavam levar a matéria a sério porque o docente a achava tão importante; os meninos falaram na "afeição" e no cuidado que ele tinha por eles. Paciente, empenhado e solícito: era assim que o descreviam. "Há algo especial nele", disse um dos meninos. "Qualquer um ficaria envergonhado se não desse o melhor de si nos estudos."

Nós percebemos que para ajudar as escolas a dar mais importância aos relacionamentos era preciso mapeá-los mais especificamente. Em um estudo sequencial, fizemos a triagem das características de relacionamentos que funcionavam bem e daqueles que não, e descobrimos que as qualidades dos professores que se conectavam com alunos eram consistentes em diferentes culturas, países e tipos de escola.

Aqui está a lista das qualidades de professores que vencem a resistência dos meninos e formam parcerias produtivas:

- Domínio da matéria lecionada. Relacionamentos positivos entre professor e aluno não se resumiam a criar afeição mútua. O conhecimento claro da área era a base para envolver os meninos em uma parceria de aprendizagem;
- Padrões altos. Meninos disseram ter mais confiança nos professores que mantinham padrões claros e até exigentes de conduta na sala de aula e de qualidade nos estudos;
- Considerar um interesse pessoal ou talento do aluno. A percepção do menino de que seu professor o conhecia bem não só como um aluno de matemática ou inglês da 7ª série aprofundava sua conexão com o docente e sua disposição para se empenhar nos deveres;
- Partilhar de um interesse comum com um aluno. Além disso, partilhar um interesse pessoal — fosse atlético, musical ou mecânico — era um

ingrediente seguro para formar o relacionamento, com efeitos positivos semelhantes sobre o desempenho;
- Ter uma característica em comum com um aluno. O fato de um professor ter uma característica em comum com um aluno — um traço físico, passado familiar, etnia, um sofrimento, um problema superado — ajudava a se conectar com ele;
- Enfrentar com calma a oposição. Professores que conseguiam resistir ao comportamento desafiador dos meninos e reagir comedidamente e até com humor conseguiam dobrar os alunos difíceis, além de criar um clima promissor em toda a classe;
- A disposição de revelar vulnerabilidade. Às vezes, os professores recorrem a uma batalha pessoal para se humanizar perante seus alunos. Outra maneira de fazer isso é os professores pedirem desculpas aos alunos quando cometem um erro.

Quando os professores, por meio de uma ou outra dessas estratégias, estabelecem uma parceria bem-sucedida com um menino, fazem uma tremenda diferença. Os benefícios práticos são óbvios: quando adquirem habilidades e domínio da matéria, os meninos conseguem passar nas provas. E isso significa muito, conforme um jovem partilhou:

No ensino médio, eu tinha dificuldades constantes com matemática, notadamente com álgebra. Nada entrava em minha cabeça. Por mais que eu tentasse, menos eu entendia. Após duas lições, uma instrutora auxiliar de matemática entrou na aula, então pedi que ela me ajudasse a resolver essas equações. Ela foi mostrando a operação lentamente, aí comecei a entender um pouco melhor. Ela escreveu em meu livro como havia resolvido as equações, então entendi até um pouco mais. Daí, nos dois problemas seguintes, fiz a mesma coisa que ela havia feito e comecei a acertar mais. E fiquei mais motivado a continuar estudando, pois foi uma sensação incrível entender o que estávamos fazendo. Quando houve uma prova, concluí 48 das 50 questões, e a partir daí deixei de ter dificuldade com matemática.

Além das melhoras imediatas, há benefícios ainda mais importantes. Quando meninos desenvolvem novas capacidades, seu autoconceito melhora e eles conseguem ver novas possibilidades em suas vidas. Meninos contaram ter ficado tão ligados em seu professor de física que até imaginaram se tornar cientistas, ao passo que outros pensaram em ser poetas por causa de um professor carismático de inglês. Outro jovem falou que sua grande admiração pela professora de história o levou por um caminho inesperado:

> Minha experiência escolar mais memorável é ligada à história dos Estados Unidos. Desde o momento em que entrei naquela sala de aula, senti uma empolgação e uma paixão por história que nunca havia sentido. Minha professora ama história com tamanho entusiasmo que esse amor se transferiu instantaneamente para mim. Fiquei fascinado e foi a primeira vez que me esforcei de verdade em algo na escola. Daí em diante, aprendi a me empenhar em tudo, mas especialmente em história. Esse foi definitivamente o ponto da virada em minha vida escolar.

Além de desenvolver suas habilidades e expandir suas ambições, em um relacionamento bem-sucedido com um professor ou treinador os meninos descobrem que podem contar com ajuda e que suas necessidades serão atendidas. Eles percebem que não estão sozinhos, mesmo quando enfrentam obstáculos difíceis. Esse jovem narrou uma história que aconteceu em uma aula de informática, mas que se estendeu bem além dessa matéria:

> Isso aconteceu na 10ª série com a professora de informática. Quando começamos a programar, eu tinha dificuldade para entender os processos. A professora, porém, era muito compreensiva comigo e me ajudou de todas as formas. Ela nunca desistiu de mim, nem quando eu continuava tendo dificuldades. Finalmente, após muitas sessões de ajuda adicionais de manhã e na hora do almoço, uma luz se acendeu em minha mente e entendi tudo. Consegui uma nota muito boa na prova daquele módulo, mas isso não é o importante na história. O que é memorável é que ela nunca desistiu de mim e sempre acreditou que eu conseguiria superar as dificuldades. Sem a grande ajuda dela, seria impossível eu entender essa matéria complexa. Ela fez de tudo para me ajudar.

A gratidão que os meninos expressavam por professores que os ajudaram era, muitas vezes, profunda. O filósofo da educação David Hawkins, em seu famoso ensaio "I, Thou, and It", captou bem esse aspecto de parcerias bem-sucedidas de aprendizagem quando escreveu: "Que sentimento você tem por uma pessoa que faz isso por você? Não é necessariamente o que chamamos de amor, mas certamente é o que chamamos de respeito. Você valoriza a outra pessoa porque ela deu uma ajuda especial em sua vida[19]".

FALHAS NA COMUNICAÇÃO

Na mesma extensão em que ficam gratos quando recebem ajuda, os meninos podem ficar transtornados, desapontados, raivosos e até amargos quando os professores não se relacionam com eles. Sem tais conexões, os meninos são mais que propensos a se desligar. Eles acreditam que um professor tem o dever de estar disposto a guiá-los. Conforme um menino nos disse em uma entrevista em grupo, "afinal, importar-se conosco e nos ajudar a aprender são as funções deles".

Em relacionamentos de aprendizagem que passam por algum tipo de rompimento, os meninos não poupavam palavras para desancar esses professores como indiferentes, desatentos, desrespeitosos, maus professores ou categoricamente desprezíveis. Um menino comentou o seguinte sobre um professor que o destratou: "Eu odeio ele e não vou mexer uma palha naquela aula. Ele pode me reprovar, a escola pode me expulsar, mas não mexo um dedo". Quando perguntei por que, já que ele estava prejudicando mais a si mesmo do que ao professor, ele se manteve irredutível: "Não farei coisa alguma por ele". Tais atitudes inflexíveis eram comuns nos relatos dos meninos sobre rompimentos relacionais. Sentindo-se decepcionados, os meninos se sentiam no direito de se desconectar prontamente.

Nós pedimos aos meninos que dissessem por que achavam que as coisas não iam bem em relacionamentos com certos professores. A lista de explicações era quase totalmente oposta àquela em que explicavam os relacionamentos positivos. Também notável era o quanto suas queixas eram relacionais, consistindo nas diferentes maneiras como os professores os decepcionaram ou não cumpriram sua expectativa fundamental de que seriam ajudados.

- Professores que eram desrespeitosos ou depreciativos. Na visão dos meninos, respeito era uma condição fundamental para uma parceria de aprendizagem; sua ausência era a explicação mais comum para o fracasso do relacionamento. Professores com atitudes negativas ou críticas geravam a recusa absoluta dos meninos a se relacionar, não importa quais fossem as consequências;
- Professores que mostravam pouco entusiasmo por sua matéria. Os meninos esperavam que os professores dominassem suas matérias e

se importassem profundamente com elas. Eles esperavam ser guiados pela paixão de um professor de maneiras que elevassem o nível da aula e a tornassem interessante;
- Professores que eram desatentos com eles. Os meninos esperavam não só um bom ensino, mas também professores que fossem capazes de notar seu entusiasmo. Eles podiam ficar muito irritados com professores desligados;
- Professores que eram indiferentes. De maneira semelhante, os meninos esperavam e precisavam de professores que, diante de suas dificuldades para aprender, se empenhassem em ajudar e tivessem a disposição de rever a própria abordagem se ela não estivesse funcionando para o estilo de aprendizagem dos meninos;
- Professores que eram incapazes de controlar suas classes. De várias maneiras, a frequência desse tema reforçou nossa descoberta de que os meninos de fato esperam que as classes sejam geridas por professores competentes, a fim de que possam ter foco e aprender;
- Professores que eram tediosos ou nada inspiradores. Além do nível de paixão e envolvimento do professor com sua matéria, a maneira de ensinar as lições era muito importante para os meninos. Eles esperavam que os professores quebrassem o tédio das rotinas escolares;
- Professores que se comunicavam mal. Às vezes, os meninos não tinham qualquer implicância com os professores, mas simplesmente não conseguiam entender suas lições.

Obviamente, as visões dos meninos sobre os rompimentos relacionais não representavam a história toda. Mas sua interpretação encontrou paralelos quando fizemos a mesma pergunta aos professores: Por que o relacionamento que eles descreveram acabou mal? Embora os professores expressassem pesar por não conseguir restaurar o rompimento — muitas vezes com palavras que eram de partir o coração —, assim como os meninos, eles tendiam a não se culpar. Em geral, atribuíam os rompimentos relacionais a circunstâncias familiares ou pessoais do aluno, a problemas psicológicos, a déficits de aprendizagem ou, em alguns casos, a estresses culturais. Professores e treinadores tipicamente afirmavam ter feito tudo o que se poderia esperar deles profissionalmente — embora ao relatar seus êxitos frisassem os esforços constantes para superar essas circunstâncias — e defensivamente acreditavam que forças além de seu controle causaram o fracasso. Não surpreende que haja rompimentos frequentes em relacionamentos de aprendizagem.

Afinal de contas, tanto os meninos quanto os professores têm vidas privadas, com muitas fontes de estresse que podem impactar sua capacidade de prestar atenção total a seus relacionamentos na escola. Em qualquer tipo de relacionamento humano é normal haver ciclos de conexão-desconexão-reconexão, atestam estudiosos das relações. A desconexão não é o problema. O verdadeiro desafio para a pedagogia relacional, conforme argumentava a saudosa psiquiatra e autora Jean Baker Miller, do Wellesley College, é "transformar essas barricadas em vias abertas para a conexão".

Considerando a frequência das desconexões pequenas e grandes em sala de aula e em relacionamentos na escola, resta saber como solucionar o problema do rompimento relacional. Muitos professores nos disseram que cabia ao menino restaurar o relacionamento rompido: "Fiz tudo o que podia por esse menino, e agora ele tem de fazer a parte dele antes que eu me disponha a fazer mais". Mas quando exploramos essa ideia em um grupo focal com líderes estudantis do ensino secundário, aprendemos que até os estudantes mais empoderados ficam perdidos quando seus relacionamentos com professores ou treinadores desandam. Sentindo-se intimidados ou ressentidos, geralmente os meninos não conseguem superar as barreiras etárias e a disparidade de poder para restabelecer a conexão. Em vez de tentar consertar as coisas, é mais comum eles evitarem o curso ou o professor, resolvendo resistir até o final do semestre e, às vezes, desenvolvendo um posicionamento mais negativo.

Portanto, por razões práticas, a responsabilidade de se conectar com um aluno cabe ao professor, que é um profissional adulto.

O psicólogo Daniel Rogers, da Universidade Estadual de Kennesaw, descreve esse papel como gestor de relacionamento, ao qual atribui três responsabilidades específicas:

- atuar como o especialista que facilita a aprendizagem do aluno;
- manter uma consciência geral da aliança;
- monitorar e desfazer tensões na aliança.[20]

Nossos dados mostraram que professores bem-sucedidos em estabelecer e manter relacionamentos com alunos não esperam que estes assumam igual responsabilidade pela parceria. Eles consideram que um menino vulnerável e totalmente absorvido em tentar dominar uma matéria difícil está fazendo o melhor possível. Mas ser o gestor de relacionamento com um grande número de alunos é uma tarefa complexa e, talvez, até inviável.

E os meninos não facilitam as coisas. Quando se sentem ofendidos, atemorizados ou sobrecarregados, sua resistência pode aflorar de maneiras que desanimam até os professores mais pacientes. Em confrontos com um menino beligerante, disruptivo, desrespeitoso ou que os rejeita, muitos professores se tornam defensivos. Por autoproteção, eles justificam que fizeram tudo o que estava ao seu alcance e que agora é a vez do menino, apesar de suas desvantagens, dar o próximo passo. Portanto, nós descobrimos que por baixo de rompimentos relacionais há um professor que deixou de gerir o relacionamento para se proteger. Esta admissão franca de um professor foi um reconhecimento desse resultado extremamente comum:

> A razão de minha incapacidade para estabelecer um relacionamento decente com esse aluno foi que, francamente, a perspectiva era demasiado exaustiva. Nós não tínhamos quase nada em comum, e eu não conseguia detectar o menor desejo dele de se conectar. Eu sabia que ele continuava se debatendo com desafios familiares crescentes em casa, mas não dizia nada. Era muito difícil saber quando algo o estava incomodando. Quando reflito sobre esse aluno, vejo claramente que era um garoto que precisava de ajuda, mas não a aceitava. Ele estava interessado em parecer bacana, praticar esportes, e acho que, acima de tudo, queria passar a imagem de ser forte. Acho que, na cabeça dele, pedir ajuda ou aceitá-la seria um sinal de fraqueza. Tenho de admitir que em certa altura eu não quis continuar me esforçando. Constantemente ele fazia cara feia para mim e para os outros, tratava seus pares com desrespeito e demonstrava desprezo por quase tudo. É terrível um professor ou treinador admitir isso, mas eu desisti. E tenho certeza de que ele sentia minha antipatia. Eu justificava dizendo que ele não me respeitava nem gostava de mim. Sinto que eu realmente tentei me aproximar dele nos dois primeiros anos, mas não consegui superar minha frustração, e tenho certeza de que ele se regozijava com isso. Era difícil lidar com ele, mas eu fiz o possível para me aproximar.

Porém, quando professores não desistem nem empurram para o aluno o encargo de consertar o relacionamento, mesmo que se sintam frustrados ou pessimistas, podem ocorrer mudanças fantásticas. Por exemplo, Sarah era professora de matemática de uma classe só de meninos, na qual havia um grupo de atletas que não a levavam a sério. Eles se sentavam ao fundo para ficar conversando e fazer bagunça. Quando ela os repreendia, às vezes, eles a ridicularizavam ou faziam comentários desairosos pelas costas. Para cortar o problema pela raiz, certo dia ela chamou Calvin, o líder do grupo, para uma conversa após a aula. Ela explicou que reconhecia seu potencial de liderança, mas se preocupava que ele estivesse usando isso de maneira negativa, e não construtiva. Durante a conversa, ele foi polido, mas ficou calado, e Sarah achou que sua iniciativa daria um bom resultado. Mas daquele dia em diante Calvin parecia sem energia e desligado: empenhava-se pouco, mal prestava atenção na aula e raramente olhava quando ela falava.

Percebendo que sua "solução" só havia piorado o relacionamento, Sarah resolveu usar uma abordagem diferente durante as conversas com os pais no outono. No início da reunião, ela pediu desculpas ao menino e explicou a seus pais que havia feito um julgamento errado sobre ele, que provavelmente o havia constrangido, e pediu uma nova chance a Calvin. Embora ele tenha falado pouco na presença dos pais, Sarah começou a notar que estava menos retraído na aula, entregava pontualmente a tarefa de casa e mantinha distância dos outros meninos bagunceiros, os quais ficaram ainda mais ruidosos. Com o tempo, ela conseguiu tornar o relacionamento mais satisfatório, até fazendo críticas construtivas à atuação dele e aplaudindo seu empenho no decorrer do ano. A premissa de Sarah, assim como a de todos os bons gestores de relacionamento, foi a seguinte: se uma estratégia não funcionasse, ela continuaria tentando até achar outra que fosse eficaz. Além de sua confiança e persistência, sua flexibilidade foi notável. Cabia a *ela* resolver o problema; e Sarah nunca empurrou essa responsabilidade para o menino ou sua família.

Quando se avaliam rompimentos em relacionamentos de aprendizagem, os estresses humanos de lecionar ficam em primeiro plano. Tamara Bibby, do Instituto de Educação da Universidade de Londres, captou bem esses estresses ao escrever o seguinte: "O senso constante de exposição, aliado à necessidade constante de reafirmar que alguém é visto, valorizado e pode ser reconhecido como suficientemente bom e, portanto, merecedor de atenção (amor), torna a sala de aula um lugar muito complexo e potencialmente perigoso, que pode gerar estresse para todos os envolvidos[21]".

Apesar do desafio ocupacional de gerir um grande número de relacionamentos complicados, muitas vezes sob condições bem difíceis, chega a surpreender que tantos jovens idealistas ainda queiram seguir a profissão de professor. No entanto, as esperanças desses novos professores não são ilusórias. Em conversas com educadores veteranos que atuaram durante décadas com jovens, há sempre histórias que comprovam a natureza satisfatória de seu trabalho. Por mais que seja desafiador, o ensino relacional proporciona recompensas suficientes para manter sua motivação durante toda a carreira.

ESCOLAS RELACIONAIS

Em outro projeto em minha série de estudos, um pequeno grupo de escolas trabalhou comigo para tornar o ensino relacional o pilar de sua abordagem. Cada escola sugeria estratégias para apoiar os professores e treinadores em seus esforços relacionais, sabendo que a maioria enfrentaria desafios relacionais durante o ano letivo. Investir recursos preciosos de tempo e atenção no compromisso de uma escola se ocupar de cada menino significava que os professores não precisavam resolver tudo sozinhos.

O pessimismo na abordagem a um aluno aflora quando um professor está sob estresse, sentindo alguma ameaça à sua competência profissional. Pressionados dessa maneira, os professores tendem a se tornar defensivos. O professor Andy Hargreaves, do Boston College, que escreveu sobre o "peso emocional" do ensino, descobriu que sentimentos de impotência são especialmente inquietantes para professores cujas identidades profissionais dependem de seu êxito com os alunos.[22] Considerando o quanto é comum meninos atemorizados rejeitarem os esforços para envolvê-los, é irrealista os professores tomarem essa resistência pelo lado pessoal. Mas na prática a resistência dos meninos pode facilmente abalá-los. Alguns princípios básicos devem guiar o apoio das escolas ao ensino relacional. Como eu já disse, precisa haver um acordo filosófico entre todos de que a pessoa que gere o relacionamento é sempre o professor, não o aluno. Isso é menos óbvio na sala de aula do que pode parecer na teoria. Apesar do desejo compreensível de que os alunos assumam mais responsabilidade, especialmente quando ficam mais velhos, esperar que um menino tome a iniciativa em um relacionamento entre ele e um professor adulto é perda de tempo. É o profissional quem deve resolver rompimentos na conexão.

Além disso, todos os que trabalham em uma escola devem abraçar a ideia de que, sejam quais forem as dificuldades, todo menino pode ser conquistado. Professores relacionais costumam não encaminhar seus alunos difíceis para serviços especiais ou lhes impor castigos disciplinares. Em vez disso, eles se empenham para exercer mais influência descobrindo maneiras de se conectar com esses meninos, na esperança de que sua atenção e cuidado ajudem a atrair garotos que obviamente estão tendo dificuldades. Professores relacionais consideram os impasses com alunos como um sinal de que estes ainda não receberam a abordagem adequada — e continuam tentando até conseguir. Embora reunir mais informações sobre um menino a partir de avaliações externas possa ajudar a dimensionar os esforços relacionais, o encaminhamento de meninos para serviços de apoio psicoeducacional se deve mais à frustração e o desespero dos professores do que a uma necessidade real.

É também nesse ponto que o apoio entre pares é crucial. Nenhum professor pode esperar ser sempre objetivo. Especialmente quando tentam se autoproteger, os professores não assumem sua cota de responsabilidade por rompimentos relacionais. Miriam Raider-Roth lembra aos professores que a ajuda está prontamente a seu alcance: "Nós só conseguimos descobrir nossos pontos cegos com o *feedback* gentil e persistente dos colegas[23]". Muitas escolas dão oportunidades de crescimento profissional por meio de reflexão e coaching entre pares. Essas oportunidades para rever questões relacionais aumentam a probabilidade de professores examinarem seus pontos de tensão.

Em *workshops* com essas escolas relacionais, testei um modelo para ajudar professores a refletirem sobre as vezes em que não conseguem progredir com um aluno. Em um *workshop* em uma escola, o decano do corpo docente narrou uma história sobre um menino rebelde e disruptivo. Ele admitiu que havia "perdido a cabeça" em uma discussão acalorada com o garoto. Depois disso, o menino se tornou ainda mais inacessível. Enquanto falava sobre o que aconteceu a seguir — o menino armou uma encrenca, foi expulso da escola e se meteu em mais problemas nas ruas —, ele desabou. A sala ficou em silêncio total, enquanto ele dizia o quanto ainda se sentia culpado e triste tantos anos depois de ter perdido esse aluno. O que ficou evidente para seus colegas nessa história foi seu compromisso sincero com o menino e seu desgosto por isso não ter sido suficiente.

Enquanto ele se recompunha, vários outros professores se manifestaram espontaneamente para validar sua coragem e honestidade, e dar *feedback*. Eles falaram individualmente sobre sua bondade, o respeito que tinham por ele e que era evidente que ele tentara ao máximo se aproximar do menino antes de a situação colapsar. Eles deram ideias sobre o que ele poderia ter feito de maneira diferente e sobre o que poderia tentar da próxima vez, sublinhando o quanto uma mentalidade de crescimento é parte integral do ensino relacional: todo mundo pode melhorar. O apoio entre pares ajuda professores que estão sem ideias, o que acontece até com os melhores docentes.

COMO OS PAIS SE ENCAIXAM

Os pais têm um papel crucial na aprendizagem quando estão alinhados com os professores. Essa aliança equilibra meninos vacilantes e ambivalentes quando fazem parcerias com seus professores. Quando os pais estão menos alinhados, sua indiferença e seus sentimentos negativos podem ser transmitidos para o menino e minar sua fé de que está em boas mãos. A aliança para a aprendizagem deve incluir não só os professores e pais, mas também o menino.

No entanto, nossa pesquisa mostrou que essa parceria essencial entre os pais e o professor pode confundir muitas famílias. Geralmente, os pais apreciam deixar o papel principal para o professor, mas muitos não sabem como ter papel ativo para apoiar os esforços dele. O fato de que pais ou professores podem reforçar ou solapar as respectivas efetividades muitas vezes não é percebido.

Pais têm altas expectativas em relação a professores, principalmente no campo relacional. Eles acreditam que todo professor deveria ter sensibilidade e perspicácia profissional para entender seu filho acuradamente e adaptar seus estilos de ensino às necessidades de aprendizagem da criança. Talvez a qualidade mais desejável em um professor seja a capacidade de conectar-se com seu filho. Eles querem professores que vejam o mesmo que eles veem — que "entendam" seu filho. Quando um professor se conecta bem com um menino, os pais sentem que estão no caminho certo. "Quando tem um professor com o qual se conecta de alguma forma, ele fica muito mais receptivo para aprender", observou o pai de um menino.

Em reuniões com os pais, fica evidente o quanto eles buscam a ajuda dos professores, não só para seus esforços em relação a assuntos escolares. Os pais querem que os professores reservem tempo para enxergar seus filhos como multidimensionais e os reconheçam além de seu desempenho acadêmico, cientes de que eles se esforçarão mais e terão notas melhores quando se sentirem ligados aos docentes. Pais acreditam que, com uma conexão pessoal, os professores podem estimular o que há de melhor em seus filhos.

Emoções fortes são subjacentes a essas esperanças e expectativas. Os pais dão grande valor à qualidade das conexões do professor com seu filho, pois o docente é o outro adulto importante que pode moldar as perspectivas do menino. Já que investem tanto na criança, eles rezam para que outras pessoas agreguem valores além daqueles que podem transmitir. Quando acham um professor que de fato ajuda, seu alívio e gratidão são imensos, conforme essa mãe explicou:

> O relacionamento notável do meu filho com um de seus professores na escola mudou totalmente sua atitude e a autoconfiança. É surpreendente o quanto seu relacionamento com os colegas e seu sistema social mudaram por causa disso. Minha maior preocupação era que ele não identificasse as coisas especiais que tem, mas esse relacionamento o fez acreditar em si mesmo. Isso mudou de fato como ele interage consigo mesmo, e é isso que muda tudo. Ele se sente seguro para explorar sua identidade. Acho que ele tem algo em sua vida a que pode recorrer para sempre e usar como um marcador, de modo que não importa o que aconteça ele poderá se apegar a isso.

É uma bênção quando o relacionamento com um professor vai bem. Pais ficam felizes em se abster e deixar o professor fazer sua função, assim como, em ampliar seus esforços da melhor maneira possível em casa.

Mas, muitas vezes os pais relutam em deixar as coisas fluírem. Quando o relacionamento entre o filho e o professor não os satisfaz, eles ficam divididos. Será que devem intervir, correndo o risco de se indispor com o professor, ou é melhor ficarem calados? Alguns se sentem em um beco sem saída: devem defender os interesses do filho ou manter a parceria com o professor? Nessas situações, muitos pais se tornam passivos em razão de tantas preocupações. O nível de estresse parental parece estar diretamente ligado à qualidade do relacionamento de seu filho com um professor. "Ninguém quer se indispor com o professor do seu filho", comentou uma mãe. "Ninguém quer desanimá-lo nem ofendê-lo, pois, no final, isso acabará sendo descontado no filho." Alguns pais até tentam assumir o papel do professor em casa, para compensar deficiências na sala de aula, mas, às vezes, relatam que isso teve um impacto negativo no relacionamento com o filho — além de não resolver de vez o problema do menino com seu professor e deixá-lo em uma situação delicada na sala de aula.

Pais nesses grupos de foco deram algumas recomendações para ajudar os professores a terem acesso a seus filhos:

- Transmitir confiança. Antes de mais nada, eles sugerem que os professores mostrem confiança no potencial do menino, pois isso é muito importante para sua autoimagem. "Seu florescimento e amadurecimento

ficaram evidentes quando ele descobriu que tinha alguém que acreditava nele", afirmou um pai;
- Tratar com respeito. Pais dizem que os professores têm mais chance de desenvolver relacionamentos com seus filhos quando os respeitam. É mais provável um menino tratar com respeito o professor que os respeita — e, com isso, ficam mais dispostos a estudar com afinco. Uma mãe comentou o seguinte sobre uma determinada professora: "Nem sempre ela é afetuosa, mas o mais importante é o respeito mútuo. Ele realmente tenta agradar aos professores a quem respeita";
- Manter o senso de humor. Pais recomendam o senso de humor, pois o estado de espírito mais leve deixa o menino mais disposto a estabelecer um relacionamento positivo. Com tantas expectativas altas quanto ao desempenho escolar, um professor que ajude um menino (assim como seus pais) é altamente valorizado. "Meu filho realmente aproveitou bem aquele ano e se divertiu na sala de aula", comentou um pai;
- Ensinar bem. Em sua ênfase no relacionamento entre o filho e o professor, os pais reconheceram que boas práticas de ensino são uma condição necessária para o êxito relacional. Se concluírem que um professor não transmite bem as lições ou não tem entusiasmo pela matéria, os meninos ficam mais propensos a rejeitar seus esforços, mesmo que gostem dele.

COMO OS PAIS PODEM AJUDAR OS FILHOS NOS ESTUDOS

Em meu trabalho com famílias, vejo regularmente como as expectativas dos pais estão entremeadas no autoconceito e nas aspirações de um menino. Por isso, assim como os professores devem ficar atentos à diminuição de suas expectativas em relação a um determinado aluno, os pais também devem examinar o que acham que seus filhos são capazes de realizar. Suas próprias experiências escolares influenciam sua visão sobre o potencial do filho? O quanto a crença de que "meninos serão sempre meninos" se imiscui em suas expectativas? Eles se conformam com o pouco esforço ou os fingimentos do filho? Eles tomam o partido do filho em um conflito com um professor e permitem que ele se desligue, em vez de se esforçar para restaurar o relacionamento?

Em muitos casos, por trás do fracasso escolar de um menino está a incapacidade parental de engajá-lo para dar o melhor de si. Podendo haver diversas razões: o menino pode ter criado uma aversão baseada em experiências negativas, por exemplo, e ficar na defesa, exaurindo seus pais; ou pode ter problemas não diagnosticados que frustram seus maiores esforços. Mas geralmente o desempenho abaixo do esperado é um sintoma de falha no sistema: meninos aprendem a ter responsabilidades inicialmente em casa, e depois aplicam esse compromisso na escola. Escolas podem treinar meninos a aprenderem e até a atuarem com mais eficiência, mas geralmente é difícil envolver um menino que se opõe a tentar.

Muitos pais não sabem o que fazer quando seus filhos desistem de aprender, então recorrem a estratégias equivocadas. Ser arbitrário e exigente, tentar comandar os filhos, em vez de acompanhá-los, ou tratá-los com indiferença e investir menos neles não funciona para instigar os esforços dos filhos. Crianças tendem a fazer aquilo que seus pais verdadeiramente acreditam que elas devem fazer; quando um menino teima em não cooperar, é útil pensar que isso é um desafio para o relacionamento, não um problema só do garoto.

Após ter a certeza de que suas expectativas são apropriadas e claras, os pais podem analisar se de fato estão participando da equipe de aprendizagem. Embora não possam controlar a parceria entre o filho e o professor, sua influência sobre ambos pode ser benéfica. Conforme tenho visto, a atitude dos pais afeta a visão dos filhos sobre os professores e como os meninos reagem às incumbências passadas pelos docentes. Seu apoio pode influenciar o professor, que irá considerar o investimento emocional parental e estará consciente de seu envolvimento. Acompanhar o progresso do seu filho, estar aberto à visão do professor sobre ele e transmitir a disposição de apoiar o que o professor está tentando fazer estimula os docentes a darem o melhor de si.

Como reais companheiros de equipe com os professores de seu filho, os pais devem passar todas as informações relevantes para que os docentes sejam eficazes. Se um professor parece estar fazendo coisas que não funcionam, os pais podem orientar o filho a falar por si mesmo, em vez de comunicar-se por ele. Isso o ajuda a aprender a defender seus direitos e a negociar. Essa estratégia o direciona de volta ao professor e o relembra de que esse relacionamento é *dele*. O menino capta a mensagem de que seus pais acreditam em sua capacidade de resolver problemas complexos em seus relacionamentos. Somente se o menino desistir, os pais devem tomar alguma iniciativa. Às vezes, isso significa estimulá-lo a resolver suas frustrações ou decepções e, então, tentar novamente. Os pais nunca devem aceitar que seu filho simplesmente desista de um relacionamento com um professor ou mude de curso ou de classe, pois derrotas como essas podem gerar um pessimismo mais generalizado.

FOCO NO LONGO PRAZO

A lição fundamental de nossa pesquisa foi que aprender é algo muito pessoal para os meninos. No contexto de relacionamentos com os professores e treinadores, os meninos reagem às demandas e desafios implícitos nos esforços para aprofundar os conhecimentos e melhorar as habilidades. Mas, como isso é pessoal, os altos e baixos na vida dos meninos e dos professores afetam como eles investem na parceria e seu foco no trabalho de aprender e ensinar. Meninos podem se tornar distraídos, e professores podem estar preocupados ou exauridos.

Quando funciona bem, a equipe formada pelos pais, os professores e o menino pode ser uma força poderosa para o crescimento. O bom trabalho conjunto de professores e pais ajuda a manter os meninos na linha e pensando no futuro quando estão passando por estresses significativos, conforme mostra a história a seguir.

Toby estava na 9ª série quando sua mãe descobriu que o marido estava tendo um caso extraconjugal e o casal se separou. Próximo a seus pais, Toby ficou dividido e não conseguia tomar partido. Seu pai foi embora e, enquanto o processo de divórcio se arrastava, Toby recorreu ao apoio dos amigos da escola e de seus irmãos mais velhos. Sua casa parecia ecoar as lembranças da família feliz com a qual ele contava.

Preocupada com ele, sua mãe sugeria o apoio de um terapeuta, mas ele recusava suas ofertas frequentes. Uma série de confrontos explosivos com o pai, nos quais Toby disse o quanto se decepcionara com o caráter e valores que seu comportamento revelara, aumentava a preocupação dela. Mas Toby insistia em fazer as coisas a seu modo, pois perdera a confiança nos pais.

Restou à sua mãe buscar ajuda. Além de procurar terapia para o filho, ela convocou amigos e a família. Marcou também um encontro com o conselheiro e com o diretor da escola primária frequentada por Toby, colocando-os a par do que estava acontecendo e pedindo que ficassem de olho no menino.

No ano seguinte, houve muitos altos e baixos. As notas de Toby pioraram e ele não passou na peneira para a equipe de futebol americano. Sua mãe acreditava que a confiança dele estava abalada em razão de todo o cataclismo e às perdas sofridas. Ela continuou se informando com os professores e treinadores, tentando não ser invasiva, mas deixando claro que precisava manter a situação o máximo possível sob controle para seu filho. Com firmeza, ela foi superando o trauma com o divórcio e se empenhava em continuar em contato com o ex-marido, mas se preocupava que os efeitos do estresse familiar afetassem a capacidade de Toby de manter o foco no que tinha que fazer. Toby gostava muito de seu professor de inglês e conselheiro. Além de sua paixão evidente pela escrita, o professor também treinava a equipe de *cross-country*. Quando o desempenho de Toby deteriorou e suas notas ficaram péssimas, o professor consultou sua mãe e decidiu que era mais importante fomentar a confiança do menino do que enfocar os estudos e as notas. Ele recrutou Toby para correr em sua equipe e passava horas correndo a seu lado no outono, contando histórias, incentivando-o nas corridas e simplesmente sendo um amigo.

Quando Toby ficava desanimado com seu desempenho em uma corrida, o professor relembrava tudo o que ele já havia conseguido e o estimulava a adotar uma perspectiva de prazo mais longo. Ele contava seus altos e baixos como corredor, explicando como passou a ver a corrida como uma metáfora para tudo o mais em sua vida, requerendo um desempenho com atenção plena mesmo em meio a muitas distrações e dificuldades. Após meses, Toby aprendeu com o professor a manter a mira em suas metas, deixando de lado a turbulência em sua família, e a se autoencorajar, em vez de implodir. Sua mãe, notando o impacto da mentoria do professor, ficou extremamente grata.

CAPÍTULO 5

～⁓～

IRMANDADE E TURMAS DE MENINOS

Crianças de 2 anos tipicamente se veem como meninos ou meninas, criando a base para seus autoconceitos. Embora essa distinção binária esteja se afrouxando diante do número de crianças que se identificam como transgênero e que, aliás, dobrou entre 2011 e 2016, é raro a criança que não se vê de uma maneira ou da outra. De qualquer forma, há muitos sinais de que a mentalidade sobre categorias de gênero está evoluindo. Em um artigo de opinião, em 2017, no *The New York Times*, a escritora Lisa Selin Davis argumentou que sua filha, que começou a rejeitar normas femininas aos 3 anos, "não tinha uma inadequação de gênero, e sim com o *papel* do gênero[1]". Muitos pais testam abordagens neutras de gênero na criação dos filhos, a fim de não limitar o futuro que estes imaginam.

Mas, apesar dos esforços aguerridos dos pais para proteger os filhos, normas de gênero são inevitáveis em todas as sociedades atuais e influenciam tudo, desde as roupas e os brinquedos à escolha das amizades. Aos 3 anos, meninos e meninas já se separam por sexo, algo que impõe sacrifícios dispendiosos, mas também proporciona alguns benefícios. Pesquisas mostram que roteiros de gênero estimulam os meninos a serem independentes e a circularem mais livremente do que as meninas. Em consequência, os meninos passam mais tempo fora de casa do que as meninas. A liberdade permite que eles explorem e tenham aventuras, instilando confiança e habilidades para negociar na vida em coletividade. Mas a liberdade também pode isolá-los das influências positivas de suas famílias e comunidades.

A sociedade dos meninos faz as próprias regras. Normas masculinas guiam essas regras e incitam os meninos a fazerem coisas que dificilmente fariam sozinhos. Passar tempo com os amigos se torna uma finalidade e ocupa cada vez mais a atenção de um menino. Os laços com as famílias se esgarçam, pois, a turma cria um mundo próprio, com atividades e experiências que geralmente não são partilhadas com os familiares nem com as escolas. Os meninos querem impressionar uns aos outros e fazem o que o grupo valoriza para manter sua posição.

Desde a fase pré-escolar até meados da adolescência, as amizades masculinas são a maneira principal de os meninos desenvolverem habilidades de relacionamento e explorar a proximidade fora de suas famílias. Com seus amigos, os meninos praticam cuidados, confiança, partilhamento, dar e tomar, e estendem suas virtudes, a exemplo de lealdade, que aprendem inicialmente em suas famílias.

Para o dr. Harry Stack Sullivan, psiquiatra renomado durante a primeira metade do século XX, à medida que suas capacidades cognitivas aumentam, as crianças aprendem a oferecer empatia e apoio mútuo aos outros. Conexões mais profundas, as quais ele chamava "chumships" [camaradagens], ensinam as crianças a considerarem outros pontos de vista e a se empenharem pelo bem-estar de seus amigos.[2] Ter um amigo e ser um amigo atinge novos níveis de importância. A vida dos garotos se expande além de suas famílias e vizinhos e ganha novas dimensões quando eles desenvolvem redes de amizade na escola e escolhem os melhores amigos.

A psicóloga Niobe Way, da NYU, documentou a profundidade da compaixão, do amor e da intimidade nas amizades de garotos adolescentes, confirmando que há diferenças essenciais entre as amizades de meninos e meninas. Ela explica que as amizades entre meninos são especialmente importantes, pois ter alguém que os conheça e aceite realça suas vidas.

Lamentavelmente, essas amizades são alvo de uma força cultural inescapável. Os mesmos meninos que falaram tão abertamente com Way sobre suas interconexões relataram a perda de amizades quando ficam mais velhos e que também sentem mais pressão para que ninguém pense que são gays. A obrigação de ter uma namorada e restringir a intimidade com outros garotos aumenta quando eles estão na fase intermediária da adolescência.

Ou seja, as amizades essenciais a seu bem-estar são retiradas de suas vidas. Nos últimos anos, psicólogos têm dado mais atenção à chamada "epidemia de solidão", que afeta sobretudo os idosos e adolescentes.[3] Referindo-se a uma preocupação crescente da sociedade, a escritora Hara Estroff Marano comentou que "a amizade se parece muito com a comida. Precisamos dela para sobreviver e, quando a necessidade de relacionamentos sociais não é satisfeita, desabamos mentalmente, e até fisicamente[4]". Foi comprovado que a solidão crônica aumenta os níveis de cortisol, que é o hormônio do estresse, e enfraquece o sistema imunológico. Com base na conscientização maior sobre sua prevalência e seus perigos, em 2018 a primeira-ministra britânica Theresa May nomeou um ministro da Solidão para tomar medidas de saúde pública no Reino Unido. Espera-se que a atenção maior ao problema gere ideias para ajudar os meninos a resistirem melhor às forças que solapam suas amizades.

ELOS DE UNIÃO

Apartados das meninas, é com seus amigos que os meninos compartilham sentimentos e reações, descobrindo o alívio resultante da empatia e da compreensão de um companheiro compassivo. Niobe Way descobriu que os meninos têm muita clareza em relação à importância de suas amizades. Um jovem explicou o seguinte para ela: "É preciso ter alguém com quem conversar. Como quando você tem problemas com alguma coisa, vai conversar com ele. Se você guarda tudo para si mesmo, você enlouquece. É preciso tentar dividir isso com alguém[5]".

As amizades dos meninos formam habilidades importantes para a vida. Aprender a diferença que faz quando alguém tem seu apoio, como as conexões entre pares mitigam a ansiedade com novos desafios e fortalecem a autoestima durante reveses são lições para a vida toda. Conforme Brett e Kate McKay escreveram em seu blog *The art of manliness*, "amigos são aqueles homens com quem você pode contar nos momentos difíceis. Eles irão apoiá-lo até quando o mundo inteiro estiver contra você[6]".

Em outro estudo, Judy Chu observou os relacionamentos entre garotos adolescentes e depois os entrevistou. As suas observações confirmaram o quanto é importante quando um menino encontra um amigo com quem pode ser autêntico. Examinando quais meninos conseguiam resistir melhor às pressões masculinas, ela descobriu que alguns seguiam as normas à risca, até quando se sentiam rebaixados ou mal representados por elas, ao passo que outros eram mais ousados. Era a existência de pelo menos um amigo de verdade, alguém que os conhecia profundamente e os aceitava, que diferenciava os grupos. Ela escreveu o seguinte: "Meninos que se sentiam bem conhecidos e validados em seus relacionamentos pareciam mais fortalecidos para resistir às suposições de outras pessoas, e talvez isso tivesse o efeito de preservar sua integridade[7]".

Um menino que ela conheceu, que era uma decepção para seus pais por não ser mais "ousado", conseguia se sentir bem consigo mesmo apesar das pressões familiares e na escola porque tinha um amigo que o aceitava. Em uma entrevista com Chu, ele explicou:

"Quando eu tinha 13 anos, conheci meu melhor amigo até hoje, e ele realmente me ajudou a me tornar quem eu queria ser. Ele mostrou tudo o que minha mãe estava fazendo comigo e eu jamais havia percebido. Foi então que me liguei, como: 'Nossa, claro que isso é errado'. E nós dois pensávamos: 'Por que não ser quem queremos ser?'[8]".

Way argumenta que as amizades dos garotos são especialmente importantes porque nelas eles conseguem resistir ao código imposto aos meninos. O garoto George explicou: "Com os melhores amigos, eu não preciso usar uma máscara e, dizer coisas que os outros querem ouvir. É diferente de ter de dizer o que alguém gosta ou acha".[9] Em entrevistas com ela e sua equipe de pesquisadores, os meninos descreveram o quanto podiam ser próximos e carinhosos uns com os outros:

> "Meu melhor amigo e eu nos amamos... é isso... a gente tem essa coisa que é profunda, tão profunda, dentro de nós que nem dá para explicar... Acho que na vida, às, vezes, duas pessoas conseguem realmente se compreender e ter confiança, respeito e amor de verdade uma pela outra. Isso acontece de repente. É da natureza humana[10]."

Eles disseram que, sem seus amigos, ficariam "malucos" ou "descontariam a raiva em outra pessoa". Com base em seus estudos, Way concluiu que os meninos são tão íntimos de seus amigos quanto as meninas, e são igualmente interligados emocionalmente.

Em sua breve história da amizade masculina, os McKays traçam a evolução desse vínculo: desde a amizade heroica na antiga Grécia, onde foi concebido o ideal do amigo platônico; passando pelos laços intensos e a profunda afeição mútua nos Estados Unidos no século XIX (tanto Abraham Lincoln quanto Theodore Roosevelt assumiam abertamente suas amizades com outros homens na fase adulta); e chegando aos laços mais formais e distantes no século XX. Exceto em redutos tradicionalmente masculinos, como as forças armadas, equipes esportivas, bombeiros e polícia, hoje em dia a maioria dos homens fica mais constrangida com outros homens. Provavelmente, a preocupação em parecer homossexual é a responsável por essa mudança. Antes da virada do século, havia mais liberdade para demonstrar afeição por outro homem, sem o temor de ser rotulado. Mas, como relacionamentos homossexuais eram considerados uma aberração inclusive por psicólogos, os homens se tornaram mais tímidos. Kenny, de 15 anos, me disse recentemente que outros meninos em sua série espalharam boatos de que ele era gay e tinha um caso com outro garoto, o que o deixou transtornado e confuso. Essa foi sua primeira experiência com o ameaçador policiamento entre pares, e o levou a pensar:"Há algo errado comigo?" Ele se tornou tímido e passou a monitorar seu grau de abertura com outros meninos. O psicólogo Gregory Lehne, da Universidade Johns Hopkins, capta bem o tormento de Kenny: "É difícil manter o amor e relacionamentos próximos em um ambiente competitivo, porque expressar suas fraquezas e admitir seus problemas não são coisas aceitáveis em um homem[11]".

Embora o mundo esteja mudando, a direção da mudança não está clara. Na era da internet, uma ampla variedade de imagens sexuais e o movimento de liberação gay que parece ubíquo transformaram os posicionamentos culturais. O sociólogo Eric Anderson, da Universidade de Winchester, na Inglaterra, indagou: "O que acontece com a versão tradicional, conservadora e ortodoxa de masculinidade quando nossa cultura de histeria homofóbica diminui?"[12] Com base em uma pesquisa sobre rapazes nos Estados Unidos e no Reino Unido, ele sugere que "masculinidades mais inclusivas" permitirão que os homens "ajam de maneiras que antes eram associadas à homossexualidade", sem que isso ameace tanto suas identidades como heterossexuais.[13]

Mas Way acha que a liberação gay pode, perversamente, gerar *mais* pressão para que os meninos afirmem sua heterossexualidade. Na opinião dela, "é provável que a liberação gay faça os heterossexuais insistirem ainda mais ferozmente em sua masculinidade das maneiras mais estereotipadas. Convenções de masculinidade são reforçadas mais vigorosamente para distinguir aqueles que estão 'de acordo' dos que as 'infringem'[14]".

Como resultado dessas mudanças culturais, as amizades de meninos e rapazes serão afetadas e, consequentemente, seu bem-estar. Nas circunstâncias atuais, a perda de conexão dos meninos tem consequências danosas. Way sugeriu o termo clássico *anomia* — que se refere ao estado de alienação e inexpressividade geralmente resultante da opressão social — para descrever o estado de depressão e apatia que ela constatou em meninos no final da adolescência. A perda de um bom amigo é dolorosa, às vezes até devastadora, conforme esse menino explicou para Way:

"O amigo que perdi... era a única pessoa em quem eu podia confiar, e nós conversávamos sobre tudo. Quando eu estava para baixo, ele sempre me ajudava a me sentir melhor, e eu fazia a mesma coisa por ele. Então, me sinto muito sozinho e, às vezes, deprimido porque não tenho ninguém com quem sair nem falar por telefone para contar meus segredos e resolver meus problemas. Sabe, eu acho que nunca mais vai ser igual. Quando a gente perde um amigo de verdade fica pensando que não vai achar outro igual[15]".

A solidão e a perda narradas por ele contribuem para um resultado atemorizante entre garotos adolescentes mais velhos: a taxa de suicídio quatro vezes maior que a de meninas na mesma faixa etária. Way argumenta que isso não é uma coincidência: "Em uma cultura na qual precisar ou querer apoio emocional e intimidade é a antítese da masculinidade, meninos no final da adolescência sofrem a alienação profunda derivada dessa equação[16]".

IRMANDADE

Em seu maravilhoso estudo sobre o playground de uma escola primária, a socióloga Barrie Thorne observa que "embora meninas e meninos *fiquem* juntos e interajam em salas de aula, refeitórios e no playground, esses contatos geralmente não se aprofundam como amizades ou alianças estáveis, ao passo que interações com o mesmo gênero têm mais probabilidade de se consolidar em elos mais duradouros e reconhecidos[17]". Meninos e meninas se tornam "estranhos familiares", à medida que aprendem a observar os limites de gênero em suas vidas cotidianas.

Há diversas teorias sobre por que meninos e meninas se discriminam quando escolhem com quem brincar. Tais explicações incluem o temperamento baseado na biologia, diferenças no estilo de brincar, pressões culturais para repudiar o gênero oposto, processos mais cognitivos que inclinam os meninos a ficar com outros meninos e fazer as coisas que eles fazem por achá-las mais interessantes. Mas o estudo de Thorne revelou como a escola, que é o palco social mais importante montado pelas crianças, organiza e reforça as diferenças de gênero. Quando acha algo interessante em uma brincadeira de meninas ou sente uma ligação especial com alguma delas, um menino corre o risco de ser policiado pelas outras crianças, assim como por adultos. As provocações e o assédio que ocorrem nesses casos treinam os meninos a seguirem os roteiros masculinos — ou, então, a se rebelar.

Em consequência, grupos de meninos e de meninas evoluem em direções diferentes. A crença convencional é que meninas se ligam formando duplas, ao passo que os meninos se ligam a um grupo. As meninas praticam habilidades relacionais como conversar e partilhar segredos, e os meninos se envolvem em jogos e projetos. Mas as observações de Thorne no *playground* também revelaram maneiras ritualizadas na interação entre meninos e meninas: brincadeiras de meninos contra as meninas, jogos de perseguição e invasão, e provocação. Todas essas atividades lúdicas encenam o lembrete cultural de que meninos e meninas são radicalmente diferentes.

Arrebanhados em seu grupo separado, os meninos se deparam com uma característica distintiva da infância: a irmandade. Da mesma maneira que grupos de meninas incorporam e praticam normas que se aplicam especificamente a meninas, há regras específicas regendo a irmandade segundo uma cultura da infância. O status de um menino em sua turma determina como ele é tratado em seu bairro e em sua escola. Além do aspecto positivo para a sobrevivência, a conexão com o grupo também é importante para obter camaradagem e acolhimento. Histórias de grandes aventuras, épocas malucas e amizades da vida inteira têm um lugar consagrado entre homens de todas as culturas. "Eu fico na sua retaguarda!" é o endosso máximo de um menino.

A irmandade se forma nas maiores instituições da infância: grupos que brincam juntos, quintais, pátios de escolas, equipes esportivas, escoteiros e clubinhos. Nesses grupos, os meninos desempenham uns para os outros e seguem regras bem distintas de suas amizades individuais. Nenhum menino escapa da turma, e todo menino tem de achar seu lugar nela. Experiências com a turma moldam como um menino se percebe e como concebe sua vida.

Entre as vantagens da irmandade estão intensificar o senso de pertencimento de um menino e ensinar valores duradouros. Os times esportivos são um bom exemplo. O famoso treinador de futebol americano e instrutor de treinadores Joe Ehrmann acredita que ser parte de uma equipe ensina a "ser um homem para os outros" — a descobrir o propósito de fazer parte de algo maior que a própria vida e a ter responsabilidade com os companheiros e treinadores que são igualmente devotados a você. Ele explica: "Nós pertencemos e precisamos uns dos outros. Aceitação plena é a regra. Uma equipe é um organismo complexo e interdependente; nenhum membro da equipe pode funcionar sem conexão com os demais, pois um afeta o outro. A equipe forma uma unidade[18]".

Ehrmann desenvolveu uma filosofia denominada "treinamento transformacional". Diferentemente do "treinador transacional" que se ocupa basicamente de vencer e perder, o treinador transformacional "se dedica à autocompreensão e empatia, considerando os esportes como virtuosos e criadores de virtudes". Sua meta principal é que os jogadores "saibam três coisas antes de se formar no ensino secundário. Primeiro, que eles são amados. Segundo, que são amados e aceitos por quem eles são, não pelo que fazem. Terceiro, que eles têm algo importante para oferecer ao mundo[19]". Esse exemplo mostra o poder das conexões forjadas na irmandade para formar virtudes e fortalecer o caráter.

Há outros exemplos importantes. A doutora Way constatou que meninos pertencentes a minorias ou de famílias pobres do operariado elevam a irmandade ao patamar de uma verdadeira arte. Entre homens afro-americanos, a irmandade baseada na opressão sofrida em comum enfatiza valores como lealdade e conexão. O doutor Lionel Howard, da Universidade George Washington, cuja pesquisa enfocou o papel dos relacionamentos no desenvolvimento masculino de afro-americanos, argumenta que a maneira como homens negros lidam com as adversidades e desafios em suas vidas depende da qualidade de seus vínculos com outros homens afro-americanos.[20]

Pesquisas apontam que a irmandade também proporciona experiências positivas nas escolas exclusivas para meninos. Por essa visão, quando são poupados da pressão para demonstrar suas diferenças em relação às meninas, os meninos se sentem mais livres para tentar coisas fora da Caixa da Masculinidade: artes, expressão emocional, envolvimento na aprendizagem e amizades profundas. Uma escola só para meninos no Bronx, a Eagle Academy, tem uma porcentagem de graduação de garotos afro-americanos que é mais do que o dobro da média na cidade de Nova York; 90 por cento de seus graduados vão para uma faculdade. Em parte, os administradores escolares atribuem seu êxito à criação de uma cultura de pares na qual os meninos cuidam ativamente uns dos outros. Conforme o doutor Joseph Derrick Nelson, do Swarthmore College, descobriu em sua pesquisa, os meninos aprendem nessas escolas o que ele chama de Irmandade Transformadora:

- colocar as necessidades dos outros acima das próprias;
- reconhecer quando alguém precisa de alguma coisa;
- ajudar;

- participar plenamente de esforços colaborativos;
- aceitar os pares integralmente por "ser quem são[21]".

A irmandade ajuda os meninos a se sentirem compreendidos, apoiados e amados, conforme mostram diversos exemplos. Atraídos por outros meninos desde tenra idade, assim que notam que ser homem é uma parte importante de sua identidade, as amizades entre garotos podem apoiar o desenvolvimento de habilidades cruciais na vida. A irmandade pode elevar e até salvar a vida de alguns meninos.

PERDIDOS NO MEIO DA GALERA

Às vezes, porém, a irmandade exerce influências negativas. Quando a associação é definida por aqueles que são excluídos, os clubes de meninos podem se tornar quase como cultos e estimular comportamentos destituídos de civilidade. Fraternidades, times esportivos e outros grupos que enfatizam a irmandade, às vezes, estimulam uma versão radical de masculinidade que distorce os valores e o discernimento de um menino. Desde a escola primária, grupos de meninos podem promover normas antissociais, instigando seus membros a agir de maneiras que seriam impensáveis se estivessem sozinhos. No estudo de Judy Chu ao longo de dois anos sobre meninos de 3 e 4 anos, inicialmente eles não se importavam com quem brincavam quando entraram na escola, mas depois formaram um grupo que excluía meninas. Cada menino ficou mais tímido em relação a parceiros de brincadeiras, aos brinquedos que escolhia e a seu comportamento no espaço público da escola. O grupo demarcava seus limites com o antagonismo em relação às meninas.

A turma morde e assopra. Muitos meninos descobrem que precisam deixar várias coisas para trás quando entram nesse espaço exclusivo. Eles lutam para serem eles mesmos contra a força gravitacional para que se adaptem. Entender como ajudar os meninos a manterem o senso de quem são, apesar das pressões sociais que os levam a se esconder, é crucial para os homens que eles podem vir a ser. Sem uma conexão próxima à qual recorrer, os meninos podem se habituar a fingir. Conforme o escritor George Orwell entendeu, meninos podem crescer sem se desfazer de suas máscaras.

Sam era o filho do meio em uma família grande. Seus irmãos mais velhos eram verdadeiros ases em termos acadêmicos, esportivos e sociais, e tinham pouco tempo para ele. Quando não estava trabalhando, seu pai também se envolvia muito com as atividades esportivas dos filhos mais velhos, sendo que um jogava beisebol e o outro, lacrosse. Sam dificilmente conquistava a atenção do pai, embora tentasse vários esportes. Sua mãe, era bondosa e solidária com ele, mas simplesmente tinha mais facilidade para se relacionar com as filhas mais novas.

Na escola de Sam, os alunos da 8ª série eram considerados o máximo, e os meninos maiores, mais durões e rebeldes reinavam. Longe dos adultos, havia brigas no pátio após as aulas reforçando quem mandava no pedaço. Meninos que iam bem na escola, cooperavam com os professores e se empenhavam nos deveres eram provocados e atormentados de diversas maneiras — empurrados nas filas, emboscados nos corredores e insultados nos banheiros.

Escritor talentoso, Sam tinha facilidade para fazer os deveres e gostava de aprender. Os professores não escondiam sua preferência por ele, já que os outros meninos eram mais desligados e raramente participavam das aulas. Mas, com a chegada da adolescência, Sam descobriu que se importar com a escola e ganhar elogios dos professores o deixava em maus lençóis com seus pares. Ele estava se tornando um alvo.

Na 8ª série, suas notas começaram a piorar, ele recebeu uma repreensão por mau comportamento e estava se tornando raivoso e taciturno em casa. Eventualmente, agia desafiadoramente com a mãe e tratava mal as irmãs mais novas. Seus pais notaram que ele mudara de turma na escola e que passou a pedir para dormir nas casas de meninos populares nos fins de semana, mas gostaram dessa novidade achando que Sam estava "saindo de sua redoma" e atribuindo seu mau temperamento às mudanças hormonais na puberdade. Ele passou a ter um interesse evidente por garotas, mas certo dia sua mãe achou um conteúdo perturbador no celular dele, o qual estava monitorando secretamente. Ela achou duas vezes fotos lascivas de garotas, que seus novos amigos tinham enviado.

No geral, ficou claro que Sam estava metido em alguma encrenca, e seus pais buscaram aconselhamento para ele. Em sessões individuais durante a avaliação inicial, Sam revelou que as provocações e zombarias na escola haviam se tornado insuportáveis. E que, finalmente, concluiu que só lhe restava se juntar aos meninos que mandavam em todo mundo, que o recompensavam convidando-o para festas e estadas nos fins de semana. Sam descobriu que podia ser "o cara divertido" e estava disposto a correr riscos maiores para garantir esse *status*. Nunca desafiava o poder dos meninos maiores, e até descobriu um com quem desenvolveu uma afeição mútua. Ele começou a gostar da camaradagem e segurança de estar incluso, e aprendeu a se dar bem com todos.

Mas Sam também revelou o quanto estava atemorizado com o rumo que as coisas estavam tomando e o quanto estava isolado em sua família. Seus pais mal tinham noção do que ele estava enfrentando. Nas festas, os meninos levavam bebidas alcoólicas que haviam roubado dos pais e ocasionalmente até maconha. Meninos e meninas haviam começado a "ficar", e havia pressão crescente para adotar uma postura descontraída e não ligar para nada. Sam mergulhou de cabeça nessas badernas sociais. Na hora do almoço, seus camaradas contavam as façanhas do fim de semana; até que ponto tinham avançado sexualmente e de que garotas haviam se aproveitado. Quanto mais Sam se esforçava para acompanhar o ritmo dos amigos, mais distante ele se sentia de sua família e de si mesmo. Foi ficando cada vez mais difícil pensar em contar aos pais a verdade sobre a vida que estava levando.

Felizmente, porém, não foi difícil resgatar Sam. Seus pais, reagindo aos sinais de alerta, admitiram ter contribuído para a situação arriscada desse filho ao não lhe darem a devida atenção, por estarem ocupados e envolvidos demais com os êxitos esportivos dos filhos mais velhos. Eles disseram o quanto lamentavam tudo isso, e acharam meios de validá-lo pelas qualidades que o diferenciavam dos outros dois irmãos, incluindo seu pendor para a escrita criativa. Seu pai reservou tempo todas as semanas para ficar com Sam, perguntando se ele queria sair e fazendo o que o filho quisesse. Às vezes, eles iam à lanchonete, às vezes jogavam lacrosse, outras apenas ficavam no porão, onde Sam vencia o pai em todos os videogames.

Para Sam e seus pais, a experiência na 8ª série foi uma lição sobre o poder sedutor da irmandade e seus perigos. Sam poderia ter se perdido para sempre. À medida que levam a sério o roteiro que seguem nos relacionamentos com seus camaradas, os meninos podem perder seus fundamentos e desativar sua bússola moral. As vozes de seus pais podem ser abafadas pelas pressões mais imediatas e pretensiosas do grupo. A história de Sam é uma lição instrutiva sobre a dependência dos meninos de âncoras relacionais que os ajudem a resistir às normas dos pares. Sua história também mostra os limites da coragem dos meninos, além de advertir como os garotos são dominados e aceitam o convívio com outros meninos, mesmo que não acreditem ou discordem daquilo que eles estão fazendo.

Para meninos menos afortunados que Sam, sem pais aos quais recorrer e se apegar, as normas da irmandade podem se tornar confusas.

A antropóloga Peggy Sanday, da Universidade da Pensilvânia, observou que o estupro é um fenômeno sociocultural, que ocorre mais sob certas condições. Quando versões radicais da masculinidade, incluindo atitudes hostis em relação a mulheres, são promovidas em grupos masculinos, seus membros se tornam "propenso a estuprar[22]". Atitudes hipermasculinas e roteiros sexuais que veem as mulheres apenas como objetos do desejo masculino criam uma combinação perigosa sob essas circunstâncias. O psicólogo Neil Malamuth, da UCLA, desenvolveu uma escala de Probabilidade de Estuprar e descobriu, perturbadoramente, que um terço dos rapazes na fase universitária disse que poderia estuprar uma mulher "se tivesse certeza de não ser flagrado nem punido[23]".

No entanto, as normas contra as mulheres têm menos probabilidade de serem acatadas por um menino que tenha uma base familiar sólida. Conexões protegem os meninos contra toda a gama de comportamentos excessivos, abusivos e destrutivos celebrados em culturas hipermasculinas. Essas versões extremadas de masculinidade têm um apelo especial para meninos cuja socialização inicial em famílias e turmas já os tornou receptivos. À medida que crescem, distanciam-se dos pais e convivem o tempo todo com sua turma, conquistar o "respeito" do grupo é a principal moeda de troca.

Fraternidades à moda grega, mais populares do que nunca, com a adesão de um em cada seis rapazes que frequentam em tempo integral uma faculdade de quatro anos, exemplificam condições nas quais a irmandade perde totalmente a linha. Segundo pesquisadores de saúde pública, 86 por cento dos rapazes que moram em casas de fraternidades ("repúblicas") consomem bebidas alcoólicas em excesso, o dobro do índice dos demais estudantes.[24] Comparando as taxas de agressão sexual cometida por rapazes antes e após seu ingresso em fraternidades, um pesquisador descobriu que eles tinham o triplo de probabilidade de cometer tais agressões após a iniciação. Em um artigo, em 2014, na revista *Time*, a escritora Jessica Bennett indagou ironicamente: "O que se pode esperar que aconteça em um clube onde as mulheres são vistas como intrusas ou mercadorias, ou pior, como presas para aves de rapinas, pois os homens ditam as regras? Não deveria surpreender que eles acabem recriando o clube de meninos — mesmo que isso não seja tão bom para todos os garotos[25]".

Estar nesses grupos requer uma negociação constante entre quem um menino acredita ser e aquilo que seu grupo defende. A maioria acaba sucumbindo ao poder do grupo, até se sentir perdido, como Sam. Mas, também como Sam, suas conexões podem reforçar valores centrais que os ajudam a se desvencilhar dessas normas tóxicas.

Ajudar os meninos a exercitarem a coragem é parte indissociável da criação dos filhos. Fortalecer as convicções e a resistência de um menino é um contrapeso às normas masculinas. Como os dilemas impostos pela irmandade são resolvidos pode definir a trajetória de um garoto para o resto da vida.

O QUE OS PAIS E AS ESCOLAS PODEM FAZER

À medida que um menino se envolve com sua turma, a coisa mais básica que pais e professores devem ter em mente é o ditado "para ter um amigo, seja um amigo". Cuidar, confiar, partilhar e se comprometer são habilidades relacionais que todas as crianças devem desenvolver para ser bem-sucedidas em suas amizades. Quando dão os primeiros passos nesses relacionamentos, os meninos se inspiram nos modelos desenvolvidos em relacionamentos de apego com os pais para estabelecer seu estilo relacional. Nesse sentido, os relacionamentos básicos com pais, professores e irmãos ou irmãs preparam o caminho para o que virá depois. Meninos que têm a segurança de saber o quanto são importantes terão a confiança necessária para se doar aos outros. Eles terão mais facilidade para ser generosos, ceder e expressar interesse por seus amigos. Eles serão mais livres para recusar propostas para fazer coisas que não estão de acordo com seu íntimo.

Algumas pesquisas sugerem que é o vínculo do menino com a mãe que fortalece sua capacidade de expressar sentimentos calorosos em relação aos outros. Mães têm mais poder para ajudar os filhos a resistir a convenções masculinas que pregam a contenção emocional. A força do relacionamento entre eles quando o filho entra na adolescência também é diretamente relacionada à maneira como ele expressa sua destreza emocional a seus amigos. Niobe Way escreve o seguinte: "Meninos que reportaram ter um relacionamento *cada vez mais* de apoio com as mães da 6ª à 8ª séries eram também os que mais reportavam níveis, *cada vez mais* altos, de resistência a convenções da masculinidade em suas amizades[26]".

Aliás, a qualidade do vínculo de apego que as crianças formam com seus cuidadores é um indicador notavelmente poderoso da qualidade de seus elos subsequentes. Conforme mencionei no Capítulo 1, pesquisadores descobriram que o Inventário de Apego Adulto de 21 perguntas pode prever o *status* de apego de filhos e filhas advindos de seus pais com 85 por cento de precisão.[27] Embora estilos de relacionamento possam melhorar na idade adulta, é difícil superar padrões de comedimento, desconfiança, dominação e exploração forjados em mágoas na infância. Para mães, pais e outros adultos, formar conexões sólidas com filhos e pupilos e manter a qualidade e profundidade desses relacionamentos é uma estratégia preventiva essencial para empoderar os meninos para sua vida futura.

Além de construir a base, aqui estão algumas sugestões específicas para pais e outros que queiram apoiar os meninos à medida que se envolvem com as amizades e enfrentam suas turmas.

OFERECER OPORTUNIDADES

Como ter bons amigos é tão importante para o desenvolvimento dos meninos, as famílias precisam abrir espaço em casa e na agenda escolar para as crianças passarem tempo com seus amigos. Isso se tornou cada vez mais difícil, pois a infância se adaptou ao ritmo profissional acelerado das famílias modernas. Entre creches e escolas em tempo integral, acampamentos de verão, esportes e cursos de artes, as crianças têm uma agenda cheia. Pelo menos até atingir uma fase em que consigam se virar sozinhos, os meninos precisam que seus pais arranjem tempo na rotina semanal para que possam estar com os amigos.

Como os bairros se tornaram menos amistosos para famílias, isso dificulta que as crianças saiam de casa para se encontrar com companheiros de brincadeiras e amigos. Encontros marcados para brincar com outras crianças são uma boa alternativa, embora meninos mais novos não consigam agendá-los sozinhos. É aqui que entram a atenção e a capacidade dos pais para escutar o filho: qualquer iniciativa que ele tome para sociabilizar deve ser estimulada. Até afirmações simples como "eu queria poder brincar com o Tommy" representam seus primeiros passos para resolver o problema do isolamento social. Dar ajuda e apoio logístico para os meninos formarem boas conexões implica dar respostas como "Que tal convidá-lo para vir passar o fim de semana conosco?" e "Que tal você convidá-lo e então eu falo com a mãe dele?" Seguir a indicação do menino, em vez de direcioná-lo, aprofunda sua iniciativa e independência.

No entanto, se os pais colaboram com escolas onde há altas expectativas em relação a provas, é mais difícil para os meninos acharem adultos que possam apoiar sua necessidade de passar tempo com os amigos. É mais rápido e eficaz programar o dia do menino do que esperar que ele diga o que quer e seguir sua deixa. Mas o que importa é desenvolver essa habilidade pensando em um prazo mais longo. Nós queremos que os meninos aprendam a se orientar em seus mundos — pais e professores bem-intencionados não podem usar o tempo todo suas habilidades em prol de seus filhos e alunos. Interações sociais turbulentas e hierarquias que estão sempre mudando requerem uma boa medida de resiliência, criatividade e coragem, habilidades que idealmente são aprendidas antes de os garotos adentrarem as águas mais profundas da adolescência. No início da adolescência, quando sua turma apregoa o valor da independência em relação aos pais e professores, os meninos que não aprenderam a se defender sozinhos terão mais dificuldade para conquistar o respeito dos pares.

Pesquisas sobre resiliência confirmam que um menino consegue se dar melhor quando tem pelo menos um aliado: alguém que valide quem ele é, que se importe com o que ele quer e que fique sempre a seu lado. Embora desejem ter um ou dois camaradas, os meninos ficarão fortalecidos pela aceitação incondicional de seus professores, treinadores, líderes religiosos e pais. Resistir à ameaça de ser excluído nem sempre faz sentido em certos contextos, mas o que importa no longo prazo é que cada menino acredite ter algum apoio, algum refúgio e que não está totalmente à mercê de forças além de seu controle. Equilibrar preferências pessoais com a adaptação aos grupos é o truque que todo menino tem de aprender.

MANTER OS OLHOS SEMPRE ABERTOS

Na história de Sam, assim como naquelas documentadas por observadores como a psicóloga Judy Chu, fica evidente que pais e professores têm influência nas amizades dos meninos que, muitas vezes, não são reconhecidas. Particularmente enquanto os meninos são pequenos e têm vidas sociais relativamente transparentes e desafios razoavelmente simples de lidar, pais e professores podem ajudá-los a adquirir habilidades para equilibrar as demandas do grupo com os próprios valores e necessidades. Manter-se atento a como os meninos lidam com esses desafios e mantêm o equilíbrio — interferindo para orientar aqueles que se sentem perdidos ou acabrunhados — proporciona uma rede de segurança enquanto eles desenvolvem as próprias perspectivas sobre quem são e a competência para atingir o equilíbrio certo.

O problema é que a "sociedade infantil" funciona conforme as próprias regras, fora da visão e além do controle da autoridade dos adultos. Em um estudo realizado por uma equipe estudantil de pesquisa em uma escola independente a respeito de bullying e violência, duas descobertas chaves sublinharam a natureza oculta dessas regras. Um entre cada dez meninos relatou brigas e imposição de trotes; um entre cada três fora assediado, ameaçado ou intimidado. Os lugares com maior incidência desses incidentes foram a cafeteria, o pátio, o ginásio esportivo e o vestiário da escola. Meninos são especialistas em achar brechas na vigilância dos adultos.

Na verdade, pais e professores não são tão vigilantes. É impressionante como, em geral, apenas as interações mais gritantes são notadas. Em razão das diferenças geracionais em termos de normas, perspectivas e compreensão geral das coisas, pessoas mais velhas e pessoas mais novas prestam pouca atenção umas às outras e parecem viver em planetas diferentes. À medida que crescem, os meninos recorrem cada vez mais aos amigos e à turma em busca de opiniões sobre assuntos importantes, como roupas, música, relacionamentos, aspirações e diversão, e passam a desprezar todas as coisas ditas e feitas pelos adultos. Garotos adolescentes são uma tribo à parte.

É para as regras dessa tribo e seu impacto sobre certos meninos que os adultos devem ficar de olhos bem abertos. Buscando amizade e inclusão, os meninos sofrem pressão para se adaptar às normas impostas, mesmo que essas normas sejam contrárias aos valores cultuados em suas famílias. O dilema entre participar das coisas e se ater às próprias crenças envolverá tentativas e erros, requerendo um exercício constante de discernimento e coragem. Todo menino terá muitas chances de praticar a resistência a pressões e, provavelmente, cometerá muitos erros. Quando um menino cede às pressões irresistíveis de seu grupo, será útil admitir para alguém que está confuso e desconfortável com isso.

Quando seu filho entra em uma turma, isso significa muitas oportunidades para os pais também — mas em um sentido diferente. Sem microgerir a vida social do menino, pais e outros cuidadores querem estar cientes da qualidade dessa vida social. Ele formou uma rede de relacionamentos? Os meninos com quem ele anda são éticos? Ele pode ser autêntico com pelo menos alguns deles? Suas amizades são reais e duradouras?

Idealmente, a conexão de confiança com seus pais fará o menino ser sincero sobre os amigos, companheiros de equipe e outros pares. É maravilhoso quando ele pode usar os pais como instrumento de sondagem sem se preocupar em ser mal interpretado, enganado ou rejeitado.

No exemplo de Sam, tanto os aspectos bons quanto os maus são instrutivos. Embora carinhosa, sua família só notou que ele estava ficando acabrunhado com a dinâmica do grupo quando seu comportamento sinalizou um perigo real. Após eles passarem a tratá-lo com genuíno interesse e ele se abrir sobre a realidade de sua vida social, Sam conseguiu reativar sua bússola moral. Aliviar o que oprimia seu peito e contar com a compreensão dos pais fortaleceram sua decisão de restaurar o equilíbrio. Suas notas melhoraram e ele passava mais tempo com a família. E, embora continuasse amistoso com a mesma turma na escola, a intervenção de seus pais lhe deu um pretexto para deixar de ir às festas e de tentar acompanhar o ritmo frenético daquele grupo de manda-chuvas.

Embora variem em culturas distintas, as normas da irmandade ainda refletem um ideal dominante que privilegia certas qualidades e tipos de meninos, punindo os demais. Sabe-se que a autoconfiança de meninas fisicamente maiores que a maioria de seus pares fica abalada, mas para os meninos é o oposto: garotos maiores e que amadurecem mais cedo são considerados mais positivamente do que os menores, menos atléticos ou menos estereotipados. Como os meninos se veem no espelho da irmandade reflete esse viés cultural, e fica difícil eles não assimilarem profundamente essas mensagens positivas e negativas.

Malik era um menino que tinha muitos amigos na 5ª série. Mas, com um esporão de crescimento no início da adolescência, a dinâmica de grupo mudou no ensino médio e Malik se sentiu cada vez mais excluído. Um grupo de quatro ou cinco meninos começou a se destacar como o mais popular e a se isolar dos demais. No almoço, eles guardavam lugar uns para os outros, ignorando Malik e outros garotos que sempre haviam sido seus amigos. Durante o almoço, esse grupo conversava empolgadamente e frequentemente zombava dos outros garotos que tentavam participar, assim afirmando sua primazia.

A situação chegou ao limite quando Malik ficou chocado ao descobrir que os meninos estavam planejando secretamente uma festa de aniversário para um deles e que ele não seria convidado. Então, enviou uma mensagem de texto na sexta-feira à noite para um dos garotos que andava com a turma, perguntando se ele estava fazendo alguma coisa e queria sair. O garoto respondeu que não podia porque "estava indo à festa do Evan". Com isso, toda a frustração e humilhação reprimidas vieram à tona, e Malik desabou.

Felizmente, sua mãe notou sua expressão enquanto lia a mensagem e se dispôs a ouvi-lo. Embora estivesse tão magoada quanto o filho, ela mordeu a língua e apenas o consolou sem dar opinião. Ela lembrou a ele de que o que viria pela frente é que importava, não a mágoa que ele estava sentindo agora. Malik precisava refletir sobre como conduzir a vida social em sua escola. Ele então percebeu que os meninos com quem andava antes não eram seus amigos e que devia investir em relacionamentos com outro grupo de garotos que, embora menos "populares", tratavam melhor uns aos outros.

ESTIMULAR MENINOS RETRAÍDOS OU INIBIDOS

Os pais não devem se preocupar quando os meninos passam por períodos de "seca" com os amigos. Segundo uma pesquisa realizada pelo psicólogo William Bukowski, da Universidade Concordia, em Montreal, sobre amizades entre garotos no início da adolescência, épocas socialmente mais desanimadas são comuns.[28] Com tanta coisa fluindo, seria surpreendente que as amizades de um menino também não passassem por marés baixas e altas. Já que suas amizades são um campo de treinamento para habilidades relacionais de longo prazo, é até desejável que os meninos aprendam a se adaptar a novas circunstâncias e a lidar com frustrações, embora muitos pais esperem irrealisticamente que eles mantenham uma série de vitórias consecutivas.

Mas, conforme o ditado, gato escaldado tem medo de água fria. Alguns meninos acham desgastante demais se indispor com a turma e desistem de tentar. Jeb, que estava na 6ª série quando teve a primeira consulta comigo, mostrou rapidamente o quanto era confiante com adultos: espirituoso e divertido, abria-se facilmente e não temia mostrar que estava vulnerável. Ele conseguia ser autêntico, pois confiava em que eu o escutaria com respeito e carinho. Aliás, ele aprendera a contar com isso em virtude dos relacionamentos com seus pais e professores.

No entanto, seus relacionamentos com os colegas de classe eram ruins, e ele os descreveu como desagradáveis e antipáticos. O fracasso em achar bons amigos havia turvado sua visão do que era possível obter com eles. Apreciado por seus professores em razão da sua autenticidade, disposição e humor, Jeb passava os fins de semana só com a família. Mensagens de texto de colegas de classe raramente apareciam em seu celular. Nunca tendo a alegria de se divertir com amigos, Jeb ficou pessimista e desanimado, mas nem ele nem sua mãe enxergavam a correlação entre as duas coisas. Eles inclusive tendiam a se culpar, imaginando tendências biológicas para a depressão. Jeb também tinha uma dificuldade de aprendizagem, e começou a vida escolar em turmas de crianças com necessidades especiais, até que conseguiu ingressar nas aulas normais. Os anos que passou afastado o deixaram à margem da turma de sua escola e até atraíram comentários maldosos de outros meninos durante as aulas de educação física ou biologia. Jeb passou a acreditar que era diferente e nunca seria aceito pelos outros garotos. Sua autoimagem ficou abalada.

Após obter um panorama geral sobre Jeb por meio de seus pais, professores e alguns testes durante a avaliação inicial, percebi que ele estava preso em uma armadilha de desenvolvimento que ficaria cada vez mais cerrada. Meninos têm uma compulsão inata para ser donos de si, com seus próprios relacionamentos, e devem construir vidas próprias. Jeb havia se retirado para a segurança de sua família, e sua mãe contribuía involuntariamente para sua impotência crescente ao validar o sentimento de que ele era simplesmente diferente. Ela cogitava que talvez ele precisasse ser medicado. Por sua vez, Jeb estava emperrado, sem saber como romper essa espiral descendente.

Perguntei a Jeb sobre seus relacionamentos, deixando claro que era interessante conversar com ele, pois era divertido e inteligente, e que eu tinha certeza de que outras pessoas também achariam isso. Quando ele reclamou dos outros meninos e racionalizou a própria inação, eu sugeri que definíssemos uma meta e disse que o apoiaria até atingi-la: pelo menos um encontro social a cada fim de semana. Eu o ajudei a fazer uma lista de todos os meninos de quem ele poderia gostar, permitindo que ele se queixasse de cada um, porém sem descartá-lo totalmente. "Ninguém é perfeito, Jeb, mas você está em busca de um bom amigo, então precisa dar uma chance a vários meninos." Minha confiança nele e minha atitude descontraída em relação aos garotos que ele criticava deram o impulso necessário para ele começar a tentar. Obviamente, ele descobriu que muitos de seus colegas de classe ficavam contentes de passar tempo com ele, e sua atitude começou a mudar. Como atingiu logo sua meta, ele parou de se queixar de depressão.

Eu não era indiferente às queixas de Jeb de que os meninos de sua classe eram mesquinhos e rudes. Ele sabia disso melhor que eu, mas eu sabia algo que ele ainda não sabia: embora as cartas parecessem estar marcadas contra ele, era possível mudar sua situação com uma amizade de cada vez e sair das margens para o fluxo dominante, simplesmente começando com meninos que eram mais receptivos e depois expandindo as conexões. Com o êxito nessa empreitada, suas sensações de impotência e desespero dariam lugar a uma confiança crescente. O menino divertido e caloroso que os adultos enxergavam se mostraria cada vez mais para seus pares e, em consequência, Jeb descobriria um segredo importante para driblar a molecada malvada: não se prestar ao papel de bode expiatório ou de alvo.

Todo menino se sente inseguro na turma — até líderes poderosos de gangues. Qualquer um pode repentinamente virar alvo de ridicularização. Naturalmente, muitos meninos com um autoconceito saudável acham essa dinâmica ameaçadora. Mas, apesar da reprovação do grupo, eles reagem quando alguém com quem se sentem conectados os relembram de quem realmente são. Todo menino mantém sua humanidade interna e geralmente transcende as normas menos saudáveis da irmandade. Ajudar os meninos a descobrir como se conectar com seus pares, sem perder a integridade, a despeito das normas grupais, é fundamental para empoderá-los.

INTERVIR QUANDO OS MENINOS SE SENTEM PERDIDOS

Para meninos como Sam, fazer parte do grupo era mais compensador do que ser deixado de lado. Nem sua família nem seus colegas de classe jamais lhe deram uma atenção especial. Ele se empenhava ao máximo para ganhar a consideração dos meninos mais populares de sua classe, lançando mão de qualquer artimanha para isso. Sam achava que ter um lugar no círculo dos garotos populares poderia compensar todo o seu esforço para ser aceito. Mas, ao se inserir no grupo e ver que este tomava direções cada vez mais nocivas, isso passou a ter um preço muito alto e ele se sentiu aliviado quando seus pais interferiram.

Sam não é um caso à parte. Muitos meninos dominados pelas normas da irmandade desejam secretamente que alguém se apresente para ajudá-los a estabelecer um equilíbrio melhor. Lamentavelmente, quando pais e outros adultos lidam com meninos que foram longe demais, em vez de considerá-los vítimas de uma força sobrepujante, a tendência é reagir de forma moralista. Assim, os meninos se sentem injustamente criticados e se rebelam contra um padrão antiquado e irrealista. Com a segurança relativa adquirida na idade adulta, é fácil julgar um menino que passou dos limites, mas esses julgamentos severos fazem os meninos se distanciarem ainda mais de suas fontes básicas de compreensão e apoio, deixando-os verdadeiramente à mercê de seus pares.

Para quem se preocupa com o envolvimento de um menino com seus pares, a linha de ação explicada a seguir pode ser útil:

Nível Um
Para o pai ou mãe que capta logo as coisas e nota que o menino se tornou retraído e um tanto dissimulado, o primeiro passo é fazer um inventário

pessoal: sua preocupação se deve a alguma decepção e rejeição, ou talvez até a algum desrespeito? Assim que suas motivações estiverem mais claras e você estiver movido pela compaixão e amor por seu menino, reveja os pontos fortes dele para se lembrar de quem ele realmente é. Essa é a criança que você precisa acessar. Esse inventário também o ajudará a transmitir uma mensagem mais encorajadora e a influenciar o que o menino acha que é a seus olhos. Validar de maneira explícita e bondosa seu filho, jogador ou aluno costuma ser uma boa estratégia para qualquer adulto que queira ajudar, especialmente no caso de meninos que, talvez, já estejam recebendo *feedback* negativo.

Como a meta é se reconectar e não apenas corrigir o menino ou eliminar seu comportamento preocupante, não há pressa; seu filho se endireitará quando estiver reconectado. Pode levar algum tempo para vencer sua desconfiança de que está sendo manipulado, particularmente se já houver um distanciamento considerável entre ele e seus pais. Tempo especial e escuta ativa são estratégias confiáveis para os pais se reconectarem com ele. Focando sua atenção no filho, escutando-o e notando como ele reage, você aprenderá muito e ficará mais bem preparado para o próximo passo.

Neste nível, não há nada especialmente preocupante, nenhum problema imediato para resolver. O importante é restaurar a conexão.

Nível Dois
Presumindo que um diálogo seja possível quando a conexão se aprofundar, tente ser explícito com seu filho sobre o conflito que você observou: "Dá a impressão de que é difícil mostrar a seus amigos quem você realmente é". Esse tipo de observação não deve parecer uma acusação ou crítica — o que deixaria o menino na defensiva e a fim de se retirar —, mas sim dita em um tom solidário e compassivo. Partilhar histórias pessoais que tenham algo a ver com a situação certamente ajuda a normalizar a situação embaraçosa dele e a distender a interação. As intervenções mais eficazes são feitas com um espírito de compromisso, respeito e cuidado, especialmente com alguém que já se sinta envergonhado e impotente.

Se a intervenção tiver algum efeito e levar à admissão de um problema, pais, professores ou treinadores chegam a um ponto decisivo: é preciso determinar se a situação exige que entrem em ação para reestruturar a situação do menino — transferi-lo para outra escola ou equipe, ou talvez recorrer a um aconselhamento profissional. Se as circunstâncias estão claramente sobrepujando o menino, os pais são os únicos que têm o poder real de modificar o ambiente para que ele tenha chance de se recuperar. Mas se o menino está simplesmente com dificuldade de se adaptar sem abrir mão de coisas importantes para ele, o adulto pode oferecer apoio e ajudá-lo a encontrar alternativas.

Em ambos os casos, tendo revelado a alguém a verdadeira natureza de seus conflitos, o menino já deu uma virada decisiva. Uma vez mais, o que importa é o que virá na sequência, e cabe ao menino fazer a mudança. Ele pode regularmente partilhar o que sente para comemorar êxitos ou receber mais orientação e estímulo, mas não deve sentir que é obrigado a dar satisfações a algum tipo de supervisor. Idealmente, a meta é ele querer mudar pelo próprio bem, e não simplesmente para satisfazer à mãe e ao pai.

Nível Três

Alguns meninos têm um apego extremamente forte à turma. Sedutoramente baseada na aceitação, empolgação e temor, a lealdade é um valor central da irmandade. Quando seus outros relacionamentos são menos seguros, o menino pode contar com o apoio de seus camaradas, os quais parecem insubstituíveis. Alienados dos adultos, os meninos dependentes do grupo podem se sentir desesperados para não perder o que têm. Muitas vezes, por já terem passado por perdas traumáticas e desconexões em seus relacionamentos básicos, eles ficam menos dispostos a se arriscar a perder o que têm.

Por desespero, esses meninos são engolfados pelas normas da irmandade. Sem as âncoras morais e as vozes internas dos adultos que se importam com eles, os garotos são capazes de se iludir em meio a um pensamento grupal e a uma atmosfera igual à do filme *Clube dos cafajestes*. Bebidas alcoólicas e outras substâncias que alteram a mente pioram a situação. Excitação e licenciosidade se tornam as metas principais, exacerbando o problema para meninos cuja bússola moral já está desgovernada.

Psicólogos do desenvolvimento apresentam um argumento sobre a ordem errada das coisas: Em primeiro lugar, como esperar que um menino melhore a autorregulação se ele despreza os relacionamentos que cultivam essa capacidade? Ainda mais grave, em que ponto da jornada um menino pode ser considerado sem consciência? A boa nova dada por neurocientistas e confirmada por avanços na compreensão da receptividade do cérebro a novas experiências em relacionamentos, é que um menino nunca é inatingível.

Para todo menino cuja história parece totalmente irremediável, há outra sobre alguém em circunstâncias semelhantes que transformou sua vida. A diferença quase sempre é que um adulto entrou em cena e conseguiu resgatá-lo quando ele estava perdido e sozinho. Embora as experiências iniciais criem modelos fortes e duradouros, esses modelos se adaptam a novas circunstâncias.

É esse o desafio para os pais ou o professor que tenta acessar o menino que se perdeu na irmandade. Pais não só têm de enfrentar conflitos de lealdade e a isca da excitação, mas também se deparam com barreiras menos conscientes em seu esforço para resgatar os filhos. Em meu consultório, é comum meninos se tornarem esquivos quando meus esforços de conexão desencadeiam a desconfiança engendrada por experiências duras e decepcionantes. Eu aprendi a ser paciente, a esperar solavancos e a não desistir. Considerando a natureza humana do menino, é mais provável eu vencer as barreiras do que ele se manter isolado. Alguém que se importa, sobretudo quando não acusa ou age de forma insistente, é praticamente irresistível.

Com meninos especialmente perdidos e cronicamente esquivos, não se deve dar muita chance para que façam escolhas. Agendar momentos em família, por exemplo, é um bom meio para tirar o menino do isolamento. A mãe também pode aparecer na porta do quarto do filho e ficar um tempo por ali, talvez até sentando-se pacientemente enquanto ele a ignora, testando sua determinação. Mães e pais devem considerar o silêncio como uma oportunidade para explicar que só querem ter contato com ele, conhecê-lo melhor, e que lamentam estarem tão distantes. "Passar tempo com você é minha prioridade e, não importa o que aconteça, vou estar ao seu lado. Você não precisa fingir nem ser delicado comigo. O que eu mais quero é saber realmente como você está." Como a confiança pode estar fragilizada, é importante que os pais demonstrem sua disposição para fazer o que for preciso para restaurar o relacionamento. Sinais físicos podem ser importantes. Por exemplo, se o menino se encolhe à distância, você pode tentar chegar mais perto — sem invadir totalmente o espaço dele, mas também não aceitando seus limites rígidos. Um toque no dedão do pé ou um travesseiro lançado de brincadeira ajuda a quebrar o gelo. Pode ser difícil para os pais não considerarem a rejeição do menino como uma ofensa pessoal, mas minha orientação é de que se lembrem de que o menino está muito mais desconfiado de tudo e vai demorar para confiar neles.

Embora o menino não decida *se* eles vão passar tempo juntos, é importante que o que aconteça *durante* esse tempo especial seja ao gosto dele. Para transmitir a mensagem corretamente, é preciso encontrá-lo nas condições que ele preferir. Muitas vezes, o propósito desse tempo juntos se torna mais claro a partir de alguns detalhes: se um pai ou uma mãe se dispõem a se sentar em silêncio ao lado do filho ou a fazer atividades escolhidas por ele que parecem sem sentido. Eu oriento os pais a resistirem a muitos testes até o menino se tornar mais aberto. Descobrir algo que possa ser do agrado dele mostra a disposição de investir tempo e atenção naquilo que o menino aprecia. Ser explícito sobre a intenção — "eu só quero me conectar com você" — também ajuda com meninos empacados e desconfiados com armadilhas.

Dedicação e perspectiva decididamente são essenciais para reconquistar os meninos. Todos os artifícios dos pais entram em jogo, como ser paciente, confiante e não tomar a rejeição como ofensa pessoal, para acessar o menino em dificuldades. É importante fazer análises regularmente, de modo a não retroceder para atitudes defensivas e pessimistas. Por mais que queiram culpá-lo por sua atitude ou comportamento, é preciso que os pais se mantenham cientes da bondade e do potencial do filho, pois a emoção de reconquistá-lo compensa toda a luta e o esforço.

CAPÍTULO 6

AMOR, SEXO E AFEIÇÃO

Os adolescentes ficam fascinados com suas novas capacidades de ter romances e atração sexual. Mas hoje em dia, graças a mídia sexualizada, esse fascínio já surge antes da puberdade. É altamente interessante testar seus corpos que estão passando por mudanças, aprender a converter sentimentos românticos em intercâmbios afetuosos e a estabelecer e manter relacionamentos íntimos, assim como muitos temas relacionados. Mas, embora visem explorar a proximidade física, as normas masculinas que dominam o desenvolvimento sexual e relacional dos meninos os atrapalham. Da mesma maneira que os meninos entram na escola já em desvantagem em relação às meninas quanto ao desenvolvimento de importantes habilidades não cognitivas, sua experiência insuficiente com proximidade e afeição também os colocam em desvantagem quando buscam intimidade.

A boa notícia é que pais e outros cuidadores podem ajudar os meninos com esses desafios, apesar da impressão geral de que garotos adolescentes tentam excluir os adultos desses aspectos de suas vidas. As experiências emocionais mais profundas de um menino, muitas vezes, acontecem quando ele se abre para o amor e, naturalmente, quer falar sobre elas quando se sente seguro. Simplesmente como ouvintes, pais e mentores podem ajudar os meninos a se orientar nesse período confuso. Além disso, os exemplos dos pais e sua proximidade com o filho impactam em como o adolescente dribla as barreiras no caminho para a sexualidade madura e saudável.

Atualmente, os meninos enfrentam ameaças que surgiram mais recentemente, depois que seus pais já eram adultos. Pressões antigas da cultura de pares e normas masculinas restritivas são intensificadas pelas redes sociais, pela pornografia na internet e por uma cultura de encontros sexuais casuais. Além dessas mudanças mais graduais, o surgimento do movimento #MeToo e as novas regras da lei Título 9 contra agressão sexual nos campi universitários se imiscuem nas regras de flertes nos ensinos secundário e médio de maneiras que revigoram padrões românticos históricos — o que torna ainda mais importante que os meninos descubram quem eles realmente são nas áreas do amor, sexo e afeição. Enquanto se lança em busca de algo real, um menino pode se beneficiar do apoio ativo de um adulto que mantenha a confiança em sua bondade, mas que seja sincero sobre os reais desafios das normas masculinas e das novas regras de namoro que o garoto terá de enfrentar.

A VISÃO GERAL

Estereótipos universais de homens como predadores sexuais, profundamente enraizados na cultura popular e nas relações entre pares, podem falsear a autopercepção de um menino. Seu primeiro contato com a pornografia, por exemplo, geralmente ocorre com amigos. Independentemente do quanto ache estranhas ou repugnantes as imagens postadas nesses sites, um menino recebe uma mensagem poderosa do grupo sobre como ele *deve* reagir.

Pais reagem a temores culturais de estragar a masculinidade de um menino distanciando-se dele quase desde o berço. Isso reduz suas oportunidades de comunicação, proximidade e afeição. Desde o momento em que um bebê é identificado no útero como do sexo masculino, ele é tratado de maneira bem diferente do que se fosse uma menina. Os psicólogos Ronald Levant, ex-presidente da Associação Americana de Psicologia, e Wizdom Powell, da Universidade da Carolina do Norte, usam palavras como "trauma" e "abandono" para caracterizar como o apego de um menino é enfraquecido ou rompido muito antes de ele estar preparado para ser independente.[1] As necessidades dele de toque, proximidade, amor e afeição frequentemente não são atendidas durante os anos iniciais de sua formação. Ao entrar na adolescência e ser capaz de namorar e explorar a intimidade sexual, ele pode ansiar por contato humano estreito.

É quase como se os meninos fossem talhados sob medida para um certo roteiro sexual, e seu condicionamento os prepara para o papel. Cada menino é um ser único, mas seus desejos românticos e sexuais, muitas vezes, são obscurecidos pela imagem generalizada dos meninos como "escravos de seus hormônios". O pai de uma adolescente que atendi captou um sentimento comum ao contar a própria reação quando ela começou a namorar meninos: "Estou muito apreensivo, pois sei muito bem como eu dava em cima das meninas quando era adolescente. Preciso protegê-la contra os meninos que só têm uma ideia fixa na cabeça".

Além desses estereótipos, há a peculiar relutância norte-americana em discutir amor e sexo com adolescentes. Segundo a socióloga Amy Schalet, da Universidade de Massachusetts, há um "profundo desconforto na sociedade norte-americana não só com o sexo na adolescência, mas também com o amor nessa fase[2]". Os pais não são os únicos a receber mensagens para que não interfiram nos relacionamentos românticos dos meninos. Poucos meninos conseguem achar *qualquer adulto* responsável que esteja disposto a conversar com eles sobre suas dúvidas e desejos.

Em meio a esse silêncio comunitário, os maus comportamentos de alguns rapazes vão parar nas manchetes da imprensa e dominam o inconsciente coletivo. Quantos filmes mostram atitudes de fraternidades masculinas e suas culturas insensatas como se elas fossem apenas exemplos engraçados de "meninos sendo meninos"? O quanto imagens publicitárias de jogadores e conquistadores irresistíveis influenciam gerações de garotos adolescentes inseguros e inexperientes? Como exemplo, um jovem sensível, sério e ansioso me contou recentemente sobre sua primeira experiência sexual. Travis explicou que sua namorada, que alimentava uma fantasia mental pornográfica, pediu "sexo bruto" e ele se sentiu obrigado a fazer o que ela queria. Ele tinha apenas enredos de pornografia que havia assistido e as normas da turma como referências. Perguntei a ele qual era sua vontade, mas ele não tinha a menor ideia. O problema é que, no mundo atual, as consequências por não saber e permitir que a cultura vigente o defina podem mudar sua vida.

Talvez para evitar expectativas estereotipadas, a maioria dos meninos aprende a resguardar os sentimentos relativos a amor, sexo e afeição. Mas, como acrescenta a doutora Schalet, "os meninos americanos acabam pagando um preço por uma cultura que não apoia suas necessidades de intimidade[3]". Isolados enquanto enfrentam essa tarefa essencial para se tornarem adultos responsáveis, os meninos podem ficar empacados. Pressionados por todos os lados para desempenhar, forçados a posturas estoicas que escondem sentimentos de incerteza e solidão, e incitados por uma cultura que não representa seus corações de verdade, os meninos ficam divididos entre pressões para agir como feras sexuais e os próprios desejos. Como suas necessidades básicas se tornam tão sobrecarregadas por uma bagagem cultural, muitos meninos simplesmente não conseguem pensar com clareza.

O SOLITÁRIO CAÇADOR ON-LINE

Em geral, os meninos começam a ter atividade sexual entre os 12 e os 14 anos com o início da puberdade, embora alguns comecem mais cedo. À medida que seus corpos mudam e os desejos sexuais despertam, a maioria dos meninos começa a se masturbar. Aos 13 anos, quase a metade de todos os meninos se masturbou até ejacular; aos 14, a porcentagem aumenta para três quartos, e passa a abranger quase todos os garotos aos 15 anos. Em termos de frequência, a maioria dos garotos adolescentes se masturba uma ou duas vezes por dia. Antes de fazer sexo com alguém, o adolescente comum já se masturbou aproximadamente 2 mil vezes.[4]

Entre o início da puberdade e a maturidade corporal plena aos 21 anos, virtualmente todo garoto adolescente nesta era digital tem acesso a sites pornográficos. Considerando o vácuo que circunda a questão do sexo, os meninos acham mais fácil aprender sobre o assunto por meio da pornografia. Nesses sites, eles são incitados a usar as imagens e vídeos devassos como estímulo para comportamentos autoeróticos. A pornografia se torna tanto a causa quanto o efeito. Ao promover um modo de sexualidade desconectado do partilhamento emocional, a indústria da pornografia atrai meninos que estão solitários e curiosos, muitos dos quais ficam viciados nisso. Sentimentos de vergonha, embaraço e obsessão podem tornar essa parte natural de seu desenvolvimento problemática — e secreta.

Os esforços desajeitados dos meninos nesse estado de isolamento, às vezes, vazam publicamente. Foi o caso de TJ, aluno da 7ª série em uma escola para meninos, que foi flagrado se masturbando sob sua carteira pelo professor de espanhol. Antes de ser encaminhado até mim, TJ recebera várias preleções — de uma professora (ex-freira), do decano e do diretor da escola e de seus pais — e havia adotado a usual postura desenxabida de meninos que estão envergonhados. TJ estava relutante para falar sobre o que havia acontecido e tinha certeza de que eu nunca levaria em conta o que ele pudesse dizer sobre os pensamentos e sentimentos por trás de sua falta de discernimento.

Eu achei que partilhar algumas informações poderia ser útil, então contei a TJ sobre outros meninos que haviam passado por situações semelhantes. Expliquei como era comum meninos ficarem confusos com o processo de amadurecimento corporal e que, geralmente, depois tudo ficava bem, especialmente quando eles podiam contar a alguém — eu, por exemplo, se ele quisesse — como estavam se sentindo. Somente conversando ele teria mais controle sobre os impulsos que o deixaram encrencado. Tranquilizado por essa perspectiva, TJ revelou que ultimamente andava tão viciado em pornografia que foi um alívio ser descoberto, e esperava que isso o ajudasse a parar. Gradualmente, ele passou a falar como se sentia e como os relacionamentos em sua família numerosa ofereciam pouca proximidade. À medida que foi concatenando os fatos, TJ entendeu melhor por que as coisas haviam chegado àquele ponto. Quando eu o revi meses depois, correndo com os amigos nas férias escolares, sua risada descontraída confirmou que ele havia progredido.

A primeira coisa a fazer com um menino que está confuso com seus sentimentos sobre sexualidade é tirá-lo do isolamento e tranquilizá-lo, afirmando que seus sentimentos estão enraizados em impulsos naturais e saudáveis. TJ conseguiu sair do buraco que havia cavado simplesmente por contar a alguém o que estava acontecendo, assim percebendo que saíra dos trilhos e se reorientando. Mas qualquer menino que tente ser verdadeiro consigo mesmo é iludido pelas poderosas forças de mercado que projetam imagens e ideias miradas nele.

Pelo aspecto do desenvolvimento neurológico, pesquisadores suspeitam que usuários frequentes de pornografia possam se tornar "viciados em excitação" e que seus cérebros fiquem "condicionados pela pornografia", o que os faz associar sexo a gratificação autofocada e estimulação intensa. Metade dos garotos adolescentes mais velhos se masturba vendo pornografia várias vezes por semana; e quase 15 por cento fazem isso diariamente. Além de causar preocupação, essas experiências impessoais e destituídas de amor e conexão afetam os encontros na vida real: meninos muito ligados em pornografia lembram-se dessas imagens para ficar excitados em interações sexuais. O psicólogo e professor da Universidade Stanford Philip Zimbardo recentemente explicou o seguinte: "Durante nossa pesquisa, muitos rapazes contaram como a pornografia lhes deu uma visão 'deformada' ou irreal do que o sexo e a intimidade devem ser, e como era difícil para eles se excitar com uma pessoa ao vivo[5]". O mais preocupante é que a pornografia prepara os meninos de forma errada para a nova era do consentimento afirmativo. Em campi universitários por todo o país, mudanças recentes na definição legal de consentimento sexual complicaram ainda mais os encontros sexuais. Em faculdades e universidades estaduais na Califórnia, por exemplo, uma nova lei estabeleceu o consentimento "afirmativo, consciente e voluntário" como padrão. A escritora Emily Bazelon, em um ensaio na *New York Times Magazine* intitulado "Hooking up at an affirmative-consent campus? It's complicated", observa que para rapazes desde o ensino secundário até o nível universitário há "um nervosismo de se meter em confusão sem querer por causa das regras do consentimento", conforme explicou à autora um estudante de economia em Yale, de 21 anos. Mas quando as atitudes e expectativas dos rapazes são moldadas pelas imagens misóginas de vídeos pornográficos, nos quais as mulheres são retratadas como brinquedos sexuais, e por temas predominantes de dominação, exploração e até abuso, eles ficam programados para seguir esses padrões e, eventualmente, acabam arranjando problemas.

A história de outro menino ilustra consequências mais graves que podem ocorrer quando o isolamento aumenta em virtude dos sentimentos de medo e vergonha. Stan era um aluno excelente, calmo e tímido, assim como um jogador razoável de basquete, e gostava de sair à noite com seus companheiros de equipe nos fins de semana. Certo dia um pouco antes do alvorecer, sua família acordou com pancadas na porta da frente e toques insistentes na campainha. Quando seu padrasto abriu a porta, um grupo de agentes do FBI e policiais estaduais invadiu a casa com um mandado de busca. Eles explicaram que alguém na casa andava baixando e distribuindo pornografia envolvendo crianças. Com as luzes de seus carros piscando na entrada da casa a sinalizar a presença deles para os vizinhos, os agentes e policiais confiscaram computadores e dispositivos móveis e vasculharam a casa. O fato é que Stan andava acessando imagens pornográficas em sites que partilhavam arquivos na internet e eram monitorados pelo FBI, e agora estava altamente encrencado. Para piorar a situação, as imagens eram de meninos com a mesma idade dele. Assim, a orientação sexual de Stan ficou escancarada para seus pais e o mundo.

Eu atendi Stan por causa de um acordo firmado por sua família com os promotores públicos, segundo o qual seria necessário atestar que ele não representava um risco de predação sexual. Em nossas sessões, Stan explorou seus sentimentos de atração e histórico sexual bem limitado. Em última instância, ele admitiu ser gay e conseguiu dizer isso a seus pais. Antes da batida policial, ele estava cada vez mais distante de sua família, particularmente porque percebeu a natureza de suas atrações sexuais e se tornou mais reservado. Em seu isolamento em relação à família e aos amigos, passou a achar que havia algo errado com ele, e não conseguia imaginar como poderia assumir quem era. Foi preciso passar pela experiência angustiante de ter sua casa invadida e depois ter o apoio dos pais para que ele conseguisse imaginar um futuro melhor.

A experiência de Stan, assim como a de TJ, ilustra como a solidão e pressões sobre o desenvolvimento natural podem distorcer o discernimento de um jovem. Os dois rapazes consideravam que a pornografia na internet era uma maneira mais fácil de explorar seus sentimentos sexuais do que relacionamentos reais com outras pessoas; na privacidade de seus quartos, eles foram se apartando cada vez mais do mundo real e tendo sua sensatez prejudicada. No caso de TJ, ele chegou ao ponto de achar que não haveria problema em se masturbar em um lugar público.

Quanto a Stan, a história é complicada pelo que o psicólogo Michael Sadowski denomina de silenciamento dos jovens gays, que, muitas vezes, leva à intensificação de comportamentos de risco. Apesar do ativismo político em sua defesa, esses meninos ainda são marginalizados em suas escolas e comunidades. Eles "sabem — de maneira pessoal e profunda — como é viver cercado de silêncio[6]". Jovens gays abusam de substâncias que alteram a mente e têm mais depressão do que seus pares heterossexuais; sua taxa de suicídio é quase quatro vezes mais alta. Stan não conseguia ser ele mesmo com os camaradas, preocupava-se com as reações de seus pais e se entregou a explorações secretas que eram irresistíveis, confusas e embaraçosas. Sua única fonte de conforto eram os sites de pornografia que faziam a exploração de jovens parecer normal — até que o FBI esmagou essa fantasia.

Embora os rapazes que se identificam como gays ainda sejam marginalizados socialmente, limites rígidos na definição da identidade sexual estão se afrouxando. Uma pesquisa do psicólogo Ritch Savin-Williams, da Universidade Cornell, descobriu que, embora a maioria dos homens jovens se descreva como heterossexual, mais homens se identificam como "principalmente héteros" do que a soma dos que se consideram gays ou bissexuais. Levantamentos nacionais mostram que 6 por cento dos garotos adolescentes indicam que "principalmente o sexo oposto", descreve a direção de suas atrações sexuais — quase 1 milhão de rapazes que admitem uma certa medida de fluidez. Entender que a sexualidade é difusa e não uma categoria fixa é algo mais corrente entre os membros da Geração do Milênio e iGen'ers do que em gerações anteriores. Em um levantamento nacional que incluiu a pergunta "A respeito de sexualidade, qual das opções a seguir se coaduna melhor com sua visão?", a maioria escolheu a opção "Sexualidade é uma escala — é possível estar em algum ponto no meio[7]".

Por mais que as coisas estejam mudando, entretanto, muitas características da juventude masculina, como a indústria da pornografia – promovem imagens estereotipadas e até exageradas da sexualidade masculina. Grande parte da pornografia na internet veicula imagens degradantes e violentas, refletindo posicionamentos hostis em relação às mulheres. Essas imagens afetam a capacidade de um menino de se relacionar de maneira saudável com meninas. Na visão do especialista Ross Douthat, do jornal *The New York Times*, a pornografia contribui para as personalidades conflituosas de rapazes nesta época do #MeToo: "Eles são ao mesmo tempo iludidos por supostos direitos e ressentidos, raivosos e desmotivados, 'agitados' e grosseiros, já que são moldados por possibilidades sem precedentes de gratificação sexual e frustrados porque as mulheres de verdade são menos disponíveis e mais complexas do que a versão que veem na tela[8]".

Exemplificando essa frustração e chamando muita atenção para sua causa, o grupo autodenominado "incels" é formado por homens mais jovens que são "involuntariamente celibatários" e tendem a culpar as mulheres e o feminismo por sua situação angustiante. Segundo os Centros de Controle de Doenças dos Estados Unidos, 27 por cento dos rapazes na faixa etária entre 15 e 24 podem estar involuntariamente sem uma parceira romântica.[9] Um pesquisador calculou que 4,7 milhões de homens estavam nessa situação em 2012. Essa parcela masculina vem chamando a atenção mundialmente nos últimos anos, após uma série de chacinas atribuídas à sua raiva e solidão em consequência do desprezo das mulheres.

Numerosas pesquisas estabeleceram um elo entre posicionamentos misóginos e comportamentos sexuais agressivos. A equipe de pesquisa do Centro Internacional de Pesquisa sobre Mulheres e a Promundo-US, ambos com sede em Washington, DC, realizaram um levantamento global entre 2008 e 2010. Entre as descobertas em seu relatório, fatores que influenciam a violência sexual incluíam atitudes de supostos direitos sexuais masculinos, definidos pela doutora Leana Allen Bouffard, da Universidade Estadual de Iowa, como "a crença em que as necessidades ou os desejos dos homens são mais imperiosos do que as necessidades das mulheres[10]". Em seu estudo "Man Box", pesquisadores da Promundo descobriram que quase um em cada três rapazes havia feito comentários com teor de assédio sexual para uma mulher ou garota no mês anterior. Os homens com maior probabilidade de assediar são aqueles que acreditam mais nas "normas tóxicas de masculinidade" e que, como grupo, tinham probabilidade dez vezes maior de assediar mulheres do que os homens que não seguem essas normas.[11]

Obviamente, grande parte da pornografia na internet se baseia nessas ideias terríveis, incitando garotos adolescentes que já são autocentrados. A mídia irresponsável tende a seguir o roteiro de que homens têm necessidades sexuais fortes e incontroláveis que as mulheres devem satisfazer.

A história de Shawn ilustra algumas dessas questões preocupantes. O talentoso menino afro-americano que era um líder natural em seu bairro em Filadélfia, aluno excelente e jogador notável de futebol americano, Shawn também era o queridinho de seus pais. Tanto sua mãe quanto seu pai tinham origens humildes e haviam frequentado escolas públicas superlotadas, com poucos recursos e, muitas vezes, perigosas. Por isso, eles aceitaram sem pestanejar a bolsa de estudos oferecida pelo treinador de futebol americano em uma escola privada do ensino secundário, embora seu filho fosse integrar uma minoria racial e econômica por lá. Na escola, Shawn fez amizades rapidamente e era apreciado pelos professores, treinadores e demais alunos.

Mas quando estava a caminho da escola todo dia, deixando para trás seus amigos no bairro, Shawn se via em um limbo — não participava totalmente da vida social dos meninos na escola e estava cada vez mais desconectado dos camaradas habituais. Como passava mais tempo sozinho, frequentava cada vez mais o mundo virtual das redes sociais e da internet em busca de criar conexões. Ao descobrir a pornografia na internet, ficou fascinado e estranhamente influenciado. Sua maneira de olhar as garotas e suas considerações sobre sexo eram afetadas pelos comentários e imagens partilhadas entre seus amigos no Snapchat, Facebook e Instagram. Na escola, outros meninos da equipe de futebol americano falavam frequentemente sobre os sites de pornografia que frequentavam e as coisas que tentavam com garotas.

Quando se encontrava com garotas nos fins de semana, Shawn as imaginava fazendo as coisas que via nos vídeos e, superando as próprias reservas, insistia que as meninas agissem como aquelas nos vídeos. Shawn notou que estava ficando dessensibilizado de corpo e alma. Atrair garotas para sair não era um problema, mas estava mais difícil para ele pensar em outra coisa, a não ser em sua gratificação sexual. Cercado por outros meninos que reproduziam as mesmas atitudes, ele praticamente desistiu do amor e se entregou aos prazeres de "pegar" meninas e ver pornografia, pois não conseguia imaginar coisas mais interessantes que essas.

A certa altura, Shawn percebeu que havia caído em uma espiral descendente. Como tinha um bom relacionamento com um dos treinadores mais jovens da equipe de futebol americano, ele pediu para conversar com o rapaz. Apesar de estar constrangido, ele sabia que precisava de ajuda e não queria recorrer a seus pais ou professores. O treinador respondeu sabiamente: ele normalizou o conflito de Shawn, dizendo que entendia como a pornografia pode ser viciante e que valia a pena fazer uma consulta com o conselheiro da escola a respeito de opções. A combinação afortunada da base afetiva sólida dada por sua família e de um treinador confiável permitiram a Shawn ser sincero consigo mesmo a respeito de sua conduta errática.

O que o adolescente esperava recuperar era o entendimento de que o sexo deve ser mais que um sentimento de alívio. As experiências desconectadas e voltadas à gratificação relatadas por garotos como Shawn tragicamente os impedem de compreender a sexualidade como um meio de se conectar com o amor. Embora pesquisas afirmem que meninos, assim como meninas, anseiam por relacionamentos românticos, um número muito alto deles é sobrepujado por essas forças danosas. Entre as normas da turma e as representações na mídia, meninos têm poucas alternativas para buscar visões mais saudáveis.

A ESPERANÇA POR TRÁS DA PEGAÇÃO

O desenvolvimento sexual dos meninos, às vezes, parece uma tempestade perfeita de forças convergentes. Eles são privados da proximidade física antes da adolescência, bombardeados por estereótipos de homens como feras sexuais movidas a hormônios, introduzidos ao sexo por meio da pornografia e, então, estimulados pela cultura machista da irmandade a ver as garotas como objetos de conquista. Essas visões conjuntas separam sexo de romance, reduzem os corpos dos meninos e de suas parceiras a objetos, sufocam sentimentos de carinho e reduzem a intimidade sexual a excitação e saciedade. Particularmente para meninos propensos a buscar estimulação, o sexo se torna outro pico de adrenalina.

Um desdobramento da revolução sexual que começou nos anos 1960 foi a cultura da "pegação". A liberação sexual popularizou o uso da pílula anticoncepcional, retardou a idade de se casar e liberou as mulheres e garotas para explorarem a sexualidade. Ao mesmo tempo, a média etária para o início da puberdade diminuiu, criando uma brecha de tempo em que os jovens têm condições biológicas para se reproduzir, mas não estão prontos para se estabilizar, segundo Kathleen Bogle, da Universidade La Salle.[12] Uma das consequências foi a pegação — "encontros sexuais breves e sem compromisso entre indivíduos que não são parceiros românticos nem sequer namorados" — se tornar a norma cultural, substituindo o namoro como a experiência sexual mais comum na adolescência.[13] Na fase universitária, 60 por cento a 80 por cento dos jovens já tiveram algum tipo de encontro sexual casual. Um estudo sobre jovens de 20 e 21 anos sexualmente ativos relatou que 70 por cento haviam feito sexo casual no ano anterior — em festas, residências, carros e outros lugares.[14]

Para explicar a parte masculina na cultura da pegação, cientistas sociais propuseram um híbrido de teorias biológicas e sociais. Os homens são programados pela evolução para estar sempre "caçando" parceiras sexuais distintas e frequentes. Como não engravidam e dificilmente correm o risco de uma violência íntima, eles são menos exigentes do que as mulheres.

Essa imagem do homem promíscuo e avesso a relacionamentos, porém, não passa de um exagero. Em um estudo liderado pelo doutor Justin Garcia, do Instituto Kinsey na Universidade de Indiana, 63 por cento dos homens (em comparação com 83 por cento das mulheres) preferiam "um relacionamento romântico tradicional, em vez de um relacionamento sexual sem compromisso[15]". Em outro estudo, quase a metade dos homens esperava que seus encontros sexuais levassem a um relacionamento romântico, e relatou que havia "tentado discutir a possibilidade de iniciar um relacionamento com sua parceira de pegação[16]." Ao contrário de como são retratados, os homens jovens não são tão adeptos do sexo sem vínculos. Um estudo descobriu que 72 por cento dos homens — em comparação com 78 por cento das mulheres — relataram sentimentos de arrependimento após encontros sexuais casuais.[17]

Ainda assim, o clichê cultural do homem com fobia de compromisso persiste. Para investigar *quais* rapazes são mais propensos a preferir sexo sem compromisso, um estudo fascinante realizado pelos pesquisadores Jennifer Shukusky e T. Joel Wade comparou relacionamentos românticos de meninos e meninas com os relacionamentos que têm com seus pais para determinar como eles influenciaram seus posicionamentos sexuais. Os pesquisadores tinham a hipótese de que uma pessoa jovem que tinha um relacionamento menos positivo com o genitor do sexo oposto teria mais propensão a preferir encontros casuais. No entanto, eles descobriram que esse relacionamento tinha mais influência sobre rapazes. Aqueles com menos apego pelas mães tendiam a evitar se apegar a mulheres posteriormente na vida. Assim, Shukusky e Wade chegaram à seguinte conclusão: "A qualidade do relacionamento da criança com o genitor do sexo oposto era o indicador mais forte de sua adesão à cultura da pegação[18]".

Embora faça sentido que a mãe exerça uma influência poderosa sobre as atitudes do filho em relação ao sexo oposto, muitos meninos, assim como suas mães, não se dão conta disso. Por exemplo, Brett era um estudante do ensino secundário que tinha muita experiência com garotas. Alto, atlético, simpático, com cabelos louros cortados à Justin Bieber, Brett era o tipo ideal para a maioria das mulheres. Porém, em uma sessão de aconselhamento entre pares, ele mencionou um dilema com a garota de que gostava. O relacionamento consistia principalmente em pegações e, embora ele soubesse que devia ir além disso, estava emperrado. Quanto mais sexo fazia, mais ele queria, a ponto de que pensava em pegação quase o tempo todo. Brett tinha medo de contar isso à garota e perdê-la, e não queria terminar esse relacionamento e começar tudo de novo com outra pessoa.

Perguntei se ele cogitaria ter sua mãe como mentora para tentar ter um relacionamento que fosse mais significativo e satisfatório. Ela se empolgou com a ideia de ajudar Brett nesse assunto importante, pois tinha saudades de sua antiga conexão. Embora ambos se sentissem um tanto embaraçados, ele ficou surpreso ao descobrir o quanto sua mãe podia ser compreensiva e prestativa. O adolescente gradualmente passou a ter controle sobre sua atividade sexual e, por fim, conseguiu dizer a sua parceira que queria mais nesse relacionamento — o que, afinal de contas, ela também queria.

Membros da família, professores e outros podem fortalecer a resistência de um jovem a valores egoístas e à sexualidade mecânica quando levam suas necessidades românticas a sério. Ele pode ser orientado a adotar essa busca por amor como um valor familiar. Sem ser intrusivos nem banalizar sua afeição, os pais podem ajudar um menino a reconhecer os sentimentos que tem por sua parceira. Suas atrações sexuais devem ser aceitas como naturais e saudáveis. Ele só precisa de um lugar seguro para se abrir sobre esses sentimentos.

MITOS E INFORMAÇÕES ERRADAS

Lamentavelmente, muitos meninos precisam passar por experiências dolorosas por causa dos mitos confusos propagados pela mídia inescrupulosa. Conforme Justin Garcia e sua equipe no Instituto Kinsey escreveram, "os enredos sexuais na mídia de entretenimento são exemplos exagerados de comportamentos levados a extremos, visando o sensacionalismo e a ativação de interesses guturais[19]". Um mito desse tipo é "todo mundo faz isso". Mas, na realidade, a atividade sexual na adolescência está de fato em declínio: a equipe de pesquisadores liderada pela psicóloga Jean Twenge examinou grandes levantamentos nacionais junto a um total de 8,4 milhões de adolescentes norte-americanos na faixa entre 13 e 19 anos e descobriu uma mudança drástica. Entre alunos da 9ª série, o número dos que disseram ser sexualmente ativos caiu de 54 por cento, em 1991, para 41 por cento em 2015. Ela escreveu: "Agora, 18 anos equivalem a 15 anos em um passado nada distante[20]".

Apesar dessas mudanças culturais, mitos sobre a hipersexualidade masculina persistem. Muitos meninos se sentem compelidos por estereótipos a desempenhar, em vez de se relacionar. O fenômeno do *"sexting"* — "a criação e transmissão de imagens sexuais por menores de idade e suas conversas a respeito" — mostra a discrepância entre a mitologia cultural e os meninos de verdade.[21]

Crenças disseminadas sobre a explosão do *sexting* são enganadoras, segundo o Centro de Pesquisa de Crimes Contra a Infância da Universidade de New Hampshire. Pesquisas mal elaboradas, terminologia inconsistente e a dificuldade de comparar estudos permitem que a mídia exagere o número de meninos que enviam imagens sexuais de si mesmos: 18 por cento — em comparação com 22 por cento das meninas —, segundo um levantamento realizado pela Campanha Nacional de Prevenção contra a Gravidez Não Planejada na Adolescência.[22] Em um estudo sobre a faixa etária de 12 a 17, realizado pelo prestigioso Pew Internet e American Life Project, apenas 4 por cento dos adolescentes disseram ter enviado fotos ou vídeos sugestivos de si mesmos, ao passo que somente 15 por cento disseram ter recebido material desse tipo.[23] Embora sua prevalência pareça impressionante, outra análise recente em grande escala de 39 estudos realizada entre 2009 e 2016, descobriu que 15 por cento dos adolescentes estavam praticando *sexting*, sendo que adolescentes mais velhos tinham maior probabilidade de enviar e receber do que os mais novos. Ou seja, é evidente que menos meninos enviam ou recebem imagens sexuais do que a mídia sugere. Em contraste, 53 por cento dos adultos relatam praticar *sexting*.[24]

Embora apenas um em cada sete adolescentes de fato intercambie essas imagens, 40 por cento dos estudantes afirmaram ter amigos que faziam *sexting*, e 27 por cento disseram que isso acontece "o tempo todo". A equipe de pesquisa do Centro de Crimes contra a Infância da Universidade de New Hampshire escreveu que, "embora o *sexting* pareça ocorrer entre uma minoria notável de adolescentes, há poucas evidências confiáveis de que o problema esteja tão disseminado conforme sugerem tantas reportagens na mídia[25]".

Tais exageros causam prejuízos ao desenvolvimento sexual dos meninos. Ao sair de casa, esses rapazes podem aderir ao que acreditam que todo mundo acha, ficando mais vulneráveis aos piores estereótipos sexuais. Um relatório recente da Associação Americana de Universidades (AAU) sobre o clima nos campi, baseado em um levantamento realizado pela empresa de pesquisas Westat, indicou que nas faculdades de elite um terço das moças nos dois anos iniciais do curso foram atacadas por rapazes.[26] Segundo Peggy Orenstein, autora de numerosos livros sobre garotas, a agressão sexual se tornou tão comum que "para muitas mulheres desde o ensino secundário à faculdade que conheci, tolerar um certo nível de desrespeito masculino era a entrada para a vida social. No decorrer do tempo, todas elas tiveram de criar estratégias para se livrar de um parceiro indesejado sem ofendê-lo. Uma garota confirmou que elas eram profundamente cuidadosas para não melindrar os sentimentos e a dignidade dos meninos, mesmo que o inverso não fosse verdadeiro[27]".

Alguns meninos simplesmente perdem toda noção sobre si mesmos, sem mencionar o quanto desrespeitam suas parceiras. Duas falsas ilusões parecem ser subjacentes a esses resultados: que homens têm "direito" a sexo e que é apropriado eles explorarem as mulheres. A raiz dessas atitudes está não só na cultura de pares, mas também em experiências na infância. Em certas famílias, atitudes de hipermasculinidade e até de supremacia masculina são entremeadas à sociabilização dos meninos. Os pais que reservam castigos físicos mais duros para seus filhos e ridicularizam suas manifestações de emoção e necessidade de conexão lhes ensinam, involuntariamente, a rejeitar e até a se indignar com todas as coisas femininas. Homens que depreciam ou controlam suas mulheres exemplificam uma falácia masculina antiquada que molda como seus filhos concebem os relacionamentos com mulheres. Infelizmente, muitos meninos crescem em lares nos quais atitudes hostis e depreciativas em relação a mulheres são a regra, o que condicionam seus relacionamentos na adolescência e na fase adulta.[28]

No entanto, apesar das manchetes, apenas uma minoria dos homens é infectada pelo germe da exploração sexual. Hormônios, condicionamento e cultura não predispõem os meninos à agressão sexual. Apenas 6 por cento dos estudantes do sexo masculino se tornam agressores sexuais na faculdade. O sociólogo Michael Kimmel identificou condições nos campi que aumentam a probabilidade de agressão sexual, incluindo: motivo (um senso de suposto direito a isso e o desrespeito por mulheres), oportunidade (espaços sexualizados como festas em fraternidades e alojamentos fora do campus) e apoio (um código de silêncio entre companheiros de equipe e de fraternidades, e políticas universitárias ambíguas). As descobertas de Kimmel de fato validam a integridade fundamental da maioria dos rapazes, que não se sujeitam a condições que subvertam sua humanidade.[29]

Para mitigar o impacto de normas masculinas danosas, os adultos devem fortalecer seu compromisso de ajudar os meninos a encontrar amor e proximidade. O perigo e o potencial do desenvolvimento sexual de um menino residem em seus relacionamentos. Sua coragem de se opor às normas degradantes dos pares e integridade para resistir a clichês masculinos dependem de sua conexão consigo mesmo — que é fortalecida e materializada em relacionamentos com os outros. O ponto de partida para ajudar um jovem a revelar seus sentimentos românticos é bem básico. Há alguns anos, algumas escolas para meninos e meninas na área de Filadélfia organizaram o que os estudantes chamaram de *Workshops* para Conscientização sobre Gêneros. Um colega e eu fomos convidados a conduzir os *workshops*. Cerca de cem adolescentes do ensino secundário compareceram naquele sábado pela manhã, exalando empolgação e energia. Começamos o dia selecionando um menino e uma menina e os convidamos a falar diante dos outros sobre "como é ser menino" e "como é ser menina".

Escolhi um garoto popular para falar primeiro, para que seu exemplo encorajasse o restante do grupo. Quando Brad se sentou diante dos outros adolescentes, alguns dos quais ele conhecia bem e outros não, fiquei impressionado com a atenção extasiada da sala. Para começar, fiz uma pergunta aparentemente fácil a ele: "Em sua opinião, qual é o lado bom de ser menino?" Mas ele não conseguia achar palavras para se expressar, gaguejava, enrubescia e suava sob o olhar de todos os presentes. Embora fosse penoso ver seu desconforto e embaraço, a compaixão do grupo era evidente pelos sorrisos calorosos. Em geral inquietos e falantes, os adolescentes ficavam petrificados à medida que Brad demonstrava que até meninos populares ficam travados quando tentam superar a barreira entre gêneros.

Os *workshops* proporcionam alguns *insights* importantes. Por mais difícil que tenha sido a experiência para ele, Brad firmou o compromisso de aprender a ser mais aberto com os outros. Durante o resto do dia, meninos e meninas seguiram seu exemplo e aproveitaram a oportunidade para falar sobre si mesmos. Nós percebemos que eles queriam fazer isso, mas não conseguiam progredir sozinhos por uma razão bem simples: meninos e meninas morrem de vontade de saber como é a vida uns dos outros, além das aparências falsas dos papéis previamente roteirizados e dos estereótipos nas redes sociais. O alto interesse das escolas fez esses *workshops* serem realizados por vários anos.

UM NOVO PARADIGMA

Como o condicionamento restringe suas oportunidades de proximidade à medida que crescem, os meninos têm uma inexperiência e insegurança evidentes quando tentam estabelecer ligações românticas. Uma equipe de pesquisadores da Universidade Estadual de Bowling Green, em Ohio, descobriu que, em vez da imagem confiante e dominante retratada pela mídia em geral, os meninos relataram níveis bem mais baixos de confiança nos estudos e "maior dificuldade de comunicação em relacionamentos românticos[30]". Como mais de 80 por cento dos adolescentes norte-americanos têm alguma experiência romântica antes dos 18 anos, o apoio a meninos em busca de uma ligação romântica não pode ocorrer cedo demais. A história a seguir ilustra o que pode acontecer com um menino se a experiência romântica for boa.

Will era quase tão alto e forte quanto um jogador profissional de futebol americano. Seu potencial como atleta de ponta já era notado por treinadores no ensino médio e estimulado por seu pai, que fora um atleta de destaque na faculdade. Mas quando o pai de Will teve um ataque cardíaco e morreu o mundo do adolescente desabou. Sua mãe passou a ter depressão, e Will não conseguia mais manter o foco no futebol, pois estava em choque por sua vida ter-se tornado tão vazia. Então, certo dia, a prostração o imobilizou e ele não conseguia mais se levantar da cama nem ir à escola. Will tirou uma licença médica de um ano, continuando os estudos em uma escola alternativa enquanto procurava uma saída para seguir em frente.

Will tinha conhecido Annie em uma festa e ficou atraído por sua doçura, no que foi correspondido. Eles gostavam de conversar e passaram a trocar mensagens de texto regularmente. Ela soube da morte do pai dele e estimulou Will a se abrir sobre seus sentimentos mais difíceis. Ele descobriu que não precisava fingir com ela e podia mostrar todo o seu abatimento.

Annie não só queria saber como ele estava indo, mas também compreendia seu desgosto e sua tristeza acabrunhante, oferecendo pleno acolhimento. Em princípio com as mensagens de texto e depois com telefonemas todas as noites, ele foi se apegando cada vez mais a ela. Passavam horas conectados após fazer os deveres de casa.

Eu conheci Will quando ele voltou para a escola original e entrou no grupo de aconselhamento entre pares, onde contou a história de seu relacionamento de três anos com Annie. Ele não economizou palavras a respeito do impacto causado pela garota: ela salvara sua vida. O apoio e os seus cuidados o ajudaram em seus momentos mais sombrios. Enquanto ele falava, eram evidentes seu compromisso e sua gratidão profundos. Ele admitiu que haviam se tornado parceiros sexuais, mas insistia que o mais importante no relacionamento era o quanto se importavam profundamente um com o outro. Ele a amava e encontrava alento no amor que ela lhe devotava. Seu respeito por Annie era palpável.

A história de Will tocou todos os membros do grupo. A ternura que ele sentia, sua atitude protetora em relação ao relacionamento do casal e sua franqueza de estar amando mexeram muito com os outros meninos. Alguns tiveram inveja e outros sentiram empatia, mas todos reconheceram a sorte que ele tinha. Seu relacionamento com Annie o havia tirado do poço e dado um novo sentido à sua vida. O que tornava a história de Will especialmente comovente era como ele encarnava o respeito e a vulnerabilidade. Quando esse cara grandão, um protótipo masculino clássico, falava sobre Annie, ficava evidente a igualdade emocional que eles haviam estabelecido no relacionamento. Will dava poucos sinais de cavalheirismo antiquado ou de achar que precisava proteger sua parceira por ser "mais fraca". O que os pesquisadores Peter Glick e Susan T. Fiske caracterizaram como "sexismo benevolente" — estreitamente correlacionado a uma forma mais hostil que tende a aparecer quando uma mulher não se adapta às expectativas tradicionais de seu papel — não distorcia a consideração de Will por sua parceira.[31] Seu exemplo salientava o quanto um jovem se beneficia quando considera sua parceira uma igual .

Embora essa história seja um exemplo especial de apego adolescente, pode-se fazer uma observação mais geral de como os colegas de Will reagiram: os meninos têm capacidade igual à das meninas para entregar seus corações. Assim como a verdade sobre meninos e sexo é bem diferente dos estereótipos disseminados, há um descompasso flagrante entre como eles são retratados e como de fato se comportam em ligações românticas. O que Will vivenciou representava o que vários outros meninos também sentiam, embora alguns tenham mais dificuldade para pôr em prática seus desejos.

Quando um menino está bem ancorado em um apego forte a um dos pais, é mais provável que sua busca por uma parceira romântica seja sadia e sem rodeios. Como exemplo, Gregory foi criado basicamente pela mãe, de quem era muito próximo; seu pai havia largado o casamento por causa de outra mulher, mudou-se para outro Estado e não mantinha contato frequente. Embora, às vezes, sentisse falta de ter um pai em sua vida, Greg sabia que era a prioridade de sua mãe. Com o salário dela de professora em uma escola paroquial, eles tinham uma vida confortável de classe média. Greg apreciava a convivência fácil entre os dois; ele a tratava bem, desde cedo aprendera a ser um faz-tudo em casa, e agradecia todos os esforços da mãe por ele, ao passo que ela se manteve muito disponível até a adolescência do filho. Greg contava para a mãe tudo o que acontecia em sua vida, incluindo quando teve a primeira namorada.

O relacionamento dele com a garota foi evoluindo de afagos, beijos e mãos dadas até carícias mais íntimas. Greg parecia perfeitamente à vontade com tudo isso, deitando-se com a namorada no sofá de casa enquanto viam televisão com sua mãe, que ficava sentada em uma poltrona por perto. Durante uma sessão individual em meu consultório, ela explicou que, embora muitas vezes ficasse incomodada, percebia que a descontração do filho significava uma atitude saudável em relação à própria sexualidade. Ela até se orgulhava por ele não esconder seus sentimentos amorosos nem seu interesse por proximidade. Na realidade, ele estava ansioso para integrar a namorada ao convívio familiar. Greg fazia a relação amorosa parecer absolutamente natural, e sua mãe, apesar dos próprios problemas conjugais, se sentiu mais tranquila ao ver que o filho conseguia se envolver totalmente com alguém.

No alarido dos estereótipos sensacionalistas sobre meninos, não se ouvem com muita frequência histórias como a de Greg, que demonstram tanta pureza, e menos ainda exemplos de pais como a mãe de Greg. Mas essa é uma faceta do desenvolvimento crucialmente importante para a felicidade plena de um garoto. Quando as experiências de ligação romântica de um jovem estão enraizadas em um relacionamento forte e aberto com pelo menos um adulto influente — cuja função principal não é dirigir, mas testemunhar, acompanhar e validar —, há mais probabilidade de ele se manter em uma trilha saudável. Ajudar garotos a resistirem aos mitos da masculinidade é uma função de seus pais e mentores.

As mães enfrentam desafios especiais com os filhos. A mãe de Greg acreditava no estereótipo cultural de que uma mulher não deve se imiscuir na sexualidade de um garoto em desenvolvimento. Assim, achava que era melhor deixá-lo à vontade e rezar para não ter estragado sua masculinidade por causa de um excesso de minúcias ou preocupações exageradas. Deixem os hormônios tomarem conta, encorajem os meninos a serem meninos! Mas algo a incomodava nessas mensagens estereotipadas, pois ela acreditava que conhecia seu filho. Afortunadamente, seu vínculo especial, forjado quando o pai abandonou a família, permitiu que Greg lhe mostrasse que ela tinha razão.

A fim de se envolver nessa parte da vida dos meninos, os pais ou um mentor inicialmente, podem tentar romper o silêncio em torno do assunto. Com meninos suscetíveis a um potencial embaraço ou resistentes a tentativas alheias de interferir, julgar ou controlar suas escolhas, os pais precisam entender que têm um novo papel. A questão não é a necessidade deles de saber o que está acontecendo com o garoto, mas sim o interesse *nele*. Diariamente — no café da manhã, a caminho da escola, vendo televisão à noite ou passando pelo quarto dele para dar boa noite —, eles podem aproveitar as oportunidades para consolidar um relacionamento que fortaleça os valores fundamentais do garoto durante seu desenvolvimento sexual.

Se o relacionamento já esfriou há algum tempo, em vez de começar por um assunto delicado, é preciso que os pais formem um capital relacional. Essa, aliás, pode ser uma etapa agradável: ver um menino se abrir quando percebe que seus pais estão, genuinamente, interessados no que lhe é relevante e só querem saber como ele está. Uma mãe me contou que achou uma maneira fácil de ter mais intimidade com seus três garotos: em dias que foram puxados com as práticas esportivas e os deveres escolares, ela esfrega as costas deles à noite. Durante esse momento cálido e descontraído, os meninos acham natural despejar tudo o que está em suas mentes. Ela tem a estratégia de não mencionar depois o que foi partilhado, deixando a critério deles se querem tocar novamente no assunto.

Após o garoto descobrir — ou redescobrir — o valor de partilhar sua vida com o pai, a mãe ou um mentor, e sentir que se abrir não resultará em conselhos, críticas ou controle indesejados, o relacionamento tolera questões mais espinhosas. O ditado "em time que está ganhando, não se mexe" deve prevalecer, mas pais vigilantes podem reservar um assunto para ser discutido depois. Em geral, garotos adolescentes percebem quando os pais buscam mitigar as próprias ansiedades, mas um convite para partilhar o que acham de suas vidas transmite um interesse mais focado neles.

Uma maneira útil de intervir com meninos cujas explorações da sexualidade se tornaram confusas ou empacadas é concentrar-se menos em corrigir seu comportamento do que no poder de escutar, para que eles se corrijam por conta própria.

- Inicialmente, os pais devem estabelecer uma conexão forte o suficiente para que o filho consiga falar sobre suas experiências íntimas. Contar as próprias histórias, comentar as notícias atuais ou eventos populares e fazer perguntas fáceis, representam um primeiro passo para envolver o garoto. Tentar abordar assuntos mais difíceis sem a participação voluntária do garoto só resulta em resistência ou concordância superficial.
- Quando o garoto sinaliza que se sente seguro o suficiente para falar sobre si mesmo, o segundo passo dos pais é introduzir com muito tato o assunto que os preocupa, porém, abstendo-se de criticar ou fazer um sermão. A meta não é dizer ao menino o que pensar, mas melhorar sua capacidade de pensar por si mesmo. Perguntas como estas facilitam a comunicação: "Você conheceu alguém com quem se importa de verdade?" "O que mudou quando vocês passaram a ter mais intimidade física?" "O que você acha da pornografia?"
- Muitos pais se preocupam em não invadir a privacidade do filho, porém acabam invadindo-a, pois isso é *necessário* para o filho, mesmo que ele não costume dizer "obrigado por se interessar por mim". Naturalmente, as perguntas devem ser isentas de críticas, comentários embaraçosos e mera curiosidade. Um garoto adolescente se ressente quando os pais o pressionam para agradar a eles.
- A hora e o lugar podem determinar como essas perguntas serão recebidas. Os pais devem se lembrar de que há muita coisa acontecendo na vida do menino e escolher um momento em que ele esteja relativamente à vontade e possa aceitar um convite para partilhar e refletir. A mãe que esfrega as costas dos filhos percebeu que eles passaram a ansiar por essas ocasiões para partilhar seus fardos com ela. Outros pais relatam que a ida e volta de carro da escola, jogar uma pelada ou videogames são ótimas ocasiões para o menino relaxar e se abrir.
- O passo final é escutar, enquanto o menino responde à pergunta ou ao estímulo. Se ele ficar na defensiva, é um sinal de que o tom dos pais ou a intenção subjacente à pergunta o fez recuar. Pais devem afirmar

sua fé no filho e assegurar que a intenção não é criticar. A meta é que o menino revele o que pensa e se está envolvido com alguém que o conheça profundamente e partilhe seus valores fundamentais. Os pais não precisam resolver diretamente o problema que está atormentando o filho, pois, isso pode reforçar o sentimento de impotência dele. Quando têm apoio e oportunidade para se abrir, muitos meninos conseguem resistir melhor a pressões culturais e dos pares.

Quando pais ou mentores entendem seu papel e seus limites, o menino pode vir a compreender o que quer e se vale a pena investir em alguém. Tomemos Mishka, de 14 anos, como exemplo. Ele era o tipo de menino que não se comprometia realmente com nada: um aluno decente, mas que não se aplicava para valer; um atleta talentoso, mas que tendia a ceder sob pressão; preocupava-se mais em ser popular do que em ter amigos de verdade. Em relação às garotas, era mais importante se gabar com os outros meninos do que expressar genuinamente sua afeição. Trocava facilmente de namorada e nunca ia além do nível mais superficial de apego.

Por fim, o jovem ministro de sua igreja notou esse padrão e resolveu falar com ele. Em um retiro durante um fim de semana, ele chamou Mishka de lado e disse: "Você é tão caloroso e interessante, mas nunca dá chance para as meninas o conhecerem bem. Você tem medo de alguma coisa?" Quando me contou a história posteriormente, o ministro ainda estava emocionado com a resposta de Mishka. Com os olhos cheios de lágrimas, o adolescente acabou admitindo: "Eu não sei como fazer isso". Considerando a resposta como um convite para continuar investigando, o ministro perguntou delicadamente por que ele não confiava em si mesmo. Mishka contou que não tinha certeza de nada em relação à sua sexualidade, o que o deixava envergonhado, então passou a mascarar seus sentimentos por trás de uma falsa confiança e por apegos superficiais apenas em busca de *status*.

O resultado é que, ao longo de vários anos, o ministro o orientou a reconhecer a própria bondade, a seguir seu coração e os de seus pais e a ter mais abertura para explorar seus sentimentos sexuais. Mishka conheceu uma garota a quem respeitava o suficiente para ser sincero. Seus sentimentos por ela se intensificaram com o aumento da proximidade, e ele descobriu até alguns mais profundos, incluindo a atração. Seu medo e inexperiência haviam distorcido sua capacidade de compreender a si mesmo.

Um sinal de advertência para pais e mentores de que um menino precisa de ajuda é sua dependência de pornografia. Mas, especialmente se essa questão raramente é discutida, os pais talvez tenham dificuldade para distinguir a mera curiosidade da compulsão.

No entanto, eles podem procurar algum indício do vício em pornografia: piora no desempenho escolar e nas atividades; retraimento; muito tempo sozinho no quarto, em geral com a porta fechada ou trancada; irritabilidade e até hostilidade quando os limites que o garoto impõe são violados. Nesse caso, a preocupação é menos com a quantidade de uso, do que com o efeito disso sobre o funcionamento geral.

Quando notam problemas, mães e pais devem confiar em seus instintos e intervir, porém sem culpar nem condenar. Validar a solidão e a aspiração do garoto ou o desânimo ou a timidez em um romance, demonstra sua disposição de estar com ele nas trincheiras desafiadoras da adolescência. Um menino que encontra compreensão e absorve a confiança dos pais pode ficar empoderado para se livrar dos fardos que o deixam empacado e tentar de outra maneira.

A história de Ari e sua mãe, Ruth, ilustra os desafios e as possibilidades quando os pais resolvem ajudar o filho a desenvolver uma sexualidade saudável. Ruth me procurou com uma pergunta urgente. Como monitorava discretamente o celular e o computador de seu filho, ela descobrira um número crescente de mensagens explícitas trocadas com garotas de sua escola, gabolices grosseiras com outros meninos e referências pornográficas a atos sexuais. A gota final foi uma troca de mensagens com uma mulher adulta que trabalhava na padaria dela e cuja vida sexual andava mal. Nas mensagens que Ruth interceptou, a mulher estimulava Ari a descrever atos sexuais que gostaria de fazer com ela.

Ruth se sentiu perdida. Sua pergunta "Isso é normal?" refletia a insegurança que sentia como mãe solteira criando um adolescente. Em primeiro lugar, assegurei que ela podia confiar em si mesma. Não havia segredos que só os homens soubessem sobre criar um bom menino. Ela precisava no mínimo confrontar sua funcionária e impor um limite firme a Ari sobre como expressar sua sexualidade. Assim, a mensagem que ela transmitiu foi que o amor e o corpo dele eram preciosos. Seus anseios sexuais não deviam ser explorados por outras pessoas que tinham menos respeito pelos próprios anseios.

Além da pornografia, outras coisas podem fazer os meninos ficarem em apuros. Outra armadilha comum é buscar apenas marcar pontos. "Pegadas" casuais aleatórias não são necessariamente sinais de um problema. Meninos e meninas agem movidos por sua curiosidade natural e a disposição para explorar o desejo sexual sem a bagagem de um compromisso, mas os pais devem observar se as experiências deles são sempre efêmeras, superficiais e voltadas à gratificação imediata. Um garoto pode estar evitando a intimidade por algum motivo. Ele pode estar relutante ou incapaz de entregar seu coração por medo de não ter nada interessante para oferecer a uma parceira. Experiências mais profundas e satisfatórias, que desenvolvam uma linguagem para os sentimentos e a capacidade de se importar, fazem parte do desenvolvimento sexual de um menino.

Apoiar um jovem que está empacado nessa área requer intervir com compaixão, compreensão e confiança. O adulto deve ter em mente como é fácil os meninos ficarem envergonhados e se fecharem ou, pior ainda, defenderem seu comportamento compulsivo. Muitos meninos ficam gratos a um adulto que crie as condições para que possam reconhecer o que estão fazendo. Às vezes, basta perguntar ou fazer uma observação. Em outras, o isolamento e a vergonha do menino podem ser aliviados se o adulto contar uma experiência própria. Aliás, a maioria de nós tem muitas coisas para partilhar nesse sentido.

Tom e Tommy, seu filho, passavam bastante tempo juntos, então quando o garoto entrou na adolescência eles já tinham um relacionamento sólido. Tom apreciava a maturidade e o interesse recentes do filho por tópicos mais amplos, e também tinha uma relação de companheirismo profundo com sua mulher. De repente, Tommy deixou de jogar videogames com os camaradas para entrar de cabeça em um relacionamento sério na 8ª série. Mas a namorada achava sua dependência do relacionamento sufocante e resolveu deixá-lo para ficar com outro colega de classe, o que despertou níveis inusitados de raiva e mágoa em Tommy. Felizmente, pai e filho faziam percursos longos de carro para jogos de futebol. Certo dia, Tom perguntou a Tommy como ele estava lidando com o fim do namoro. Tommy disse o quanto queria uma parceira próxima, o quanto admirava a relação de seus pais e que estava desesperado para se encontrar. Tom decidiu desmistificar como conseguira um relacionamento conjugal firme e contou algumas rejeições e decepções que tivera em sua vida. Nessa conversa aberta, Tom assegurou ao filho que ele acabaria se saindo bem. Encontrar uma parceira não era uma corrida. Nessa etapa, o importante era ele aprender mais sobre si mesmo e seus valores, incluindo como se recuperar das decepções.

Não importa se o adulto é o pai, a mãe ou um mentor; o fato é que esses exemplos ilustram o poder de uma conexão sólida para fortalecer a resistência de um menino às normas distorcidas e pressões que podem impedi-lo de ter um relacionamento satisfatório. Em razão de circunstâncias acabrunhantes, Will entendeu claramente que precisava de alguém que se importasse com ele e lhe desse um apoio emocional genuíno. Shawn também pôde contar com um treinador para deter sua compulsão por uma sexualidade desumana. Com algumas cutucadas certeiras, Brett também descobriu que podia alavancar as conexões a um patamar mais alto. A mãe de Ari e o pai de Tommy aproveitaram seu relacionamento forte com os filhos para ajudá-los em momentos difíceis que poderiam ter consequências sérias.

Descobrir o amor e estabelecer uma parceria romântica são tarefas que fazem parte do desenvolvimento dos adolescentes. Quando eles entram nessa fase repleta de estereótipos masculinos distorcidos e tentações perigosas, é natural que fiquem confusos e, às vezes, totalmente perdidos. Como um adolescente quer pensar por si mesmo, a maior contribuição de quem quer ajudar é conhecê-lo a fundo e amá-lo. Os efeitos protetores da conexão e da escuta podem fortalecer o compromisso de um garoto com o amor e a proximidade. Sabendo que tem alguém a seu lado, ele se torna confiante de que encontrará as respostas certas em seu próprio coração.

CAPÍTULO 7

MENINOS E SEUS CORPOS — ESPORTES E SAÚDE

A relação dos meninos com seus corpos é moldada por aquilo que aprenderam sobre a masculinidade. Por outro lado, a autopreservação é um instinto *humano* fundamental, a base da integridade de uma pessoa. Mas esse instinto é prejudicado por normas sociais que estimulam os meninos a suportarem a dor, a sacrificarem sua saúde por metas impessoais e a agirem como se fossem máquinas indestrutíveis. Muitos meninos atendem ao chamado para usar seus corpos de maneiras inconsequentes, o que só lhes causa mal.

A identidade de uma criança começa com o próprio corpo. Enquanto aprendem a ser "meninos", mensagens culturais sobre como devem se vestir, comer, se exercitar, correr riscos, dormir, se cuidar e assim por diante exercem um efeito profundo. Talvez a maioria dos pais acredite que a biologia masculina rege o comportamento masculino e que as diferenças observadas entre meninos e meninas, especialmente em termos físicos, resultam dessas causas biológicas. Mas após décadas de pesquisas sobre diferenças entre os sexos — "um dos tópicos mais pesquisados" em psicologia, sociologia e ciências políticas, segundo a socióloga australiana Raewyn Connell —, não foram descobertas evidências que corroborem essa crença.[1] A psicóloga Janet Hyde, da Universidade de Wisconsin, analisou mais de quinhentos estudos envolvendo 7 milhões de participantes e comprovou que a maioria das diferenças de gênero relatadas nos estudos era pequena ou inexistia.[2] Com base nessa evidência, Connell declarou: "A maior descoberta após cerca de oitenta anos de pesquisa é a enorme *semelhança* psicológica entre mulheres e homens[3]".

Apesar dessa semelhança fundamental, desde o momento em que fetos ou recém-nascidos são identificados como meninos ou meninas, seus corpos são usados como base para diferenciá-los. O sistema de gêneros, em geral depende de corpos, partindo de uma série de suposições sobre o que diferentes tipos de corpos representam. Com base nessas representações, sentido, identidade e maneiras de se relacionar com crianças são embutidos em práticas em ampla escala e perpetuadas por sucessivas gerações.

As crianças, porém, são mais do que meros receptáculos desses sentidos e práticas. Pesquisas mais recentes mostram que nem a ideia do corpo como máquina, impulsionado por forças biológicas, nem o corpo como tela em branco, no qual a sociedade pinta o gênero, fazem jus à forma altamente interativa na qual cada criança molda sua identidade. Connell dá o exemplo dos saltos agulha, que, embora causem dores nos pés e na coluna, continuam sendo usados por mulheres jovens que seguem os padrões da moda e gostam do efeito causado por esse artifício. Em outro estudo sobre um fisiculturista, Connell descreve os esforços do jovem para se esculpir e se tornar um símbolo da perfeição masculina, para mostrar como os meninos "absorvem" as normas de gênero e moldam seus corpos de acordo.[4]

Pais e outros que cuidam de meninos sabem o quanto esse processo interativo pode ser prejudicial para a saúde, portanto, precisam ficar de olho nos meninos e intervir quando necessário.

CUIDANDO DE SI MESMOS

Por mais mórbido que pareça, o fato de que o sexo masculino tem taxas mais altas de mortalidade do que o sexo feminino nas quinze principais causas de morte (exceto o mal de Alzheimer) deve servir de ponto de partida. O que podemos concluir diante desse fato? Como a masculinidade convencional exerce tamanha influência nociva?

Há muitos exemplos de descompasso entre as normas masculinas e as necessidades corporais dos meninos. Prestando-se ao ideal de ser "o sexo forte" — robusto, durão e autoconfiante —, os meninos adotam atitudes e comportamentos nocivos à própria saúde. O psicólogo Will Courtenay dá o exemplo do câncer de pele para comprovar isso. Segundo os CDC, os homens têm o dobro da taxa de mortalidade em virtude do câncer de pele em comparação com as mulheres. Mesmo assim, eles contrariam a lógica e evitam muito mais o uso de protetor solar do que as mulheres, seguindo o chamado mais estridente e urgente para demonstrar que são durões. Conforme Courtenay escreve, "os homens não se preocupam com a saúde; são invulneráveis a doenças; aplicar cremes e loções no corpo é um passatempo feminino; homens masculinos não têm 'frescuras' com seus corpos[5]".

Outro exemplo é o uso de cintos de segurança por homens jovens. Segundo a Administração Nacional de Segurança do Trânsito em Rodovias (NHTSA), que lançou em 2018 uma campanha especial de verão visando o segmento masculino da população norte-americana, 10.418 passageiros sem cinto de segurança morreram em 2016, dos quais 44 por cento eram homens na faixa etária entre 18 e 34 anos. Do total de mortes no trânsito, a NHTSA estima que 2.500 vidas teriam sido salvas se as pessoas estivessem usando cinto de segurança.[6]

A indiferença ao próprio corpo não tem origem nos meninos. Tomando o exemplo dos cânceres mais comuns em homens e da vacinação preventiva, as escolhas dos rapazes refletem as atitudes de suas famílias e dos profissionais de saúde. Os CDC estimam que 70 por cento dos cânceres de boca e garganta contraídos por homens são causados pelo papilomavírus humano (HPV) que, com quase 13 mil casos anuais, iguala a incidência de câncer cervical em mulheres. A exposição ao HPV hoje é, virtualmente, inevitável para adolescentes sexualmente ativos, com 80 por cento das pessoas expostas em algum momento em suas vidas e 20 por cento a 30 por cento dos adolescentes infectados a qualquer momento.[7] A vacinação faz uma grande diferença. Um estudo em 2016 descobriu que em dez anos, desde que a primeira vacinação foi realizada, as taxas de infecção por HPV tiveram uma queda de até 90 por cento em países com programas de imunização compulsórios, como a Austrália.[8]

Nos Estados Unidos, porém, 60 por cento dos adolescentes iniciam a série de vacinação, um salto de 30 por cento em relação à década passada. As taxas de vacinação masculina são mais baixas do que as de mulheres por várias razões. Quando a vacina contra o HPV foi lançada pela gigante farmacêutica Merck, o marketing visava as garotas, já que virtualmente todos os diagnósticos de câncer cervical podem ser atribuídos ao HPV. Quando pesquisadores investigaram por que pais optam por não vacinar os filhos, a razão mais comum era que suas operadoras de saúde nunca haviam sugerido isso. De fato, a vacina passou a ser recomendada para garotas em 2006, mas somente em 2011 a recomendação também se estendeu aos garotos. Havia uma crença geral de que ela não era necessária para meninos, além da preocupação de que estimulasse sua promiscuidade sexual.⁹ Em consequência, dados de 2016 revelaram que, enquanto a cobertura vacinal aumentou de 7,8 por cento, em 2011, para 27 por cento, em 2016, entre homens, a taxa era de 48 por cento entre as mulheres.¹⁰ Em sua negligência para passar protetor solar e tomar vacinas cruciais, fica evidente a interação complexa entre normas masculinas, cuidadores e os rapazes que têm uma ampla gama de comportamentos que aumentam os riscos de doenças, ferimentos e morte. Obviamente, os próprios meninos têm uma parcela de culpa, mas será que eles fariam tais escolhas insensatas sem as incitações culturais para agir dessa maneira? Uma análise recente liderada pelo especialista em hebiatria, ou medicina dos adolescentes, David Bell, do Centro Médico da Universidade Columbia, concluiu: "Em comparação às meninas, os rapazes adolescentes têm mortalidade mais alta, cuidam-se menos em geral e apresentam níveis altos de necessidades insatisfeitas¹¹". O estudo confirmou que quanto maior a adesão a normas masculinas maior é a probabilidade de um jovem ter hábitos nocivos à saúde. Eles consomem mais substâncias tóxicas, como bebidas alcoólicas e tabaco, dirigem de maneira mais irresponsável e se envolvem em sexo de alto risco e em outros tipos de atividades perigosas com maior frequência que as garotas.

O grupo etário com a maior lacuna referente a gênero e saúde é o de 15 a 24 anos, no qual 75 por cento das mortes são de homens. Homens têm o triplo de probabilidade das mulheres de morrer em virtude de ferimentos ocorridos em veículos motorizados ou bicicletas, em esportes, em quedas ou por lesões na coluna vertebral ou lesões cerebrais traumáticas. Homens também têm quatro vezes mais probabilidade de cometer suicídio do que mulheres. Em 2014 a taxa de suicídio na faixa etária entre 10 e 14 ultrapassou sua taxa de mortalidade por motivos de acidentes de trânsito, dobrando nos cinco anos posteriores a 2009. Do total de suicídios nessa faixa etária, dois terços eram meninos. Segundo os CDC, a alta pode ser em parte atribuída à nova cultura das redes sociais, na qual a humilhação pública é mais profunda e disseminada.¹²

Mas o fato de que os meninos são incitados a não usar protetor solar e a fazer escolhas nocivas para a saúde é apenas a metade da história. Mesmo no sistema público de saúde os cuidados com eles são influenciados por atitudes relacionadas a gênero. O diagnóstico e tratamento do déficit de atenção com hiperatividade em crianças resultou no dobro de meninos, em comparação com meninas, tendo de tomar medicamentos estimulantes —, sobretudo, se são de famílias de baixa renda. As prescrições médicas para TDAH aumentaram vinte vezes nos últimos trinta anos, com os CDC relatando crescimento constante de 7,8 por cento dos meninos, em 2003, para 9,5 por cento em 2007, e para 11 por cento, em 2011. Segundo o psicólogo L. Alan Sroufe, essa abordagem às diferenças de atenção, baseada em um suposto "defeito inato" detectado em tomografias cerebrais, tem falhas. Ele argumenta que, "embora o funcionamento cerebral seja mensurado, esses estudos não esclarecem se as anomalias observadas já estavam presentes no nascimento ou se resultaram de um trauma, estresse crônico ou outras experiências na primeira infância[13]".

Parte do estresse advém do fato de os meninos serem estimulados a pensar em seus corpos de maneira instrumental, não conectada. Segundo os roteiros culturais, os corpos masculinos são ferramentas — meios para um fim. Em brincadeiras brutas, competição desabrida e jogos militares constantes, meninos tendem a seguir a ideia de que o que importa são os papéis que desempenham, não seus corpos ou seu âmago. Exposição a riscos, falta de cuidado pessoal e índices de acidentes e mortalidade refletem o quanto eles desempenham seu papel à risca: 70 por cento das mortes prematuras de homens são atribuíveis a padrões comportamentais estabelecidos durante a adolescência, segundo a Organização Mundial de Saúde (OMS).[14]

Desde o início do meu primeiro trabalho como conselheiro, vi muitos meninos cujo comportamento os colocava em risco. Timmy foi um exemplo de como um menino pode ser geralmente meigo e ingênuo, mas se torna imprudente e feroz nas ruas de seu bairro. Quando o conheci, ele tinha 11 anos, morava com a avó em um bairro da classe operária, com casas geminadas, e frequentava a escola paroquial diante de sua casa em uma rua estreita. O diretor da escola, que estava preocupado com a falta de exemplos masculinos na vida do garoto e com a atração exercida pelas ruas, o encaminhou para o aconselhamento. Quando eu estava com Timmy, ele era ingênuo, franco e meigo, e adorava ver programas com animais na televisão.

Ao longo dos anos antes de sair da 9ª série e entrar na escola profissionalizante, Timmy ia a um parque por perto à noite e frequentava as quadras de basquete e campos de beisebol no centro de recreação nas imediações. As brigas de sua turma com grupos de outros playgrounds gradualmente se tornaram mais violentas e frequentes. Perguntei a ele se sentia medo durante as brigas. Sem bravata, ele disse que não, e que seu apelido era

Marblehead, uma brincadeira com seu sobrenome que transmitia o quanto ele era resistente a golpes. "Eu nunca sinto nada", explicou. Em referência a jogos de futebol americano e hóquei na rua, ele disse também: "Adoro bater". Perguntei o que isso significava e ele explicou que sentia um "alívio" quando derrubava ou refreava outro jogador. Timmy havia descoberto um escape aceitável para sua raiva. A socialização masculina treina os meninos para se desconectarem de seus corpos e considerá-los, principalmente, como algo a ser usado em esportes, no trabalho e em encontros sexuais. O importante é que o corpo funcione bem e não atrapalhe. Assim, a fim de atingir metas, muitos meninos se desconectam tanto de si mesmos a ponto de nem registrar a dor.

O QUE ESTÁ EM JOGO NOS ESPORTES

Historiadores de esportes correlacionam a popularidade crescente dos esportes coletivos e do treinamento atlético ao temor no final do século XIX de que os meninos estivessem se "suavizando". Como os limites de gênero estavam se diluindo mais em consequência da mudança de papéis na família e no trabalho, passou a haver maior ênfase na superioridade física masculina e uma explosão na popularidade dos esportes.

"Uma onda maciça em prol de saúde e atletismo estava no auge em todo o país, com homens tentando compulsivamente desenvolver físicos viris para demonstrar que tinham as virtudes inerentes à masculinidade", escreveu Michael Kimmel em sua obra sobre história cultural *Manhood in America*.[15] Praticar esportes toca um nervo profundamente prazeroso. Os esportes empoderam jogadores que descobrem novas habilidades e desenvolvem novas capacidades, ganhando os aplausos de treinadores, companheiros de equipe e torcedores. O jogo pueril representa um contraste encantador com as pressões da escola, do trabalho e da vida social. Os esportes dão espaço a impulsos instintivos profundos e proporcionam prazeres viscerais. Conforme explica o sociólogo de esportes David Whitson, "a junção de força e habilidade, embora breve, seja no *home run* em uma partida de beisebol, na tacada perfeita no golfe, no passe cruzado ou no 'fluxo' em uma corrida *cross country*, é em grande parte o que torna os esportes tão populares[16]".

Além da pura alegria de se movimentar e tentar proezas que envolvem força e habilidade, os elos do trabalho em equipe são outro prazer propiciado pelos esportes. Oportunidades para partilhar abertamente emoções profundas explicam por que os rapazes se agarram aos esportes pelo máximo de tempo possível. Muitos até acham os esportes mais estimulantes do que desafios acadêmicos ou profissionais. Assim, dedicam suas vidas aos esportes, só assumindo relutantemente outras responsabilidades da idade adulta. Embora considerados um campo de treinamento para a masculinidade, os esportes na verdade podem prolongar a infantilidade. Para alguns atletas que são astros no ensino secundário ou na faculdade, não há coisa melhor.

No entanto, por mais envolventes que sejam os esportes, sua função primordial é ser um campo de treinamento para a masculinidade tradicional. Para meninos em escolas e bairros, praticar um esporte pode estabelecer e reforçar a primazia masculina. Quando ser "o melhor" confere um *status* especial, a busca pelo êxito esportivo pode dominar a vida dos garotos.

Apesar da ascensão das mulheres no atletismo, os esportes continuam sendo um bastião dos valores masculinos tradicionais. Jogar "apesar da dor" e se sacrificar "pela equipe" são pilares no treinamento esportivo de meninos. O sociólogo de esportes Don Sabo, do D'Youville College, em Buffalo, fala de um "princípio da dor", no qual a disposição de um jogador para "engoli-la" é uma medida de sua masculinidade. Os próprios jogadores, assim como treinadores e companheiros de equipe, criam culturas de negação sobre os custos reais e as consequências de jogar apesar dos ferimentos. Os esportes incutem as normas da masculinidade tradicional ensinando os meninos a reprimir sentimentos de vulnerabilidade, a limitar o êxito à vitória, a machucar os outros como uma parte legítima do jogo, a suportar estoicamente os próprios machucados e a exercer o poder para dominar os adversários.[17]

A aprovação da lei Título 9 IX, em 1972, que obriga as instituições de ensino a dar as mesmas oportunidades educacionais para homens e mulheres, revolucionou os esportes femininos. Em 1972, apenas 7 por cento dos atletas do ensino secundário eram mulheres; em 2012, o número havia aumentado para 41 por cento. Em 1972, apenas 2 por cento dos orçamentos universitários para esportes se destinavam a esportes femininos; em 2010, garotas recebiam 48 por cento do dinheiro de bolsas de estudos e 40 por cento dos orçamentos para esportes. Quando usam seus corpos em esportes, as garotas se beneficiam de várias maneiras. O desempenho acadêmico das atletas melhora em relação ao das outras colegas, inclusive em ciências. Mulheres atletas são mais propensas a se formar no ensino secundário, têm notas mais altas e obtêm maior pontuação em provas padronizadas; 82 por cento das executivas de negócios praticavam esportes.[18]

Mas, embora algumas coisas mudem, outras permanecem iguais. No nível universitário, esportes coletivos masculinos — sobretudo basquete e futebol americano — consomem cotas desproporcionais de verbas para esportes. Os custos do futebol americano da Primeira Divisão ultrapassam o total de todos os esportes femininos. Conforme as analistas jurídicas Joanna Grossman e Deborah Brake observam, "quanto mais masculino for um esporte, mais dinheiro é investido nele, mais torcedores ele tem e mais ele reforça as normas tradicionais da masculinidade[19]".

Em escolas nas quais a superioridade masculina é demonstrada em esportes que envolvem grandes orçamentos, os atletas podem achar as coisas confusas. Há a síndrome do "entusiasmo tóxico por esportes", por exemplo, que se refere a meninos que se identificam exageradamente com o papel de atletas e perdem sua humanidade. Trotes aplicados aos pares, supostos direitos sexuais e comportamentos de alto risco derivam de uma cultura de vestiário que fomenta sentimentos equivocados de legitimidade. Atletas nessas equipes apresentam maior propensão a comportamento criminoso em algumas categorias. David Whitson argumenta que o mundo dos esportes masculinos "continua sendo um bastião de reação, no qual a masculinidade tradicional é cultuada e outros tipos de masculinidade são depreciadas e desencorajadas".[20]

Eu ofereço aconselhamento a muitos aspirantes a atletas. Alguns vêm buscar ajuda para alcançar um desempenho melhor; outros porque seu comportamento fora de campo tem gerado problemas. Bill era um jovem cujos sonhos esportivos se tornaram o foco de sua vida e da de seus pais — até que tudo repentinamente acabou.

Ele se apaixonou por futebol no ensino fundamental e desde o início era altamente motivado para desempenhar bem. Muito atlético e grande para sua idade, Bill se esforçou bastante e conquistou um lugar em um bom time itinerante regional. O time treinava com frequência; os fins de semana em família eram preenchidos com torneios e jogos em todas as partes da área triestadual. Como o time abrangia várias faixas etárias, o treinador passou a exigir mais prática, especialização e comprometimento. Independentemente da estação do ano e das condições climáticas, os meninos ficavam ao ar livre fazendo exercícios e praticando táticas.

Bill praticara beisebol e lacrosse quando era mais novo, mas à medida que seu time corria atrás do sucesso ele desistiu desses outros esportes para cumprir as demandas crescentes de seu treinador, que sempre frisava que nenhum jogador era insubstituível. O tempo em jogo era a maneira de o treinador recompensar os meninos que davam o melhor de si. Bill era um sucesso, e seus pais se alimentavam dos grandes sonhos que fermentavam nas linhas laterais, imaginando bolsas de estudo em faculdades e muito mais. Involuntariamente, eles passavam a mensagem que o futebol era o que mais lhes interessava no filho. Se no início tudo era muito divertido, o futebol passou a ser uma fonte de alta pressão por desempenho. Jogar tornou-se algo cada vez mais competitivo e fisicamente brutal. O time praticava cabeçadas regularmente, sem se importar com o risco de concussões. Machucar-se fazia parte da vida; todo menino acabava tendo algum tipo de contratempo — músculos distendidos, entorses nos tornozelos, ruptura do tendão patelar nos joelhos —, o que, às vezes, significava o fim da carreira.

Mas Bill continuava adorando jogar. Momentos de criatividade e trabalho em equipe no campo, a recompensa por todo o esforço árduo nos treinos, faziam com que ele não desistisse. No ensino secundário, o time começou a competir em torneios regionais importantes, onde as laterais ficavam repletas de treinadores de universidades de olho nos maiores talentos. Embora as regras da Associação Atlética Universitária Nacional (NCAA) limitem a verba disponível para os times, cada menino imaginava que poderia ser um dos poucos a conquistar um lugar ao sol.

Em um jogo importante e muito competitivo fisicamente no torneio estadual, o árbitro adotou uma visão permissiva e o número de faltas aumentou. Por fim, enquanto Bill defendia a rede, o atacante chutou com toda a força a perna do garoto quando tentava desviar a bola da rede, fraturando sua tíbia. Bill não só não pôde participar do restante da temporada; com pinos inseridos na perna, nunca mais voltou a ser veloz nem destemido.

Acidentes e ferimentos acontecem nos esportes. Mas, à medida que a igualdade de gêneros impacta a cultura do atletismo, surge a questão se as normas relativas à prevenção de acidentes e a treinamentos poderão ser afetadas. Eric Anderson, da Universidade de Winchester, relatou uma "suavização" da masculinidade tradicional entre os atletas. A respeito de um estudo de 2009 que rastreava o declínio na participação em esportes coletivos arriscados, como hóquei no gelo e futebol, ele comentou: "Se não precisarem mais se alinhar com noções ortodoxas de masculinidade, os homens podem ficar menos inclinados a participar de atividades potencialmente danosas à sua saúde[21]". Em um cômputo da participação juvenil em diferentes esportes de 2009 a 2014, o futebol americano e a luta romana foram os grandes perdedores.[22] Até na Austrália, que é apaixonada por rúgbi, estudos mostram um declínio constante na participação.[23]

Os esportes competitivos de grande destaque por ora escapam de um escrutínio crítico, mas a educação física nas escolas tem sido alvo de muita atenção. Embora seja considerado um indicador importante da boa forma física na vida adulta, o condicionamento físico na infância é marcado pela resistência de muitos meninos à educação física e aos esportes, que eles consideram espaços privilegiados para o *bullying*. Os estudiosos canadenses Michael Atkinson e Michael Kehler identificaram um movimento crescente" contra ginásios esportivos, contra a ideologia do exercício e contra o entusiasmo por esportes", que comprova como a cultura de vestiário, o atletismo competitivo e a cumplicidade dos professores prejudicam a efetividade dos programas de exercícios obrigatórios em escolas. Eles escrevem que, "portanto, não surpreende que os meninos aprendam a temer e a detestar a participação coletiva em educação física[24]".

Os vestiários são muito usados por meninos que maltratam e policiam os colegas, já que são espaços escolares sem o controle adulto. Os Estados Unidos e outros países estão repensando a educação física, programas esportivos, o design arquitetônico e a supervisão dos vestiários masculinos, já que a abordagem generalizada tradicional prejudica muitos meninos e contribui para a perpetuação de normas danosas. Além dessas tendências, há várias questões de saúde que merecem uma atenção especial dos pais e de outros que se importam com os meninos.

CONCUSSÕES EM ESPORTES

Apesar da popularidade do princípio da dor nos esportes de meninos, há uma preocupação crescente com a grande frequência de lesões na cabeça, mais comuns em determinados esportes. Atualmente, há mais conscientização de que os esportes de contato geram — e *sempre* geraram — taxas chocantemente altas de lesão cerebral. Segundo os CDC, "a concussão é um tipo de lesão cerebral traumática (LCT) causada por uma pancada, golpe ou choque na cabeça, ou por um impacto no corpo que faz a cabeça e o cérebro estalarem e racharem rapidamente. Esse movimento rápido pode fazer o cérebro se deslocar ou girar no crânio, gerando alterações químicas no cérebro e, às vezes, estirando e danificando as células cerebrais[25]".

Estudantes na faixa entre 15 e 18 anos têm 46 por cento das concussões. Segundo pesquisadores da Universidade da Califórnia em São Francisco, as taxas de concussão aumentaram 60 por cento entre 2007 e 2014 — principalmente entre adolescentes —, com 55 por cento dos diagnósticos sendo para o sexo masculino. Segundo a Academia Americana de Pediatria, quase 2 milhões de jovens com menos de 18 anos sofrem concussões anualmente. Um em cada cinco atletas no ensino secundário terá uma concussão durante a temporada esportiva, e um terço deles terá mais de uma no mesmo ano.[26]

O futebol americano perfaz mais da metade de todas as concussões relacionadas a esportes. Hóquei, futebol, luta romana e lacrosse também apresentam taxas relativamente altas. Todos os anos a prevalência de concussões em alunos do ensino secundário é maior entre setembro e outubro, durante o auge das temporadas de futebol americano e futebol.[27] No futebol americano, "alguns jogadores em campo sofrem um impacto na cabeça em todos os jogos",[28] segundo o pesquisador de medicina esportiva John W. Powell da Universidade Estadual de Michigan. Em um estudo apavorante, monitores de aceleração foram instalados nos capacetes de jogadores de futebol americano de 7 e 8 anos, e registraram uma média de 107 impactos na cabeça de cada jogador. Quando as acelerações atingiam a velocidade máxima, estudos mostram "danos à massa branca do cérebro" que podem perdurar por até um ano. Apesar dos avanços em tecnologias de prevenção, ainda não há capacetes à prova de concussão.[29]

Há inclusive evidências recentes de que danos aos tecidos cerebrais são cumulativos e que até impactos que não causam concussões têm algum efeito. Em um estudo realizado por neurorradiologistas da Escola de Medicina de Wake Forest, 25 meninos na faixa etária entre 8 e 13 usaram capacetes especiais que rastrearam os impactos durante uma temporada esportiva e passaram por ressonância magnética no início e no final da temporada. As descobertas foram as seguintes: quanto mais impactos na cabeça, maiores eram os danos aos neurônios na massa branca, que são cruciais para a comunicação entre diversas regiões do cérebro.[30] Acredita-se que a encefalopatia traumática crônica (ETC), uma doença neurodegenerativa progressiva, seja desencadeada por golpes frequentes na cabeça que, muitas vezes, não são detectados em um diagnóstico de concussão.

Pais de meninos que querem praticar esportes de contato ficam em dúvida sobre o que fazer. Andrew tinha 10 anos e era mais musculoso do que o comum em sua idade, já condicionado para minimizar a dor física e os riscos após anos praticando vários esportes. Seus pais haviam praticado esportes no ensino secundário e na faculdade, um irmão mais velho jogava na elite do melhor clube de futebol local e um tio trabalhava em uma equipe da NFL, ou seja, o atletismo era parte vital na cultura dessa família. Andrew era incrivelmente competitivo e adorava jogar duro até em partidas com seu irmão no quintal. Brincadeiras de inverno, como construir fortes, acabavam virando guerras de gelo e bolas de neve; jogos de basquete na entrada de carros em casa envolviam muitas coteveladas e faltas imprudentes. Em brincadeiras com seu pai, ele fazia esforços ferrenhos para golpeá-lo ou deixá-lo de joelhos.

Atleta destemido, Andrew era escalado por seu treinador de futebol como o principal na defesa, o jogador que faz o que for preciso para impedir um ataque e um gol contra seu time. Embora baixinho, ele era valorizado por sua velocidade e as jogadas agressivas. Mas, naturalmente, sonhava em jogar futebol americano, o esporte masculino mais venerado por seus amigos, e pressionava incansavelmente seus pais nesse sentido. Mas eles haviam feito pesquisas e se preocupavam com a possibilidade de lesões no futebol americano, principalmente em crianças cujos cérebros ainda estão em desenvolvimento. Como sabiam que Andrew jogaria futebol americano com a mesma garra e competitividade que mostrava em tudo, então lhe disseram: "Só depois que você tiver 12 anos", o que o deixou frustrado, reclamando que eles eram injustos. Seu melhor amigo jogava em uma equipe e Andrew tinha de ouvir seus relatos sobre a temporada, o que o deixava ainda mais irritado com os pais.

Quando essa família me procurou, a frustração e as queixas de Andrew integravam um pacote de preocupações. Eu percebi como os pais haviam construído um relacionamento sólido com o filho e que a questão era ele confiar no discernimento deles, a ponto de aceitar os limites que desaprovava ou que não compreendia muito bem. Em particular, conversei com seus pais sobre as preocupações deles com o futebol americano e o perigo desse esporte incentivar o mesmo padrão de descuido corporal que Andrew já tinha, o que, aliás, rendera várias visitas ao pronto-socorro, após proezas imprudentes. Eles mantinham Andrew na linha e ele reclamava, mas, em última instância, aceitava que seus pais só queriam seu bem.

Andrew era como muitos meninos que venciam na disputa por recompensas masculinas. Validados, considerados exemplos de valor e sucesso, esses garotos têm dificuldade para equilibrar as prioridades e precisam de um aliado que os ajude a se manter na linha. Contra os efeitos inebriantes da atenção recebida dos pares e de adultos, apenas a conexão e o respeito de

Andrew por seus pais evitavam que ele fosse tragado. Ele já havia demonstrado que correr riscos podia cegar quaisquer considerações pelo próprio bem-estar. Seus pais então tiveram de intervir.

Os esportes de meninos estão em um momento crítico. Quatro Estados americanos — Califórnia, Illinois, Maryland e Nova York — estão considerando leis que restringiriam ou proibiriam o futebol americano de contato para menores de 14 anos. Tradicionalistas reagiram com alarme, percebendo uma ameaça não só ao futebol americano, mas também a esportes de contato em geral. Nesse ínterim, mudanças nas regras, práticas impondo limites ao contato e novas técnicas de bloqueio e jogadas para derrubar o adversário estão sendo amplamente implementadas, levando em conta preocupações médicas. Mas, na visão de pesquisadores da Concussion Legacy Foundation, organização dedicada a reduzir ao máximo as ocorrências de encefalopatia traumática crônica, nenhuma jogada é segura o suficiente para uma criança em desenvolvimento[31]".

Assim como os pais têm de analisar como seus filhos participam de esportes, escolas e organizações voltadas à juventude também têm muito a refletir. O fenômeno da lesão na cabeça, por exemplo, continua sem solução. A síndrome do segundo impacto, que ocorre quando um atleta volta à ativa antes de se recuperar totalmente de uma lesão anterior na cabeça, suscita questões graves. Estudos recentes descobriram redução no desempenho cognitivo, recuperação mais lenta e maior probabilidade de concussões subsequentes em virtude das constantes lesões na cabeça. Embora o conhecimento progrida, os parâmetros plenamente aceitos para determinar quando um atleta pode voltar a jogar continuam subjetivos.[32]

INSEGURANÇAS QUANTO AO CORPO

Há muito tempo distúrbios alimentares são um problema para o sexo feminino, particularmente quando padrões inatingíveis de beleza são introjetados e há uma autocrítica constante. Mas novas pesquisas descobriram que os meninos também têm percepções distorcidas sobre os próprios corpos. A meta das jovens é ficar mais magras, mas os rapazes querem o contrário.

Também chamada de "vigorexia", o transtorno dismórfico corporal é o oposto da anorexia nervosa. A pesquisadora da Escola de Medicina de Harvard e pediatra, Alison Field afirma que a prevalência desse problema é de 18 por cento,[33] ou seja, atinge um em cada cinco rapazes, cuja meta é praticamente inatingível: ficar mais musculosos e sem gordura. Até garotos obesos têm uma autoimagem distorcida enquanto lutam para se encaixar no ideal masculino do abdômen "chapado", com aspecto de "tanquinho". Rapazes perfeccionistas ou ansiosos correm maior risco de ficarem obcecados por peso e músculos.

Em uma época na qual o rapaz comum consome mídia por cerca de sete horas por dia, os garotos são mais suscetíveis do que nunca aos personagens musculosos de ação e aos super-heróis. Fabricantes de brinquedos e comerciantes depuram sua mensagem para essa audiência. Segundo o psicólogo clínico Raymond Lemberg, personagens de televisão e de videogames perderam gordura e ganharam músculos nas duas últimas décadas, estabelecendo um padrão impossível para o corpo masculino. "Apenas 1 ou 2 por cento realmente têm esse tipo de corpo. Os homens estão sendo mostrados de uma maneira que não é natural", acrescenta ele.[34]

Muitos garotos perseguem esses novos ideais consumindo suplementos vitamínicos e nutricionais e fazendo exercícios muito intensos com maior frequência. Pesquisas sugerem que, com a diminuição das maneiras tradicionais de afirmar a masculinidade, há mais pressão cultural para exibir uma musculatura bem definida. Em um estudo de 2012, mais de um terço dos garotos no ensino secundário e no ensino médio consumiam *shakes* ou proteínas em pó para ganhar músculos. Uma porcentagem menor, entre 3 por cento e 12 por cento, admite usar esteroides.[35] Os rapazes confinados na Caixa da Masculinidade têm maior probabilidade de cair no engodo do corpo masculino "perfeito".

O termo "complexo de Adônis", cunhado por três pediatras para descrever essa obsessão pela aparência, se inspira em uma história da mitologia grega sobre uma criatura metade humana e metade divina que era a encarnação da beleza masculina. O termo expressa a impossibilidade do novo padrão masculino, sentimentos de inadequação dos meninos que tentam estar à altura desse padrão e até que ponto eles vão — incluindo exercícios compulsivos, suplementos dietéticos e uso de esteroides — nessa busca por perfeição.[36]

Ganhar músculos e perder gordura não são as únicas obsessões por imagem corporal que afetam os rapazes. O hábito de ver pornografia aumentou demais a "vergonha do pênis". Em um estudo realizado por uma equipe de pesquisadores do King's College, em Londres, uma escala com dez perguntas mensurava: "o temor de um homem de ficar sozinho ou ser rejeitado por causa do tamanho do pênis, seu terror de que outros rissem dele e suas ansiedades em relação a ficar despido diante de mulheres e homens[37]". Os pesquisadores descobriram que 30 por cento dos respondentes estavam insatisfeitos com seus órgãos genitais; e os homens que se identificavam como gays ou bissexuais tinham maior probabilidade do que os heterossexuais a relatar ansiedade ligada ao pênis.

USO DE DROGAS E ÁLCOOL

Segundo um levantamento federal sobre o uso de drogas e saúde, os adolescentes do sexo masculino abusam muito mais de substâncias psicoativas do que as garotas. A ingestão de bebidas alcoólicas por meninos é mais alta do que em qualquer outro grupo. Em um relatório de 2013, 40 por cento dos rapazes no ensino secundário admitiram ter consumido bebidas alcoólicas no mês anterior, e quase 25 por cento consumiram mais de cinco doses. Além disso, 25 por cento dos garotos relataram ter fumado maconha no mês anterior, 10 por cento usaram substâncias inalantes, e 10 por cento também consumiram ecstasy. Muitos meninos começam a ingerir bebidas alcoólicas ou a usar drogas na pré-adolescência. Quase 25 por cento ingerem bebidas alcoólicas e 10 por cento fumam maconha aos 13 anos.[38]

Muitas teorias explicam diferenças de gênero no uso de substâncias psicoativas, incluindo o efeito dos hormônios masculinos sobre a disposição para correr riscos; maturação mais lenta das áreas do prosencéfalo, que regulam o comportamento em homens; e seguir o exemplo de astros dos esportes, ícones do entretenimento e outras figuras masculinas importantes. Mas a publicidade de bebidas alcoólicas claramente exerce grande influência. Anúncios de cervejarias criaram uma imagem masculina — descontraída, divertida, amorosa, romântica e sexualmente atraente — que influencia os autoconceitos e as aspirações dos meninos. Um estudo de 2012 publicado pela Academia Americana de Pediatria acompanhou 400 adolescentes da 7ª até a 10ª série. Esses garotos consumiam "significativamente mais bebidas alcoólicas" do que as meninas da mesma faixa etária, sofriam mais consequências negativas por isso e davam indícios de que suas bebedeiras eram influenciadas por anúncios de cerveja. Meninos no início da adolescência que disseram gostar de anúncios de bebidas alcoólicas tinham maior probabilidade de beber e, consequentemente, ter problemas mais graves.[39]

Duas análises de pesquisas sobre os efeitos da publicidade sobre o consumo de bebidas alcoólicas na adolescência, uma feita em 2009 e a outra em 2016, descobriram evidências decisivas de que a exposição a esses anúncios influenciava o comportamento dos adolescentes em relação ao álcool.

Conforme explicaram os autores da revisão mais recente, "os estudos descobriram associações significativas entre exposição, consciência, envolvimento e receptividade ao marketing de bebidas alcoólicas na iniciação ao consumo de bebidas alcoólicas, iniciação a bebedeiras, beber nos trinta dias anteriores e/ou problemas com bebidas alcoólicas na sequência[40]".

Programas escolares de educação midiática, que ensinam a ter o devido discernimento em relação à mídia, ajudam os adolescentes a decodificar as mensagens publicitárias de bebidas alcoólicas, as quais têm restrições legais quanto a seu conteúdo e veiculação. Ajudar garotos adolescentes a fazerem perguntas, como: "O que este anúncio na verdade está estimulando?" "Ele está promovendo os interesses de quem?" "Qual é sua intenção?", cria um certo escudo contra esforços sofisticados para manipular suas atitudes e comportamentos. Mas muitos que trabalham com adolescentes temem perder a batalha. Um relatório do Comitê Nacional de Desenvolvimento de uma Estratégia para Reduzir e Prevenir o Consumo de Álcool por Menores, em 2004, finalizava com este comentário instigante: "O comitê chegou à conclusão fundamental de que o consumo de álcool por menores não pode ser abordado com êxito se enfocar apenas esses jovens, em vista do contexto de uma sociedade na qual o consumo de bebidas alcoólicas é um comportamento normativo e imagens de bebidas alcoólicas são disseminadas de modo penetrante[41]".

O movimento para legalizar a maconha também mostra um elo entre tendências sociais e o uso de substâncias psicoativas pelos jovens. Estudos sobre o consumo de maconha por adolescentes em Washington, que legalizou o uso recreativo dessa erva para adultos, descobriram um aumento no uso entre alunos da 8ª à 10ª séries desde a legalização, consistente com declínios na percepção sobre a perniciosidade da droga. Em contraste, em Estados que não legalizaram o uso recreativo, o consumo de maconha diminuiu no mesmo período. Segundo a SMART Colorado, organização que pressiona por regulações mais rígidas naquele Estado, em um levantamento federal que avaliou o uso de maconha entre adolescentes de 12 a 17 anos, o Colorado ficou em primeiro lugar. Apenas 48 por cento dos estudantes achavam que o consumo de maconha é arriscado.[42]

Minha experiência profissional, tanto no tratamento de dependência química na adolescência quanto em escolas tentando estabelecer programas eficazes de prevenção, me faz concordar com a tese de que os esforços para controlar o uso de substâncias por adolescentes não serão bem-sucedidos em razão do contexto atual, no qual eles recebem mensagens muito conflitantes. Mas essa conclusão implica que adultos que se importam com meninos têm um papel mais crucial do que nunca para ajudá-los a tomar decisões saudáveis.

Passei um tempo como líder de equipe em um programa de internação hospitalar para adolescentes com histórico de abuso de substâncias nocivas e problemas emocionais. Os garotos e garotas eram internados por diversas razões. Às vezes, os pais simplesmente atingiam o limite da tolerância com o comportamento incontrolável, desonesto ou rebelde dos filhos. Outras vezes, escolas requeriam o tratamento como medida disciplinar. Eventualmente, era o sistema de justiça juvenil que fazia a indicação. O que me impressionou foi a mudança drástica evidente em alguns adolescentes desde o início da internação até receberem alta. Rebeldes, fora de controle e completamente indiferentes à autoridade adulta no início, ao sair pareciam rejuvenescidos e até seus rostos ficavam mais relaxados e luminosos. Após perceber que não conseguiriam burlar ou flexibilizar as regras e descobrir adultos em quem podiam confiar, alguma coisa neles se apaziguava.

Ben foi um dos que se destacaram. Multitalentoso como atleta, estudante e líder, era capitão da equipe de luta romana de sua escola e presidente do grêmio estudantil, mas também estava altamente envolvido com substâncias psicoativas, passando cada vez mais tempo "chapado" de maconha ou alcoolizado. Seu comportamento o estava emparedando e chamando a atenção na escola e na comunidade. Embora inicialmente inclinados a atribuir os problemas do filho a fanfarronices pueris, seus pais e a escola foram obrigados a tomar posição à medida que os problemas aumentavam. Uma avaliação profissional revelou que os próprios pais eram desajustados e que a vida em família era dominada pela doença mental da mãe e o alcoolismo funcional do pai. Ben comandava a própria vida e mal percebia o quanto se sentia sozinho. Quando a escola finalmente interveio, ele foi enviado ao programa de tratamento onde fui responsável por seus cuidados.

Com um modelo que considera o vício como uma doença, o programa orientou Ben a avaliar inicialmente seu grau de dependência e depois passou a educá-lo para a recuperação. Tanto na terapia individual quanto em grupo, ele se tornou mais sincero sobre o quanto havia sido apavorante ter conseguido escapar de suas responsabilidades e se sentir tão sozinho. Em sessões educativas em grupo, ele ouvia histórias apavorantes de outros adolescentes que haviam sabotado suas vidas por efeito do desespero para conseguir mais um pico de adrenalina. Ele falou das perdas em sua família e foi tranquilizado por outros membros de sua nova família estendida, que lhe ofereceram ajuda. Antes de voltar para casa, ele se comprometeu a continuar conversando com um mentor do programa para ter menor probabilidade de iludir a si mesmo. Como muitos adolescentes, Ben defendia seu direito de se divertir e racionalizava seu comportamento referindo-se a seus pais, amigos e ao próprio senso exagerado de que podia fazer isso. Mas, finalmente, reconheceu que a vida era amedrontadora e insustentável sem alguém zelando por ele. Quando eu partilho histórias como a dele com pais, escolas e outras organizações que atendem jovens, saliento que a excitação é apenas uma das maneiras de os meninos saírem dos trilhos quando não têm amarras. Um relacionamento com alguém que se importa é uma bússola salvadora que guia os garotos na passagem conturbada para a vida adulta.

AUTOMUTILAÇÃO

Em seu livro *The tender cut: inside the hidden world of self-injury*, de 2011, os professores de sociologia Patricia Adler, da Universidade do Colorado, e Peter Adler, da Universidade de Denver, descrevem o fenômeno na adolescência de "se cortar, se queimar, quebrar ossos e imprimir marcas na própria pele".[43] Em sua pesquisa, o casal examinou as dimensões da automutilação conforme os gêneros. Embora esse comportamento pareça mais comum entre garotas, as taxas de automutilação sub-representam garotos cujo comportamento talvez não se destaque tanto na entrada de prontos-socorros. Muitos acham que as taxas de automutilação dos meninos também estão aumentando porque, conforme os Adlers observam, "o comportamento é extremamente contagioso". Segundo um relatório de 2016 do British National Health Service, com base apenas em visitas ao pronto-socorro, a automutilação entre adolescentes e rapazes está aumentando há quatro anos.[44]

Segundo um defensor da juventude, "os meninos se cortam, mas não necessariamente tanto quanto as garotas. O que eles mais fazem é se envolver o tempo todo em brigas e em situações perigosas, e levar surras". Ao se cortar ou se queimar, os rapazes são mais propensos a fazer cortes e queimaduras mais profundos e a manter menos sigilo a respeito disso do que as garotas. Rituais de irmandade que incluem gravar uma marca na pele ou juntar punhos cortados para selar o vínculo com um "irmão de sangue", endossam a visão de que sentir dor faz parte de ser homem.[45]

Eu atendo muitos rapazes que estão cegos pela raiva, transtorno e desprezo por si mesmos e não têm outras vias de expressão, assim desenvolvendo padrões de autodestrutividade. Um deles foi Andres, aluno do ensino secundário que me foi encaminhado após seu treinador de corrida notar vários cortes em seus braços quando ele tirou o moletom. O treinador o chamou de lado para perguntar sobre os cortes, e Andres confessou que se automutilava. Quando o treinador contou isso a seus pais, Andres foi incapaz de dizer por que o fazia, mas aceitou a oferta de ajuda.

Tentei instigar Andres a explorar o que estava sentindo quando surgia a compulsão para se ferir. Pensei que, até tomar mais consciência do que o levava a se cortar, ele não conseguiria se controlar. Para domar mentalmente essa energia autodestrutiva, ele precisava se dar conta dos sentimentos enquanto alguém prestava atenção nele, o que permitiria reviver e investigar o transtorno que desencadeava a compulsão. Após formar uma aliança e garantir a confidencialidade, pedi que ele contasse sobre algum episódio recente em que se cortara, incluindo o que sentira antes, durante e depois. Ficou claro que, após se ferir, ele sentia alívio em relação à raiva e culpa causadas pela perda de seu melhor amigo em um acidente havia vários anos. Quando se cortava, Andres se sentia mais próximo do amigo e menos culpa por ter sobrevivido. Quando enxergou essa correlação e conseguiu expressar o desgosto subjacente, o adolescente sentiu um grande alívio — sem ter de recorrer à automutilação.

Na extremidade do espectro da automutilação está o suicídio, uma das três causas principais de mortalidade na adolescência. Nos Estados Unidos, a probabilidade de meninos cometerem suicídio é quatro vezes maior do que a das meninas. Em 2017, houve 4.600 mortes por suicídio de jovens de 10 a 24 anos, uma média de 12 por dia, sendo que 81 por cento dos suicidas eram do sexo masculino. No decorrer da adolescência, há uma tendência crescente ao suicídio: na faixa etária de 10 a 14, o dobro de meninos comete suicídio em relação às meninas; na faixa de 15 a 19, a taxa salta para quatro vezes mais. Além disso, houve 575.000 tentativas de suicídio. A taxa é particularmente alta entre rapazes gays e bissexuais: 30 por cento, segundo a Academia Americana de Pediatria.[46]

Lamentavelmente, muitos meninos que eu atendo têm pensamentos suicidas, e alguns já tentaram se matar. Dennis foi um deles. Ele veio até mim, após revelar ao conselheiro de sua escola que tinha pensamentos incontroláveis de se matar. Ele começava a imaginar como faria isso, mas o medo o paralisava. Havia muita coisa a descobrir enquanto eu tentava mitigar a tensão e a falta de esperança que ele sentia por diversas razões: o divórcio conturbado de seus pais em andamento, os descalabros da mãe e a incapacidade deles de preservá-lo; a história de ser atormentado no ensino secundário por estar com sobrepeso; e como ficava paralisado quando pensava em abordar garotas por quem tinha interesse. Agora, no último ano do ensino médio e diante do desafio de seguir em frente na vida, ele não conseguia se imaginar sendo feliz algum dia.

Meu objetivo imediato foi ajudar Dennis a achar seu espírito de luta e restabelecer a certeza de que ele poderia melhorar as coisas. Nesse ínterim, transmiti minha confiança de que ele poderia ter uma vida boa mesmo que seus pais continuassem emperrados e amargos. Expliquei que eu o defenderia perante os pais e insistiria que eles lhe dessem amor e apoio incondicionais. Assegurei que valia a pena eu defendê-lo e que ele deveria sempre se lembrar disso. Gradualmente, enquanto se desembraçava dos conflitos em sua família e das inseguranças em relação à turma, Dennis recuperou a autoconfiança.

Como era inteligente, ele foi aceito em muitas faculdades nas quais se inscrevera e escolheu a mais distante de sua casa, a fim de começar um novo capítulo na vida. No entanto, estava mais confiante de que seus pais estariam a seu lado, independentemente do que acontecesse no relacionamento entre os dois.

INCORPORANDO A INTEGRIDADE

Como podemos ajudar os meninos a se cuidarem se o sacrifício de seus corpos é incutido e exaltado? Afinal, é contra a norma cultural homens reconhecerem o quanto custa viver brigando, ficar machucados e sentir níveis irracionais de exaustão. Essa abordagem rebelde pode ignorar os medos dos pais de formarem um menino "molenga". No entanto, o que as pesquisas modernas ensinam sobre desenvolver habilidades, treinar a resiliência e exercitar a coragem apontam para uma conclusão oposta. Conforme relata o treinador Joe Ehrmann, meninos em contato com os próprios sentimentos conseguem relaxar melhor na "zona esportiva" e apresentar desempenho máximo. Pelo lado positivo, um "bando de irmãos" ensina os meninos a valorizarem cada membro como parte integral do grupo, com todos se cuidando e não deixando ninguém para trás.

Ajudar homens mais jovens a distinguirem os aspectos positivos dos negativos no atletismo, faz com que eles esclareçam seus sentimentos a respeito da própria masculinidade. À luz do que pesquisadores captaram em mensagens sobre masculinidade, os meninos que se desconectaram de seus corpos — que ficam insensíveis à dor, testam cada vez mais os limites e se divertem infligindo ou sofrendo ferimentos — aprenderam que era isso o que deviam fazer. Mas muitos consideram a coragem apenas como uma abnegação insensata.

Uma mensagem mais positiva e acurada é que o corpo está no cerne de quem eles são como seres humanos. A maneira como os meninos tratam o corpo — permanecendo conectados com o que sentem e se entusiasmando com o que conseguem fazer — vai ancorar sua vida na realidade. Saber os limites de sua capacidade e resiliência nos esportes forma uma mentalidade de crescimento nos meninos. Eles aprendem a extrair o melhor de si ao aceitar e depois ampliar constantemente esses limites. Eles passam a entender que a vida tem mais a ver com cultivar novas capacidades do que com dominar seus corpos suprimindo as fraquezas.

O sociólogo de esportes Don Sabo, ex-jogador de futebol americano que é um defensor da saúde dos meninos, recomenda que pais e outros adultos transmitam uma mensagem contracultural aos meninos: "Seja camarada com seu corpo". E insiste que treinadores, *coaches* e pais ajudem os meninos a registrarem sua dor, em vez de glorificá-la. Nas laterais de provas de atletismo, há muitas oportunidades de ajudar os meninos quando estão sofrendo, mas com grande frequência as mensagens: "Engula isso!" ou "Pare de choramingar!" são as mais ouvidas por um garoto machucado.[47]

O treinamento masculino à moda antiga mantém a premissa de que o desempenho ideal resulta de dominar a dor e os limites do corpo. O treinador Ehrmann e o sociólogo de esportes Sabo, por outro lado, colocam a formação do caráter como uma finalidade central em seu trabalho. Ehrmann começa insistindo para que os meninos valorizem sua integridade e gostem uns dos outros. Essa mensagem ajuda os jogadores a confiarem nos próprios instintos em relação a seus limites. Recompensar os meninos quando se cuidam, em vez de apenas exortá-los a se empenhar mais, reforça a habilidade de autorregulação.

Para combater o investimento persistente em visões masculinas tradicionais, dou uma diretriz clara aos pais quando um menino está sofrendo: nunca menosprezem as queixas dele ou deixem que ele minimize o mal-estar. Em vez disso, devem sempre demonstrar interesse e preocupação, mesmo que a machucadura não seja evidente. A princípio, os pais não devem se surpreender se o menino ficar sem graça. Talvez ele fique envergonhado por precisar da atenção deles, imaginando que é fraco ou que sua coragem está sendo questionada. Mas uma mãe e um pai solidários com seu sofrimento, pedindo que ele fale a respeito e sendo pacientes com tudo o que ele diga, permitem que o menino acredite que há uma oportunidade real para considerar como realmente se sente. Ele também captará a mensagem de que não precisa sofrer sozinho, em silêncio.

Ensinar aos meninos que seus corpos são "coisas" a serem desenvolvidas e até sacrificadas visando vitórias acaba com sua integridade. Ao aprender que seus corpos devem ser encarados como objetos ou máquinas, eles se empenham menos em mantê-los intactos, ficando dispostos a racionalizar, ignorar e a se entorpecer diante de ferimentos e perdas. Aprendem a se tratar de maneira instrumental e mecânica, ficam menos aptos a sentir empatia pela dor e o sofrimento alheios, o que facilita infligir dores aos outros.

CAPÍTULO 8

VIOLÊNCIA, *BULLYING* E VULNERABILIDADE

Quando eu tinha 14 anos e entrei na 9ª série de uma grande escola para meninos, logo percebi que as coisas mudariam profundamente. A partir daí, a vida com meus amigos foi ficando cada vez mais intensa. Nós passávamos bastante tempo juntos, sem a presença dos pais. Bailes e festas eram muito frequentes e reuniam grupos maiores de adolescentes. Alguns amigos começaram a frequentar um boliche local, onde havia mesas de sinuca e garotos mais velhos que fumavam e dominavam melhor a malandragem das ruas. À medida que nossa vida social se expandia, certos amigos adotaram uma postura mais arrogante de caras durões. Parecia que algo estava pairando no ar.

Quando entramos no ensino médio, as mudanças se ampliaram. De repente, havia gangues, brigas após as aulas, gente fumando no banheiro, consumo de drogas e álcool, e uma hierarquia bem definida na qual os rapazes maiores e mais malvados imperavam. Havia o novo fenômeno do cerco, quando grupos de meninos espontaneamente faziam um círculo em volta de dois garotos brigando, e ficavam zombando e instigando-os. Durante o primeiro ano do ensino médio, sempre que ficávamos entediados em uma aula de álgebra, eu e um colega começávamos uma brincadeira. Usando sapatos pesados com solas de couro, nós maquinamos uma versão de "galos de briga", na qual dávamos caneladas recíprocas, desafiando o outro a parar ou a se sujeitar a golpes cada vez mais violentos. Ao longo de todo aquele ano, nós exibíamos manchas roxas e cortes feios nas pernas. No almoço, às segundas-feiras, os rapazes em nossa mesa contavam sobre as brigas do último fim de semana entre duas gangues, a Yard (em referência ao pátio da escola onde se reuniam) e a First State (o nome do boliche em minha cidade natal, Wilmington, Delaware).

Na primavera daquele ano, quando um dos bailes escolares mensais acabou e todo mundo se dirigia para os carros ou tentava pegar carona, a onda elétrica de uma briga se levantou e a turma correu para uma das saídas do ginásio esportivo. Espiando entre o pessoal, avistei alguns caras com quem eu dividia a mesa no almoço. Um deles, um garoto mais velho com fama de maluco, estava socando e chutando outro menino caído no chão, o qual eu conhecia vagamente de algumas aulas e era muito calmo. Ele acabou morrendo naquela noite em virtude de um trauma na cabeça.

Embora essa não tenha sido a última vez que presenciei a terrível violência masculina, naquela noite aprendi algo sobre minha vulnerabilidade. Sem compreender realmente o que estava sentindo, pedi a meus pais que me transferissem para outra escola no ano seguinte. Como todo menino, comecei a imaginar o que faria em uma situação violenta como aquelas que ocorriam à minha volta, e tive a certeza de que queria diminuir as chances de estar envolvido nesse tipo de encrenca.

Nos anos seguintes, tentei esquecer o mundo cão da minha adolescência. A nova escola mitigou a ameaça mais imediata, mas não reduziu o pano de fundo ruidoso de rapazes procurando encrenca. Ocasionalmente, porém, eu ainda presenciaria muitas outras brigas e seria envolvido em controvérsias. Tudo isso ficou obscurecido na memória quando entrei na idade adulta e achei melhor me distanciar da violência na minha infância. Mas, assim como correr riscos e fazer más escolhas definem a relação dos meninos com os próprios corpos, o uso e o contato com a violência fazem parte das relações com seus pares.

Meninos são desproporcionalmente afetados tanto como vítimas quanto perpetradores da violência. No Levantamento Nacional da Exposição de Crianças à Violência realizado, em 2011, por uma equipe da Universidade de New Hampshire, aos 17 anos, sete em cada dez garotos já foram atacados, principalmente por outros jovens. Mais de 60 por cento dos pesquisados haviam sido vitimados durante o ano anterior. Mais da metade revelou diversas experiências com violência, com 15 por cento relatando seis ou mais experiências. Meninos perfaziam as taxas mais altas de ataques em geral (45 por cento comparados com 37 por cento das meninas), assim como taxas mais altas de machucaduras graças a ataques. As taxas de intimidação física (um em cada quatro antes dos 17 anos) e as taxas de agressão relacional relativas a meninos (um em cada três no ano anterior e um em cada dois aos 17 anos) mostram o quanto a violência está presente em suas vidas.[1] Meninos foram mais propensos do que meninas a se envolverem em brigas físicas no ano anterior. Em um estudo, em 2017, do ChildTrends, um centro de pesquisa sem fins lucrativos baseado em Bethesda, Maryland, 28 por cento dos meninos na faixa etária de 14 a 18 afirmaram ter participado de pelo menos uma briga nos 12 meses anteriores. O número variou de 27 por cento para adolescentes brancos e hispânicos para 39 por cento para negros. Meninos também têm maior probabilidade de ser vítimas em seus lares.

Entre as vítimas de homicídios na faixa etária de 10 a 24, 86 por cento em 2014 eram do sexo masculino. O homicídio se tornou a principal causa de morte de jovens afro-americanos.[2] Em uma escala global, entre as 400 mil pessoas assassinadas pelo mundo a cada ano, 80 por cento são do sexo masculino, e mais de 97 por cento dos assassinos também eram homens. Gary Barker, doutor em desenvolvimento de crianças e adolescentes e diretor da organização Promundo, tem uma explicação para essa enorme disparidade de gênero: "É preciso um esforço imenso para transformar meninos e homens em assassinos. Trauma extremo, humilhação, desonra, isolamento social e doutrinação intensa quase sempre estão presentes na formação de homens que matam[3]".

Para o ativista e estudioso canadense Michael Kaufman, três tipos de violência masculina se reforçam mutuamente: a violência contra mulheres, a violência contra outros homens e a violência contra si mesmos. Essa tríade reflete um padrão de sociabilização de meninos que se caracteriza por níveis altos de dominação e controle, introjetados como um modelo para se relacionar com o mundo, com os outros e consigo mesmos. Ao absorver essa lição, os meninos lutam para dominar e controlar os outros. Para Kaufman, o menino aprende essas dinâmicas a tal ponto que elas se tornam parte dele — um conjunto padronizado de reações. Tensões que se acumulam enquanto o menino se submete a essa realidade, suprimindo suas verdadeiras emoções, encontram um escape na violência.[4] O elo entre masculinidade e violência foi tema de um relatório lançado pela Promundo-US, em 2018. Apesar dos amplos esforços e recursos empregados para prevenir a violência, os autores admitem que, "tem havido um esforço relativamente limitado para introduzir a discussão sobre masculinidade nos diversos campos de prevenção contra a violência[5]". Para ampliar a discussão, eles identificam processos culturais gerais que aumentam a probabilidade da violência masculina — como restringir a variedade emocional dos meninos, normalizar como eles se policiam e a expectativa de que provem sua masculinidade. Oito formas de violência são então apontadas, a fim de mostrar como os homens são desproporcionalmente representados e explicitar a conexão entre as normas dominantes na infância e como se manifestam em cada forma. As oito formas são:

- violência contra parceira(o) íntima(o);
- violência física contra crianças nas famílias;
- abuso sexual contra crianças;
- *bullying*;
- homicídio e crimes violentos;
- violência sexual contra não parceiro(a);
- suicídio;
- conflito/guerra.

A escritora Myriam Miedzian havia examinado essas mesmas questões sobre normas culturais e violência masculina alguns anos antes, quando entrevistou mais de 130 especialistas de diversas áreas, como psicologia, sociologia, antropologia, teoria política, biologia, direito, administração pública e comunicações, para uma análise abrangente das raízes da violência. O que ela descobriu também acusava a socialização masculina tradicional: "Muitos valores da mística masculina, como dureza, dominação, repressão da empatia e extrema competitividade, têm grande influência sobre a criminalidade e a violência doméstica[6]".

Em 1994, a Associação Americana de Psicologia, formou a Comissão sobre Violência e Juventude para "reunir expertise psicológica na análise de problemas emergentes, já que um número crescente de jovens se torna vítima, testemunha ou perpetrador de violência interpessoal". Uma de suas descobertas mais graves foi que os padrões de violência inculcados na infância perduram na idade adulta. Os autores do relatório escreveram que "o nível relativo de agressão entre indivíduos da mesma idade mostra continuidade e previsibilidade notáveis no decorrer do tempo". Os pesquisadores concluíram de fato que padrões de agressão se fixam ainda mais com o passar dos anos.[7]

Apesar de preocupações com os padrões de violência aprendidos na infância, pesquisas sugerem que o tipo de "jogos de guerra" tão comuns entre grupos de meninos pode contribuir para sua violência. Respondendo a escolas onde havia um aumento de brincadeiras violentas entre estudantes do sexo masculino, a educadora da primeira infância Diane Levin, do Wheelock College, estabeleceu a ligação entre essa alta nas brincadeiras violentas e uma decisão da Comissão Federal de Comunicações (FCC) de afrouxar a regulamentação de publicidade, em 1984. Na esteira dessa mudança, houve uma enxurrada de publicidades visando os meninos, propagando produtos especiais como um G. I. Joe mais fortão e imagens de violência que ajudam a impulsionar as vendas.[8] À medida que pesquisadores buscavam explicar a epidemia de violência nas décadas finais do século XX, o psicólogo Albert Bandura, da Universidade Stanford, se posicionou fortemente contra ideias disseminadas como "superpredadores" ou "maçãs podres", dando a seguinte declaração: "As pessoas não nascem com repertórios prontos de comportamento agressivo. Elas precisam aprendê-los[9]". Nesse modelo de aprendizagem social, os meninos se tornam violentos observando esses comportamentos nos outros, sentindo a violência na pele e não encontrando exemplos de autorregulação saudável em seus lares, comunidades ou escolas. Pesquisadores identificaram três caminhos específicos que levam à violência: (1) o caminho aberto, que traça uma sequência consistente de agressão entre os 8 e 12 anos, brigas entre os 12 e 14 anos, culminando em violência mais grave daí em diante; (2) o caminho inicial de conflito com a autoridade, traduzido em desafio explícito e resistência; e (3) o caminho dissimulado, que inclui comportamentos mais delinquentes.[10]

Uma pesquisa subsequente mostrou que o mero fato de presenciar violência pode ter um impacto psicológico sobre mentes jovens. Segundo um relatório da Child Trends, em 2016, "crianças expostas à violência são mais propensas a ter problemas de apego, agressão e conduta, comportamento regressivo, ansiedade e depressão[11]". Foi comprovado que até a violência comunitária que crianças não veem diretamente impacta de modo adverso seu desenvolvimento cerebral. Infelizmente, assassinatos em massa são rotineiros nos noticiários todas as noites. Em um cômputo desses eventos desde 1982 até 2017, uma equipe da revista *Mother Jones* chegou a um total de 88, que, exceto em três casos, foram perpetrados por homens. O psicólogo James Garbarino, da Universidade Loyola, em Chicago, salienta que, embora a maioria dos pais não tenha um filho que se tornará violento, o menino "tem pares raivosos, tristes e capazes de cometer alguma violência letal". Toda criança convive na escola com meninos prontos para reagir com violência. Isso se aplica ainda mais a meninos pertencentes a minorias, para os quais o homicídio é a principal causa de morte.[12]

O psiquiatra James Gilligan, da Universidade de Nova York, cuja carreira se destaca pelo trabalho com homens encarcerados, acredita que a violência masculina brota da sensação de que a vida é insuportável. Homens violentos não são monstros, diz ele, mas se tornam quase irreconhecíveis à medida que a "morte do eu" e a perda de suas conexões empáticas degradam sua humanidade. Quando começou esse trabalho, ele ficou chocado com a explicação típica de homens que agiam com violência: "Porque ele me desrespeitou". Sua necessidade de serem respeitados os levou a atacar violentamente. Gilligan explicou que "a causa ou o motivo psicológico básico do comportamento violento é o desejo de repelir ou eliminar a sensação dolorosa de vergonha e humilhação — que pode ser até intolerável e sobrepujante —, e substituí-la pelo oposto: a sensação de orgulho[13]".

Em seu estudo esclarecedor sobre a vida urbana, o sociólogo Elijah Anderson também constatou que o respeito está no cerne do código das ruas. Ele escreveu que "há um senso geral que se deve ter pouquíssimo respeito, então todo mundo compete para obter qualquer afirmação que esteja disponível".[14] Para os psicólogos Dan Kindlon e Michael Thompson, o estreitamento da vida emocional dos meninos aumenta a probabilidade de uma reação violenta a desafios interpessoais. Como são endurecidos na cultura de pares e obrigados a suprimir sentimentos mais delicados, os meninos só conseguem reagir com "raiva, agressão e retraimento emocional[15]".

Recentemente, eu estava ouvindo um jovem falar de seus sentimentos de raiva e mágoa ao descobrir que um bom amigo havia ficado com sua ex-namorada. Sentindo-se traído e feito de trouxa, Peter enrubesceu, seus músculos ficaram tensos e palavras duras fluíram enquanto me contava a história. Perguntei o que ele queria fazer, já que encontraria o outro garoto em uma reunião na escola naquela noite. Ele disse que queria esmurrá-lo. Na visão de Gilligan, a violência é um esforço compreensível, embora perverso, para se recuperar da mágoa humilhando quem a causou. "O meio mais poderoso de deixar alguém envergonhado é por meio da violência," ele escreveu.[16] Tais reações à mágoa e à vergonha são comuns para homens e mulheres; o que há de específico em homens como Peter são os níveis de violência que podem imaginar á custa de sua experiência masculina.

A VIDA NAS RUAS

Nas principais cidades dos Estados Unidos, as últimas décadas do século XX foram marcadas por uma deterioração na vida cívica. Para as crianças nessas cidades, sobretudo para as que vivem em bairros mais carentes, tal deterioração gerou um aumento na exposição à violência na comunidade. Conforme Elijah Anderson escreveu, "entre todos os problemas vividos pela comunidade negra na periferia pobre, nenhum é pior do que a violência e a agressão interpessoal. Esse fenômeno causa uma devastação diária na vida dos moradores da comunidade. Viver em um ambiente assim coloca os jovens sob grande risco de serem vítimas de comportamentos agressivos[17]". Preocupações com o impacto dessa exposição à violência levaram a filial na Filadélfia da organização Physicians for Social Responsibility a desenvolver um programa para garotos no início da adolescência. Nós realizamos uma pesquisa de avaliação das necessidades em uma comunidade-alvo e descobrimos que 74 por cento dos jovens de lá haviam presenciado um ato violento e 48 por cento haviam sido diretamente atingidos por alguma forma de violência; 81 por cento conheciam alguém que fora ferido por algum tipo de arma; e 75 por cento conheciam alguém ferido por outra forma de violência.

Nossa equipe estava particularmente focada no impacto desses estresses sobre a autopercepção de um menino em crescimento. Graças ao campo de estudos relativamente novo sobre estresse traumático, nós sabíamos que estados emocionais primitivos programados — lutar, fugir, congelar — são evocados por tais ameaças. Quando o medo intenso compromete a cognição, prejudicando a capacidade de processar uma experiência, o indivíduo pode ter reações imprevisíveis.

A intervenção que programamos visava dar oportunidades para meninos no início da adolescência de recuperar a autoconfiança e a confiança em seu mundo. O currículo enfatizava oportunidades positivas de conexão, relacionamento e expressão emocional — especialmente para discutir experiências de violência — e novas normas de grupo, estimulando alternativas ao código das ruas. O apoio grupal à voz pessoal de um menino devia estar no cerne do trabalho de cura do programa, pois a recuperação de uma experiência traumática requer não só contar histórias, mas também se reafirmar.

A ameaça e a experiência de brigar eram temas proeminentes na pesquisa que fizemos para o programa. Drew, de 14 anos, disse que, embora pudesse "tentar manter distância de pessoas que gostavam de brigar", a verdade é que "nunca dá para evitar – você pode até tentar evitar uma briga, mas vai lutar durante sua vida... É preciso enfrentar as próprias batalhas para saber como se defender". Todos os meninos que entrevistamos tinham muitas histórias corroborando essa visão.

Lorenzo, por exemplo, relatou o seguinte:

"Certo dia, estávamos indo a pé da escola para casa e vimos dois garotos brigando, aí ficamos rindo de um menino que apanhou. Então, ele apontou para mim e disse: 'Se você tem algo para dizer, diga na minha cara'. Aí eu fiquei, tipo, 'Saia da minha frente porque eu não quero brigar com você'. Ele então se virou e tentou me acertar, aí começamos a brigar."

Programas de prevenção contra a violência consideram que menos brigas são um sinal de êxito, mas a realidade é mais complicada. Meninos explicam que, às vezes, precisam brigar só para manter um mínimo de segurança e dignidade pessoal. Os motivos e objetivos para brigar variam de exuberância brincalhona, disputas por dominância, afirmação preventiva de dureza a fim de garantir a segurança, à mera maldade e vontade de machucar. Baseada em suas observações em uma escola urbana, a professora-assistente Ann Arnett Ferguson, do Smith College, concluiu que "brigar é a performance ritual emblemática do poder masculino. Para homens de qualquer idade, a participação nesse ritual não é a expressão de um comportamento antissocial desviante, e sim um desempenho social profundamente normativo[18]".

Porém, apesar da pressão para brigar, nós descobrimos que muitos meninos se esforçam ao máximo para escapar de brigas. Jacob, por exemplo, cuja vida em família girava em torno da posição de seu pai como ministro religioso na comunidade, parecia empenhado em seguir o exemplo paterno: "Há, algumas pessoas que são más e tudo o mais, mas eu não brinco com elas". Mesmo assim, a violência entre pares era praticamente inevitável. Ele descreveu um grupo de meninos que ele encontrava na ida e na volta da escola:

Jacob: Eles xingam muito e jogam pedras nas pessoas.
Michael: Alguém já atirou uma pedra em você?
Jacob: Com certeza, mas eles não acertaram porque têm má pontaria... Eu tento manter distância deles; quando os vejo na viela, dou meia-volta.

Enquanto Jacob tentava "dar meia-volta" e Calvin "só brigava quando era obrigado", Miguel parecia evitar brigas miraculosamente, talvez por causa de uma motivação muito clara: "Quando fiquei mais velho, não sei por que passei a odiar ficar machucado. Assim que cresci, passei a temer fazer muitas coisas porque queria estar seguro, não me machucar e coisas assim, e continuo pensando desse jeito".

Nós aprendemos com os meninos que brigar é algo condicionado à situação, e tem muito a ver com as necessidades e pressões conflitantes. Juan tentava preservar a identidade como "uma pessoa que não gosta de brigar", mas havia limites práticos:

> "Basicamente, não me meto em encrenca, a menos que me provoquem demais. Se eu ficar encurralado em um canto, só me resta partir para cima da pessoa. Um menino na 5ª série vivia me atormentando... Um dia, veio para cima de mim, então eu o esmurrei e ele caiu no chão. Aí eu continuei batendo nele e os professores ficaram tentando me tirar dali. Eu empurrava os professores e pulava de novo em cima do menino. O nariz e a boca dele já estavam sangrando e havia um corte na altura da sobrancelha."

Reações mais sérias à violência partiram de meninos que tinham menos opções e, portanto, menos flexibilidade para agir. Meninos como Terrence, por exemplo, que disse já ter participado de 75 brigas aos 12 anos e contou esta história envolvendo uma arma:

> "Eu não gostava daquele menino, mas estava na minha. Aí ele veio para cima de mim e ficou dizendo: 'Sabe aquele lance que você anda falando?' Eu disse: 'Saia da minha frente'. Aí ele me empurrou e apontou uma faca para mim, então pensei: 'Isso não vai ficar assim'. Fiquei matutando: 'Se ele tem uma faca, também vou arrumar uma faca de cozinha'. Se ele vier com uma faca para cima de mim, vou puxar a minha e acertá-lo."

Brian era o jovem que entrevistamos, ficava mais à vontade com brigas de rua. Ele contou histórias de disputas por garotas, de se envolver em brigas de gangues, de tráfico de drogas à noite e de rebeliões na escola. Indagado se já havia levado um tiro, ele respondeu: "Não, mas um cara me apontou uma arma". Ele disse que nunca havia usado uma arma, mas explicou que sempre anda com uma faca.

> Michael: Por que você sempre anda com uma faca?
> Brian: Para o caso de ser atacado ou algo assim.

Michael: Então, você já usou a faca?
Brian: Bem, eu a aponto para as pessoas.... Eu não gosto de brigar, cara, porque quando eu brigo... Bem, detesto brigar, mas sei que se eu perder vou continuar lutando. É por isso que não gosto de brigar. Mas se os caras se aproximarem, basta eu puxar minha faca para eles me deixarem em paz.

Por esses comentários, entendemos que, embora, muitas vezes, tenham medo de brigar, os meninos que vivem em bairros violentos aprendem a repelir as ameaças partindo para a violência quando necessário. Todos os meninos, gentis ou durões, aqueles que confessaram ser "fracos" e os que portavam facas para se defender de agressores, usavam os recursos disponíveis para sobreviver. Uma equipe de pesquisadores da Universidade da Pensilvânia, que estudou o impacto da violência sobre o desenvolvimento de jovens urbanos, descobriu que ela "não só é uma parte normal do desenvolvimento da identidade de alguns jovens que vivem em ambientes de alto risco, como também é necessária para a sobrevivência psicológica".[19] O psicólogo Howard Stevenson, também da Universidade da Pensilvânia, afirmou que a postura pública de bravata é uma reação natural de quem se sente "hipervulnerável[20]".

Nosso programa proporcionou um entendimento contextual mais profundo sobre as reações dos meninos à violência crônica. Aprendemos também como eles se apegam àqueles que os amam e aceitam. Eram essas conexões que os ajudavam a vislumbrar algo além do código das ruas.

OS MAIORES E PIORES

O *bullying* tem um lugar especial na vida dos meninos. Definido como um padrão intencional de assédio, abuso e violência, o *bullying* envolve interações eletrônicas, por escrito, verbais ou físicas. De modo geral, 13 por cento das crianças entre 2 e 17 anos vivenciaram o *bullying* físico, e 36 por cento foram provocadas ou atormentadas emocionalmente no ano letivo 2013-14. Meninos sofrem duas vezes mais *bullying* que as meninas, e esse tormento tem uma dimensão nitidamente mais física.[21]

A escola é o marco zero para o *bullying*. Segundo um estudo da Kaiser Family Foundation, organização voltada a políticas públicas de saúde, 80 por cento dos adolescentes de 12 a 18 anos que relataram sofrer *bullying* disseram que ele ocorreu na escola. Quase um em cada dez estudantes relatou ter participado de uma briga na escola no ano anterior, onde o espírito de sobrevivência dos mais fortes pode infectar a cultura. Meninos maiores, mais malvados e mais agressivos comandam essas dinâmicas.[22]

Uma pesquisa sobre os efeitos de ser vítima de *bullying* descobriu que 6 por cento dos estudantes não foram à escola em um ou mais dias porque se sentiam inseguros. Os estudantes aprendem a evitar certos lugares nas escolas, como vestiários sem supervisão adulta, ou certas atividades, como trocar de classe. Meninos que sofrem *bullying* têm autoestima mais baixa e menos amigos, e ficam diferentes e mais calados do que eram. A humilhação pública dos meninos, muitas vezes, envolve acusações de que são gays. A reação mais comum dos acossados é brigar. Além dos danos físicos que podem resultar do *bullying* e suas consequências, as vítimas enfrentam risco maior de transtornos psicossomáticos, depressão, ansiedade, distúrbios do sono e problemas acadêmicos.[23]

Os professores britânicos Jonathan Salisbury e David Jackson descrevem a cultura no ensino secundário em seu livro *Challenging macho values: practical ways of working with adolescent boys*: "Para muitos estudantes, a vida cotidiana nas escolas, clubes e faculdades é uma experiência violenta. Os corredores nos intervalos, as salas de aula, os banheiros, os lugares atrás dos bicicletários podem se tornar ameaçadores e apavorantes". Segundo Salisbury e Jackson, o *bullying* na escola representa as "tentativas e a luta dos meninos que querem ser mais masculinos". E eles acrescentam que "há um elo entre poder e vulnerabilidade na vida dos meninos — em como eles tentam achar um jeito de combater seus medos relativos a ansiedade, dependência e senso da própria fraqueza[24]".

Lamentavelmente, o *bullying* pode gerar problemas de longo prazo, como delinquência, dificuldades relacionais e no mercado de trabalho, e abuso de substâncias nocivas. Pelo lado da vítima, não reagir quando ameaçada muitas vezes a coloca em risco ainda maior. Pesquisadores descobriram que onde quer que haja uma cultura de *bullying* se aplicam as regras darwinianas: se um menino parecer fraco, os outros tentarão maltratá-lo. Se ele se mostrar forte, há maior probabilidade de se manter seguro.

O QUE FAZER EM RELAÇÃO À VIOLÊNCIA DOS MENINOS

A infância faz os meninos mergulharem na violência. Seja escancarada em forma de brigas ou *bullying*, ou mais implícita e no pano de fundo, a ameaça e a força estão sempre presentes. Em quase todas as interações de meninos há uma possibilidade real de que um deles seja identificado como "inaceitável" na Caixa da Masculinidade, no grupo ou no clube; alguém que viola as maneiras apropriadas de ser homem; e que corre o risco de virar alvo. Em última instância, o potencial constante de humilhação, ameaça, críticas e violência se torna parte inconsciente de como um menino se orienta na vida. Experiências de infância influenciam sua autoimagem e sua visão do que é aceitável e digno. Um menino que teme ser humilhado por não se enquadrar na caixa não hesita em policiar outros meninos pelo mesmo crime.

Contra o drone certeiro da violência e intimidação masculinas, atos explícitos de hostilidade, agressão e maldade representam o extravasamento de tensões que ficam fervendo em fogo baixo. O cientista social Brett Stoudt, da Universidade da Cidade de Nova York, realizou um estudo em profundidade sobre meninos no ensino secundário. Ele descobriu que a maioria dos jovens sofria afrontas constantes, eram avaliados e julgados sem piedade e se resignava às hierarquias sociais reforçadas pela competição desenfreada e ameaças explícitas. Ele concluiu que, "a violência pode ser considerada a finalidade mais visível e esporádica de um ciclo contínuo que inclui as formas normalizadas de violência masculina que ocorrem diariamente nas escolas[25]".

Programas contra a violência, geralmente, visam ajudar populações específicas sob risco. Mas, já que a infância envolve o policiamento cotidiano de quem se enquadra ou não nas normas masculinas, a violência inevitavelmente se manifestará em algum lugar e de alguma forma, infectando quase todo mundo. Pesquisadores como Stoudt confirmam que qualquer pai ou mãe de um garoto no ensino médio sabe que, subjacentes à erupção dos atos mais extremados de violência, há milhares de percalços que cada menino sofre na infância. Conforme um relatório da Promundo, "normas masculinas moldam a probabilidade de homens e meninos serem alvos ou perpetradores da violência[26]".

A boa notícia é que a maioria dos meninos cresce sem tendências violentas e antissociais. Apesar de ser comum eles agirem agressivamente e de um estudo ter descoberto que 35 por cento dos meninos haviam se envolvido em alguma ofensa agressiva no ano anterior, para a maioria isso se torna cada vez mais raro. Mas a má notícia é que a agressividade de alguns não diminui. Uma pequena porcentagem de 5 por cento dos meninos é responsável pela metade de todos os atos violentos graves.[27]

Comunidades e governos, reagindo à onda de violência masculina, têm considerado a situação como uma epidemia que precisa ser combatida pela saúde pública. As circunstâncias são tão terríveis que parece apropriado adotar um modelo médico, que abrange três níveis: primário, secundário e terciário.

COMUNIDADE, ESCOLA E FAMÍLIA: PREVENÇÃO PRIMÁRIA

Em 2016, os CDC publicaram *A comprehensive technical package for the prevention of youth violence and associated risk behaviors*, que correlacionava atos explícitos de violência com a exposição ao estresse crônico. A síntese recomendava uma abordagem visando os fatores de risco e os fatores protetivos. Há diversos programas para tirar os meninos das ruas, especialmente durante os horários de folga da escola, quando ocorre a maior parte da violência nos bairros. Os programas são oferecidos em igrejas e organizações de bairro ou nacionais sem fins lucrativos, como os clubes de escotismo e outros para meninos e meninas. Eles oferecem atividades, mentoria, formação de habilidades e reforço escolar, mas sua principal meta é fomentar relacionamentos saudáveis. Conforme os CDC relataram, "relacionamentos com adultos carinhosos, além dos pais ou cuidadores, podem influenciar as escolhas comportamentais dos jovens e reduzir o risco de se envolverem com a criminalidade e a violência[28]".

A aprendizagem socioemocional (ASE) tem sido muito adotada em escolas por seu valor na prevenção básica da violência. Cultivando a autogestão e habilidades de gestão de relacionamentos, programas voltados à autoestima, à solução de problemas sociais, à assertividade e à aprendizagem emocional comprovadamente reduzem os comportamentos antissociais. Acredita-se que adquirir competências interpessoais evita que os meninos recorram a estratégias agressivas quando estão frustrados ou em conflito. Um desses programas, o Steps to Respect, relata uma redução de 30 por cento no *bullying* e na vitimização após o segundo ano.[29]

Normas saudáveis em sala de aula, geralmente, diminuem a probabilidade de um menino acreditar que se safará se empurrar ou atormentar um colega. Programas escolares de mediação e resolução de conflitos entre pares também ajudam os meninos a se relacionarem melhor com os colegas, direcionando níveis crescentes de tensão e agressão para interações verbais rotineiras. Alguns rapazes, que recorriam habitualmente à intimidação e violência, progrediram além do esperado em virtude dos esforços para a formação de habilidades. Como estão profundamente enredados nos sistemas alternativos de recompensa de sua turma, eles são menos influenciados por normas do bom convívio social. Nesse caso, é importante impor limites firmes e comunicar claramente as expectativas e consequências de violações, ou seja, aplicar uma dose forte de realidade. Além de programas de formação de habilidades, políticas fortes contra violência e *bullying* ajudam a promover normas positivas e a evitar atos aleatórios de violência.

Uma escola na qual eu trabalhei tinha uma longa tradição de trotes aplicados aos pares. Isso fazia parte de sua cultura, e gerações de rapazes a haviam tolerado. O sistema de "ratoeira" da escola era considerado um privilégio importante dos meninos mais velhos e um rito de passagem necessário para os "calouros". Os meninos eram empoderados pelo sistema para transmitir lições cruciais de masculinidade, incluindo o respeito pela hierarquia e pelo tratamento ríspido constante. A escola, porém, acabou percebendo que essa tradição de maltratar os colegas estava prejudicando sua reputação. As famílias começaram a reclamar, e as taxas de matrícula e retenção despencaram. A escola buscou entender melhor a extensão do problema e encontrar soluções. Por fim, os administradores baniram todos os tipos de trote e reforçaram a nova política com maior vigilância e consequências mais drásticas, pois era preciso manter a lucratividade da instituição. No entanto, foi preciso reforço constante durante anos para acabar com o assédio entre os meninos, pois novos estudantes chegavam esperando ter o direito de dominar os próximos calouros conforme a "tradição" cultuada.

É essencial haver programas *anti-bullying* nas escolas, já que são os lugares onde essa prática é mais disseminada, mas certas abordagens nesse sentido têm mais êxito do que outras. Em um sumário, datado em 2013, de pesquisas sobre diferentes abordagens nos programas contra *bullying*, a organização de pesquisa ChildTrends apontou três caminhos. Primeiro, programas para pais, que instruem como abordar melhor a questão do *bullying* com os filhos, foram amplamente bem-sucedidos. Segundo uma abordagem escolar integral, que inclui treinar o pessoal para integrar as mensagens principais do programa nas aulas e currículos ao longo do ano, também funcionou bem. Combinar programas escolares e para pais reforçava essa abordagem. Terceiro, programas de aprendizagem socioemocional, incluindo os que visam habilidades específicas como empatia e tomada de decisões, mostraram resultados menos evidentes. Equipar os meninos com melhores ferramentas socioemocionais talvez não produza uma mudança geral, a menos que as normas masculinas embutidas nas culturas das escolas também sejam combatidas.

Quando as equipes das escolas contestam o *bullying*, isso transmite aos meninos uma mensagem importante sobre segurança moral, mesmo que atos de *bullying* persistam. Quando um professor ou administrador escolar apoia uma política com sua aplicação concreta, os meninos sentem que estão sendo bem cuidados. As intervenções mais eficazes contra o *bullying* começam com uma revisão cultural holística das mensagens confusas e de tolerância indevida quando um aluno maltrata os colegas. Quando conseguem controlar o *bullying*, as escolas podem ser um oásis de responsabilidade moral em comunidades deterioradas.

Outro contexto marcado pelo *bullying* são os acampamentos de verão. O terapeuta infantil Bob Ditter oferece uma abordagem tripla para diretores e conselheiros de acampamentos na publicação online *Camps*, da American Camp Association. Para a vítima, ele recomenda a engenharia social de experiências positivas com pares, empoderando o menino para se afirmar mais efetivamente e ajudando-o a entender e a reagir melhor a dicas sociais. Para o valentão, sua estratégia combina um limite rígido para futuros abusos verbais ou físicos, com a orientação para que o menino canalize suas frustrações de maneiras mais construtivas. Por fim, para o bem da comunidade, é importante que os espectadores ou transeuntes socorram as vítimas e as acolham bem quando saírem do estado de torpor.[30]

Não importa o que grupos comunitários façam nas escolas, é improvável que eles consigam superar totalmente os padrões que os meninos aprendem com suas famílias, sobretudo se eles continuarem expostos a condições perniciosas de violência doméstica, negligência ou versões exageradas de masculinidade. Segundo pesquisadores dos CDC, "ambientes familiares instáveis, estressantes e sem estrutura e supervisão, onde os relacionamentos e a comunicação são ruins entre seus membros, e há disciplina muito severa ou limitada com as crianças, são fatores de risco para a violência juvenil".[31] Ajudar os pais a satisfazerem as necessidades relacionais do filho, particularmente enquanto o regulam e disciplinam, é uma importante estratégia de prevenção contra a violência.

Uma preocupação comum dos pais é que o filho seja maldoso com um irmão ou irmã mais nova. À luz de como o autoconceito de um menino pode ser afetado nocivamente quando ele maltrata os outros, os pais precisam intervir quando o veem ser grosseiro com o irmão ou a irmã mais nova. Bullying e maldade entre crianças podem indicar que elas acham necessário competir pelos recursos escassos de atenção e cuidado. Quando um menino ignora normas culturais de que "irmãos mais velhos" devem cuidar dos mais novos, isso indica que algo o está acabrunhando.

Em uma reunião de aconselhamento entre pares líderes, Da'sean falou sobre seu relacionamento com o irmão mais novo. Ele disse que esse irmão é a pessoa mais importante em sua vida e, por isso, faz questão de tratá-lo bem e orientá-lo. Enquanto ele falava, seus olhos se encheram de lágrimas, evidenciando a profundidade de seu envolvimento. Assim, percebi que Da'sean se beneficiava tanto quanto seu irmão com esse relacionamento, e que ele sabe todos os dias a grande diferença que faz na vida do outro.

Em outra família, porém, o relacionamento conturbado com a mãe fazia David se sentir rejeitado, raivoso, desesperado e se debatendo em vão. Ele se convenceu de que sua irmã era "burra" e "chata" para descarregar nela seu ressentimento fervente. Ao legitimar os maus tratos à sua irmã, que inocentemente o adorava e ansiava por voltar a ser amada, David deixou de se sentir uma vítima e passou a se sentir poderoso como opressor. Mas ser bruto com a irmã não fazia ele se sentir melhor consigo mesmo. Além disso, esse comportamento não resolvia coisa alguma em seu relacionamento com a mãe e ameaçava a segurança de sua irmã na família. Quando eu disse que sabia o quanto ele estava desapontado consigo mesmo por ser tão impaciente e cruel, ele admitiu ter vergonha de si mesmo.

IDEIAS PARA MENINOS SOB RISCO: INTERVENÇÕES SECUNDÁRIAS

Intervenções de nível secundário se aplicam a meninos que demonstram os primeiros sinais de agressividade, mau comportamento e violência. Esses são os jovens com maior risco de manterem padrões duradouros de agressão, a menos que ações pontuais interrompam e alterem suas trajetórias de desenvolvimento. Além de sua eficiência em geral, a vantagem das intervenções secundárias é que são sob medida para um grupo que obviamente precisa de ajuda. Programas de combate ao desvio juvenil para a criminalidade, por exemplo, identificam infratores em estágio inicial no sistema de justiça juvenil e os encaminham para mentoria e programas de aconselhamento em grupo. Em escolas, mais programas educacionais focam habilidades como raciocínio moral e gestão da raiva e de conflitos. No nível secundário, há programas para indivíduos e grupos, dependendo da necessidade. Uma escola, por exemplo, ofereceu monitoria comportamental intensiva, com ênfase em *feedback* positivo para conduta apropriada, a um grupo de alunos da 7ª série selecionado por registros disciplinares anteriores. O tratamento trouxe mudanças positivas e duradouras para o grupo até cinco anos depois.

Mas, ao longo dos anos, alguns modelos de intervenção se mostraram ineficazes. No campo do desvio juvenil para a criminalidade, por exemplo, muitos programas não conseguiram tirar os meninos do caminho perigoso que estavam começando a trilhar. Segundo pesquisadores, o fracasso desses programas se deve mais a uma elaboração desleixada e à falta de precisão nos objetivos e métodos do que ao poder de intervenções teoricamente afiadas visando gerar resultados. Um estudo interessante para pesquisa convocou jovens para seis tratamentos distintos em grupos, incluindo dois grupos que não receberam uma intervenção real. Jovens nos grupos que recebiam tratamento reagiram bem melhor do que aqueles que não receberam ajuda, e cada um dos modelos de tratamento produziu mudanças positivas nas atitudes e comportamentos dos participantes. Faz muita diferença dar atenção especial, sobretudo, apoiando a autorregulação e habilidades interpessoais, a meninos que estão trilhando o caminho errado.

Intervenções familiares para meninos com problemas também são muito utilizadas. Ajudar os pais a impor uma disciplina eficaz, oferecer o devido apoio emocional e criar rotinas que proporcionem segurança física e emocional alcançam a raiz dos padrões interpessoais desajustados que fazem os meninos se perderem. O repertório de comportamentos agressivos e lesivos de alguns jovens é estabelecido cedo, bem antes de estarem adiantados na escola, e se baseia em interações nocivas com os pais. O modo de educar as crianças e as práticas disciplinares que persistem em culturas familiares, apesar de cada geração jurar que não repetirá os erros de seus pais, podem requerer intervenção externa. Mitos sobre do que os meninos precisam e como devem ser geridos são transmitidos automaticamente, mesmo que não façam muito sentido.

O relatório da Comissão sobre Violência e Juventude da Associação Americana de Psicologia concluiu o seguinte sobre intervenções de nível secundário: "Como os padrões cognitivos subjacentes ao comportamento violento são aprendidos cedo na infância e são habituais na natureza, porém, são potencialmente modificáveis por meio de intervenção direta, programas de tratamento que mudam tais padrões devem gerar mudanças relativamente duradouras no comportamento violento[32]".

TRATANDO MENINOS AGRESSIVOS E VIOLENTOS: INTERVENÇÕES TERCIÁRIAS:

Intervenção terciária significa tratamento, sobretudo individual. Quando trabalhei na vara de família de Delaware, no Departamento de Investigação Pré-Sentença, dando pareceres a juízes sobre meninos que já eram considerados delinquentes, nós avaliávamos se um menino poderia mudar o rumo de sua vida. Discutir com os meninos como haviam chegado a esse ponto e o que sentiam sobre o rumo que tomaram envolvia muita escuta e dar *feedback* tolerante a suas interpretações. Dependendo do entusiasmo com que os meninos participavam dessas sessões, os juízes podiam dar sentenças mais brandas para aqueles que davam sinais de estarem dispostos a mudar.

A diferença entre programas de intervenção para meninos com comportamentos desajustados e abordagens para aqueles que estão mais seriamente encrencados é obscura. Geralmente, o julgamento do avaliador determina como o menino é classificado, mas isso é fortemente influenciado pelo modo como o mau comportamento é visto. No início da minha carreira, por exemplo, uma professora da 5ª série em uma escola católica na Filadélfia solicitou um encontro para falar sobre um menino de sua classe. Quando fui à sua sala de aula após o expediente e sentei-me ao seu lado, ela ficou descrevendo o menino.

Eu havia aprendido que, para entender por que um professor foca a atenção em determinada criança, era preciso saber o que a perturbava e se destacava em relação ao comportamento das outras crianças. Essa professora em questão descreveu Pete, de quem obviamente gostava, então começou a chorar silenciosamente. Perguntei o que era tão preocupante, e ela disse que viu esse menino — tão cheio de vida e com capacidade de liderança — começando a tomar um rumo perigoso. "Eu não quero que ele se torne um homem de Kensington", disse finalmente, referindo-se ao bairro da classe trabalhadora onde ela havia crescido e visto muitas famílias e amigos se arruinarem com o alcoolismo, a violência e identidades machistas.

Ela tinha razão sobre Pete, que estava sendo tragado pelas normas do bairro para ficar vadiando nas esquinas com bandos de meninos mais velhos. Ao aceitar a incumbência da professora, cabia a mim tentar dar um contrapeso ao fascínio exercido pelas ruas — um relacionamento no qual eu pudesse validar o senso de Pete de quem ele realmente era e fazê-lo enxergar as falhas de suas escolhas atuais. Pete estava encantado com as recompensas oferecidas por sua turma: popularidade, excitação, pertencimento, diversão e aventura. Mas, à medida que nosso trabalho progredia, consegui ajudá-lo a refletir para onde tudo isso o estava levando e se isso tinha a ver com suas ambições pessoais. Meu plano era reforçar seus sonhos de vida para que ele conseguisse ter uma perspectiva real sobre as tentações do momento.

O psicólogo James Garbarino, da Universidade Loyola de Chicago, que estuda rapazes violentos, os descreve como "garotos perdidos" que ficaram sem as amarras de suas conexões empáticas. Para recuperar sua humanidade, ele recomenda colocar âncoras em suas vidas: "Esses valores e relacionamentos... os protegem contra as influências da toxicidade social, turmas negativas, violência na mídia de massa e o materialismo grosseiro de nossa cultura". Entre as diversas âncoras estão "adultos que se empenham incondicionalmente para suprir as necessidades de desenvolvimento da garotada[33]".

Um menino que se comporta violentamente passou de um estado de atenção plena para um reativo. Ele está inundado de sentimentos que o levam a explodir. Justificando o comportamento raivoso com um jorro de racionalizações, o menino acha normal ignorar a humanidade da outra pessoa. Quanto mais resistentes forem as âncoras de um menino e quanto mais ele estiver conectado à perspectiva de alguém que não partilha suas racionalizações, porém, menor será sua propensão a atacar violentamente. Pais e educadores que se relacionam com o menino devem questioná-lo quando ele racionaliza um comportamento lesivo ou autocentrado.

No nível mais amplo da infância, adultos precisam desafiar, por meio de exemplos contundentes, a família, a escola e culturas comunitárias que glorificam a hipermasculinidade. Um pai que dramatiza seus sentimentos feridos em um rompante raivoso e egoísta reforça a mensagem de que o poder implica a prerrogativa de descontar os sentimentos nos outros. Meninos podem achar que descontar os sentimentos negativos nos outros ou em si mesmos é menos eficaz para resolvê-los do que expressá-los direta e plenamente. Somente quando não têm oportunidade de serem sinceros e vulneráveis é que os meninos magoam os outros porque eles mesmos estão sofrendo.

Ainda que tomados pelo sentimento da mágoa, os meninos devem exercer controle sobre reações impulsivas. Uma pessoa do sexo masculino que seja respeitada pelo menino e lide com a mágoa de maneira corajosa e vulnerável serve de modelo de como um homem de verdade tem domínio sobre os sentimentos, incluindo temores, decepções e mágoas. E essa imagem pode ficar gravada pelo resto da vida. Por sua vez, professores e treinadores dão lições importantes de inteligência emocional se perdem a cabeça na sala de aula ou nas laterais do campo e depois pedem desculpas a um menino. Para garotos que tentam resistir a normas culturais que estimulam a violência masculina, tais imagens são como dinheiro acumulado em uma poupança.

CAPÍTULO 9

BRINQUEDOS DE MENINOS NA ERA DIGITAL

Certa noite em um jantar, um amigo me falou sobre Alex, seu filho de 23 anos que estava tentando se firmar como roteirista em Los Angeles. Lutando por seu sonho, Alex escreve o dia inteiro, trabalhando com o máximo de disciplina possível. Ele divide o tempo diário entre parcelas de foco total e pausas curtas para recreação. Durante essas pausas de 20 a 30 minutos, ele entra em seu game favorito no computador e joga com grande intensidade até se cansar, então retoma o trabalho. Desde a pré-adolescência, os videogames são uma paixão na vida de Alex. Ele e seu irmão mais velho, que moram em lugares diferentes no mesmo estado, formam uma dupla em um jogo e até participam de um torneio anual realizado em um fim de semana.

O que me chamou a atenção enquanto meu amigo descrevia a vida do filho foi o papel central dos games em sua rotina. Alex geralmente limita sua vida social, o pai explicou, mas desanuvia a cabeça e se conecta com seu irmão e outros "amigos" no mundo virtual dos games. Ele aprendeu a gerir seu tempo e a manter um mínimo de vida social retirando-se para o mundo cheio de conectividade da internet. Não é por acaso que Alex e o irmão são homens, partilham a paixão por games on-line e têm vidas produtivas e sobrecarregadas. A revolução tecnológica nas duas últimas décadas manteve velhas tendências no desenvolvimento masculino, mas acrescentou novas rugas.

Em um *workshop* recente para pais, contei histórias de momentos típicos, porém desafiadores da parentalidade: um menino que é vítima de *bullying*, outro que se afasta da família e testa comportamentos arriscados e vários outros. Um caso tinha a ver com o uso das redes sociais por um menino, e foi o assunto mais debatido do dia. Meninos viciados em seus celulares, computadores e videogames; meninos que só sociabilizam on-line; meninos que usam Instagram, Facebook, Twitter e outros sites de maneiras chocantes para os pais — tudo isso instigou discussões acaloradas e marcadas pela ansiedade. Vários pais falaram ao grupo sobre os perigos do tempo ilimitado diante das telas; outros partilharam políticas familiares como confiscar telefones celulares durante as refeições. O comportamento dos meninos em seus dispositivos certamente é fonte de muitas preocupações para os pais. Segundo um levantamento do Centro Pew, em 2015, quase a metade dos pais se preocupa que os filhos passem tempo demais on-line.[1] Mas essa preocupação é maior para pais de meninos. Em 2004, segundo um estudo sobre o hábito de jogar videogames, "meninas tinham menos propensão do que meninos a ser jogadoras de videogame, jogavam menos horas e não buscavam situações para interações sociais durante os jogos[2]". Outro estudo descobriu que 300 por cento a mais de homens despendiam tempo com games em relação a mulheres.[3] Em 2014, pesquisadores descobriram que os homens gastavam em média 13 horas a mais por semana com games, chegando até entre 30 e 43 horas.[4] Esse viés de gênero criou o estereótipo do gamer masculino, embora o tempo gasto por meninas com games esteja aumentando rapidamente.

Em um círculo que se retroalimenta, o estereótipo do gamer impacta não só quem se identifica com esse perfil, mas também o design de games. Um pesquisador definiu os games como "hardcore" ou "casuais". Tramas obscuras e violentas atraem mais os meninos, ao passo que games como Candy Crush Saga interessam mais às meninas. Personagens femininas em games hardcore são raras, porém sempre hipersexualizadas e estereotipadas. Críticas ao viés de gênero geraram o debate #Gamergate, no qual rapazes vociferaram no YouTube que "videogames são criados por homens para homens[5]".

Essa crença persiste, apesar de evidências de que o espaço dos games está se tornando cada vez mais igualitário. Em um levantamento, em 2015, realizado pelo Centro de Pesquisas Pew, houve a mesma porcentagem de homens e mulheres que disseram jogar videogames. Mas o levantamento também descobriu que havia o dobro de probabilidade de homens se autodenominarem gamers, e 60 por cento disseram acreditar que as pessoas que jogam videogames geralmente são do sexo masculino.[6]

Há algumas indicações de que jogadores da geração mais jovem têm outra visão: vários levantamentos desde 2014 descobriram que garotos adolescentes não endossam o estereótipo do gamer. Rosalind Wiseman, autora de *Queen bees & wannabes* e *Masterminds and wingmen*, realizou um estudo junto a 1.400 alunos dos ensinos secundário e médio, em 2014, com o intuito de investigar se os mitos da indústria contribuem para a perpetuação das representações tradicionais de gênero. Sua equipe teve três surpresas. Primeiro, os meninos em seu estudo rejeitavam a representação de personagens femininas como objetos sexuais. Segundo, o gênero do protagonista do game não influenciava a escolha dos meninos quanto ao personagem que queriam encarnar no jogo. E, por fim, as garotas jogavam todos os tipos de games, incluindo aqueles com atiradores e esportistas.[7]

No entanto, o círculo que se retroalimenta, abrangendo o design de brinquedos, o marketing e a demanda dos consumidores, reforça crenças tradicionais. Em 2016, foi realizada na Casa Branca uma conferência intitulada "Desfazendo os estereótipos de gênero na mídia e nos brinquedos para que nossos filhos possam explorar, aprender e sonhar sem limites". Segundo o convite, a conferência teve a seguinte motivação: "Nós sabemos que os interesses, as ambições e as habilidades das crianças podem ser moldados desde cedo pela mídia que consomem e pelos brinquedos com os quais se divertem — e isso afeta não só seu desenvolvimento, como a força da nossa economia nas décadas vindouras". Em um painel na abertura da conferência, opinei que não são os meninos que criam a infância na qual habitam, pois a indústria de brinquedos e as empresas de mídia contribuem para a arquitetura da infância.

Lamentavelmente, os brinquedos e a mídia são mais direcionados a famílias de maneiras mais compartimentadas por gênero do que nunca. Embora a igualdade entre homens e mulheres seja maior hoje, o marketing baseado na premissa de que eles são fundamentalmente diferentes tornou-se a regra. Pesquisadores que compararam os sites da Disney e os catálogos da Sears, notam que a codificação cromática é uma norma muito mais forte do que há 50 anos. Meninos são direcionados para brinquedos de ação e fantasias de heróis; e meninas, para roupas de princesa e brinquedos mais passivos. Em 2012, a psicóloga Christia Spears Brown, da Universidade do Kentucky, notou que a empresa que fabrica o Lego resolveu expandir seu apelo para meninas criando kits cor de rosa e roxos, com modelos de cozinhas, salões de cabeleireira e shopping centers.[8]

Em uma conferência na Casa Branca, representantes da indústria de brinquedos argumentaram que são as pesquisas de mercado que apontam essas direções. E mencionaram alguns levantamentos importantes mostrando que a crença em diferenças fundamentais de gênero vem aumentando desde os anos 1970. Mas a transição entre essas descobertas e a crença de que os pais dão preferência a produtos codificados por gênero é questionada. A socióloga Elizabeth Sweet, da Universidade Estadual de San Jose, é enfática: "A confiança na categorização de gêneros é imposta de cima para baixo: eu não achei evidência alguma de que as tendências nos últimos 40 anos sejam resultantes da demanda dos consumidores[9]".

Designers de produtos e técnicas de marketing que apelam para estereótipos de gênero convencionais, mesmo que não se coadunem totalmente com as crenças de seus públicos-alvo, aumentam o volume das vozes que promovem tais estereótipos. Desde o início de uma gravidez, os pais ficam ansiosos para saber o sexo da criança. Após o bebê nascer, a "obsessão deles pelo gênero" se intensifica, afirma Brown. Em geral, as primeiras roupas do bebê são codificadas por cor; e os macacões exibem *slogans* espertos frisando o gênero. "Desde o início", escreve Spears, "a consciência de gênero impulsiona cada compra que fazemos. Até os brinquedos de gênero neutro apreciados por meninos e meninas, a exemplo de bicicletas, têm duas versões: uma versão pastel, geralmente cor de rosa ou lilás, e outra de cor mais viva, como vermelho ou azul".[10]

As crianças notam que os adultos importantes em suas vidas parecem obcecados por gênero. Ao brincar, elas treinam seus papéis no roteiro de gênero prescrito. Nas brincadeiras, as meninas são mais propensas a ignorar limites de gênero. As consequências para meninos que ultrapassam esses limites são bem mais sérias. Portanto, embora seja complicado, é vital entender os brinquedos de meninos, seu design, marketing e impacto.

TECNOLOGIA E DESENVOLVIMENTO DE MENINOS

Nos anos 1960, o teórico cultural canadense Marshall McLuhan estendeu a ideia de "autoconceito no espelho" para o campo de estudos sobre mídia. Sua famosa ideia de que "o meio é a mensagem", descrevia como os atos de pensar e se relacionar são influenciados não só pelo conteúdo de livros, televisão e, agora, das redes sociais, mas também pela própria forma de comunicação.[11] Quando consideramos a geração atual de nativos digitais, cujo uso de videogames e redes sociais "transformou radicalmente como a garotada percebe a realidade", fica mais fácil entender a grande preocupação dos pais conforme notei no *workshop*. Com 92 por cento dos adolescentes passando tempo on-line diariamente — e 24 por cento "quase constantemente" —, os jovens de hoje em dia praticamente *vivem* no ciberespaço.[12]

Segundo Lee Rainie e Janna Anderson, do Centro de Pesquisas Pew, o que mais distingue a geração digital das anteriores é sua conectividade com dispositivos móveis. Atualmente, quando entro na minha sala de espera para cumprimentar o próximo cliente, geralmente ele está curvado sobre seu smartphone, seja no meio de um jogo, ou digitando freneticamente mensagens de texto ou ambos. Quando meninos me dizem que "conversaram" com alguém, isso significa que trocaram mensagens de texto; quando falam dos "amigos", frequentemente isso significa pessoas que eles conhecem apenas por seus nomes nas telas. Segundo um relatório recente do Pew, 57 por cento dos adolescentes fazem uma amizade on-line.[13]

Os pais não estão sozinhos em sua ânsia de entender como a tecnologia afeta o crescimento de seus filhos. Muitos livros sobre o assunto foram publicados recentemente, porém, apresentam opiniões muito divergentes. O escritor de tecnologia Steven Johnson, autor de *Everything bad is good for you: how today's popular culture is actually making us smarter*, tem a visão otimista de que as mídias digitais são elaboradas "explicitamente para treinar os músculos cognitivos do cérebro". Visando os sistemas de recompensa do cérebro, os games estimulam uma absorção prolongada, enquanto os jogadores praticam habilidades no nível executivo de buscar, decidir, priorizar, colaborar, fazer múltiplas tarefas e assim por diante. Embora as novas tecnologias não estimulem o entendimento profundo, a complexidade dos universos que elas criam cultiva diferentes maneiras de saber e se conectar.[14]

Outros, porém, chegaram a conclusões mais sombrias. O psicólogo Philip Zimbardo, da Universidade Stanford, lamentou o atual "fim dos rapazes", em grande parte causado pelo efeito viciante dos games e da pornografia. Apontando os níveis crescentes de retraimento e isolamento social, ele culpa o resultado neurológico do excesso de exposição a conteúdo altamente estimulante, que ele chama "vício em excitação", por refrear o desenvolvimento adequado dos meninos. Ele cita o fato de que crianças passam mais tempo on-line do que na escola para sugerir um elo entre consumo excessivo de pornografia e games e, por outro lado, o mal-estar educacional, a obesidade, a ansiedade social intensificada e uma dependência exagerada de estimulantes e drogas nas ruas.[15]

O psicólogo de Harvard Howard Gardner tem uma visão mais benigna sobre a "geração dos aplicativos". Gardner e a copesquisadora Katie Davis realizaram um estudo entre 2008 e 2012, durante o qual entrevistaram educadores e adolescentes nos Estados Unidos e nas Bermudas a respeito do uso de tecnologia. Eles concluíram que aqueles que chegaram à idade adulta desde o advento das mídias digitais foram transformados por essas tecnologias: seus "processos de pensamento, personalidades, imaginações e comportamentos" foram "reconfigurados". Gardner e Davis examinaram estreitamente três aspectos do desenvolvimento — identidade, intimidade e imaginação — para descrever essas mudanças. Em termos de como os membros da geração dos aplicativos se veem, por exemplo, os autores do estudo acharam que eles são "mais orientados externamente", o que cria novas oportunidades, porém implica novos desafios.[16]

Pelo lado positivo, Gardner e Davis acreditam que a exposição ampla torna a geração digital mais cosmopolita e tolerante a diferenças, e oferece oportunidades abundantes para a autoexpressão individual. Mas, enquanto moldam seus Eus diante de audiências mais amplas e mais atentas do que nunca, há uma pressão correspondente para os jovens manterem as coisas seguras e se fecharem prematuramente a opções de identidade. Criar identidades pessoais diante de uma audiência estimula um acondicionamento do Eu em vez de uma exploração pessoal, e pode gerar uma autoabsorção narcisista. A respeito do impacto das mídias digitais sobre relacionamentos, criatividade e imaginação, Gardner e Davis concluem com uma advertência sobre "a consciência e a visão de mundo regidas pelos aplicativos: a ideia de que há maneiras definidas de alcançar tudo o que se quer[17]".

O conteúdo e os contornos da vida dos meninos são influenciados pelo mundo virtual em que vivem. O tempo é um exemplo: a natureza perpetuamente conectada da comunicação é "especialmente adequada para a vida sobrecarregada de trabalho e demasiadamente programada que ela possibilita", segundo a professora Sherry Turkle, da Iniciativa sobre *Technology and Self* no Instituto de Tecnologia de Massachusetts (MIT). Os relacionamentos são "excessivamente simplificados", acrescenta ela, e noções tradicionais de separação e individuação no desenvolvimento infantil são aprumadas.

Um jovem cliente meu, por exemplo, ansioso e temeroso de ficar sozinho, tem uma namorada com a qual ele se conecta pelo FaceTime; em algumas noites, eles dormem com as respectivas imagens captadas pelas câmeras ligadas durante horas.[18]

A magnitude do impacto da tecnologia sobre o desenvolvimento é impressionante. Turkle estuda a "história interna dos dispositivos" e traça uma evolução desde os anos 1980 e 1990 até um novo fenômeno: o Eu amarrado. Os dispositivos tornam-se extensões do Eu do adolescente; o meio de expressão fundido com sua mente de forma mais inconsútil do que os pais podem esquadrinhar. À medida que os jovens imprimem seus estilos de comunicação em mensagens de texto, fotos no Instagram, snaps, tuítes e postagens no Facebook, essas mídias moldam e limitam sua forma de pensar. Nesse sentido, o modo como os jovens crescem e os Eus que desenvolvem são moldados por um ambiente digital que tem os próprios parâmetros, pressões e incentivos. Turkle valida as preocupações dos pais que lutam com essas novas forças: "Quem passa três, quatro ou cinco horas por dia em um jogo on-line ou no mundo virtual (o que não é incomum), certamente não pode estar em outro lugar, que justamente deveria ser com a família e os amigos[19]".

Gerações anteriores lamentam as perdas do que é familiar e tranquilizador, enquanto as gerações posteriores se adaptam a novas circunstâncias. Como todo pai de meninos, eu percebi isso, pessoalmente, ao tentar acompanhar o ritmo dos meus filhos durante sessões de videogame. Embora eu ficasse muito chateado, isso não tinha a menor importância para eles, que, aliás, ficavam felizes por me derrotar o tempo todo. Mas poucas atividades foram tão atordoantes e frustrantes para mim, e apresentei muitos motivos para parar de jogar. Meus filhos, então, recorreram a seus amigos para ter companhia on-line.

Talvez a principal lição da pesquisa seja que as mentes das crianças se desenvolvem em um diálogo íntimo e altamente sensível com seus ambientes interpessoais e físicos. De ferramentas de comunicação, os smartphones passaram a ser avatares, perfis *on-line* e se tornaram identidades e mensagens de texto, o meio preferido para conversar. Teóricos do desenvolvimento que seguem a linha clássica consideram a separação e a individuação como passos necessários para a maturidade. Com base nos *insights* da psicologia feminista, teóricos modificaram esse paradigma, mostrando que as pessoas de fato crescem nos relacionamentos e por meio deles, e não separadamente.

Hoje, consideramos outro refinamento na compreensão do desenvolvimento normal: a fluidez com que mentes jovens se adaptam ao contexto ou meio para se comunicar com os outros.

Sem dúvida, mais mudanças avassaladoras estão em curso. Mas, como em tantas outras áreas do desenvolvimento masculino, há muitos mitos, temores e exageros que os pais devem descartar enquanto se mantêm vigilantes nessa paisagem digital desconhecida.

VÍCIO EM EXCITAÇÃO

Empresas de games e redes sociais acertaram em cheio. Segundo projeções, os videogames ganharão US$ 130 bilhões em vendas mundiais, em 2020. As seis empresas principais de redes sociais foram avaliadas em US$ 600 bilhões no final de 2017, com o Facebook perfazendo dois terços do total. Recrutando renomados neurocientistas, designers de games e especialistas em economia comportamental e marketing, essas empresas são extremamente habilidosas para saciar o desejo de superar sentimentos negativos mediante o ganho de recompensas. Cada vez mais sofisticados e precisos, os sinais embutidos nesses produtos conseguem reforçar o comportamento de um número sempre crescente de usuários, a ponto de o vício em internet estar no centro de debates mundiais. Tomando como exemplo o Fortnite Battle Royale, o videogame de ação mais em voga atualmente, a psicóloga Lisa Damour[20] comenta que "o Fortnite incorpora grande parte do conhecimento dos designers de games sobre como manter uma audiência cativa".

Na 5ª edição atualizada do *Diagnostic and statistical manual of mental disorders* (ou *DSM-5*), lançada em 2013 pela Associação Americana de Psiquiatria, o uso abusivo de jogos eletrônicos foi identificado como um transtorno que deve ser alvo de mais estudos. Um levantamento, em 2017, junto a jovens adultos nos Estados Unidos, Reino Unido, Canadá e Alemanha, dos quais 86 por cento haviam jogado recentemente games on-line, investigou esse transtorno. O estudo gerou a lista a seguir de problemas atribuídos a esse uso excessivo:

- Preocupação;
- Sentimentos de retraimento quando impedido de jogar;
- Tolerância (compulsão a passar cada vez mais tempo jogando);
- Dificuldades para controlar o tempo despendido jogando;

- Desistir de outras atividades para jogar, e continuar jogando apesar de problemas que surjam;
- Tornar-se ardiloso e dissimulado;
- Depender de jogar para aliviar estados de espírito negativos.[21]

Adam Alter, professor na Universidade de Nova York e autor do livro *Irresistible: the rise of addictive technology and the business of keeping us hooked*, de 2017, conta uma história sobre o Facebook que é muito esclarecedora para os pais de garotos adolescentes. Em 2012, desenvolvedores do Facebook, então com 200 milhões de usuários, incorporaram o programa de reforço apontado por psicólogos como o mais eficaz para instigar a persistência e o envolvimento. É chamado reforço intermitente. Eles introduziram o botão "Curtir" em sua interface. Com essa inovação simples, o Facebook tornou-se altamente interativo, oferecendo a recompensa imprevisível, porém sedutora, da aprovação social. A comunidade do Facebook triplicou nos três anos seguintes e, em fevereiro de 2017, se aproximou de 2 bilhões de usuários.[22]

Ajudar as pessoas a regularem suas emoções e a administrar seus humores é um grande negócio, conforme descobriram várias outras empresas que vendem tabaco, bebidas alcoólicas ou sexo. Onde há demanda, haverá oferta. Ao longo da minha vida, a maconha passou de ilegal e acusada de solapar o discernimento de uma geração a uma substância legitimada para usos medicinais e recreativos. Vinte anos atrás, quando trabalhei em um centro de tratamento para adolescentes, provavelmente a metade das internações era motivada pelo consumo desbragado de bebidas alcoólicas e maconha. Atualmente, não consigo mais adivinhar que tipo de adolescente possivelmente é usuário, pois meninos de todos os tipos ficam chapados rotineiramente, assim como antigamente eles costumavam tomar cerveja.

Mesmo assim, em virtude de minha experiência, sei que muitos meninos se tornam dependentes de maconha. Apoio a descriminalização, mas acho preocupante que mais um meio de intoxicação se torne amplamente disponível para garotos adolescentes. Em programas de aconselhamento entre pares, eu falo sobre o consumo de bebidas alcoólicas e drogas, tentando não passar um tom de sermão, já que garotos adolescentes têm antenas que captam prontamente os julgamentos morais feitos por adultos. Mas, ano após ano, insisto na mesma mensagem: a excitação atua contra a autorregulação emocional. Ao ficar alcoolizados ou chapados, os meninos não aprendem nada sobre o alívio resultante de aliviar o peso em seu peito sem recorrer a substâncias psicoativas.

Outra coisa que me preocupa é que as empresas de tecnologia descobrem maneiras cada vez mais eficazes de tornar seus produtos irresistíveis para os jovens consumidores. Muitas famílias pedem minha ajuda para os filhos, cujo uso abusivo de jogos eletrônicos se enquadra nos critérios apontados pelo *DSM-5*. Esse foi o caso de Winston, que estava no penúltimo ano do ensino secundário e cuja mãe não se conformava com sua absorção exagerada no universo dos videogames. Claramente talentoso, ele havia montado o próprio computador usando componentes que comprou na rede de lojas Radio Shack, pois queria um sistema customizado para jogar no segmento de alto nível. Suas notas na escola eram ruins, ele achava as aulas maçantes e seu grupo de amigos diminuiu, enquanto Winston se envolvia cada vez mais com as comunidades de jogadores on-line. Ele passava tantas horas jogando e ficou tão afiado que filmava suas jogadas, postava seus melhores momentos em sites de gamers e foi contratado pelo fabricante de seu jogo favorito para ser árbitro de etiqueta on-line.

Winston se encaixava no perfil descrito pelo psicólogo Brent Conrad, autor de *How to help children addicted to videogames: a guide for parents*: homem, com desempenho acadêmico em declínio, atraído por jogos de ação e combate, ansioso em contextos sociais no ensino secundário, com compulsão a atingir níveis cada vez mais altos nos jogos e passando cada vez mais tempo a jogar em detrimento de outras atividades. Mas apesar do clamor apontando esses meninos como viciados — a ponto de haver financiamento para centenas de centros de tratamento na Coreia do Sul, que incluem até terapias com eletrochoque —, essa ideia apresenta dois problemas incômodos.[23]

O primeiro é que, se as habilidades de um indivíduo para gerir e resolver tensões emocionais permanecem nesses níveis incipientes, há o risco de ele se tornar dependente de estratégias extrínsecas — substâncias químicas, atividades, experiências — que mudem temporariamente como ele se sente. Os psicólogos Christopher Ferguson, da Universidade Stetson, e Patrick Markey, da Universidade Villanova, coautores de *Mortal Combat: why the war on videogames is wrong*, sugeriram que "os games não são realmente a raiz do problema, e sim outra coisa[24]".

Essa outra coisa, no caso de Winston, era o relacionamento com seus pais, que ficara desgastado em razão dos seus esforços tenazes para repeli-los e continuar absorvido na realidade digital. Um menino pode querer repelir seus pais por diversas razões, incluindo um desejo saudável de ser mais autônomo — vejo isso o tempo todo em famílias que buscam ajuda para os filhos. Mas há uma diferença entre maturidade progressiva e ruptura reativa. Para conquistar mais independência, um menino não precisa negar ou minimizar sua dependência da compreensão e do apoio dos pais. Por outro lado, desconexões com os pais ocorrem frequentemente, muitas vezes, em reação a mães ou pais que se tornaram involuntariamente controladores ou sufocantes, movidos por ansiedade, solidão ou uma determinação ferrenha de não repetir o abandono que sentiram na própria infância. Sob tais circunstâncias, um menino acha que o rompimento com os pais é a única maneira de se afirmar como uma pessoa distinta e capaz.

Aos 15 anos, Aaron ainda era muito próximo de sua mãe, mas começou a se preocupar que sua dependência dela o tornasse "molenga". Assim, tornou-se importante para ele impor limites mais rígidos e se afastar da mãe, a fim de se ver de maneira diferente — a tal ponto que surgiu um pânico inconsciente que fez sua mãe passar a criticá-lo. O relacionamento entrou em crise, com Aaron se enfurecendo por sua mãe abalar sua confiança sempre apontando suas falhas e se ressentindo da falta de gratidão por tudo o que havia feito por ele. Para piorar a situação, ambos se sentiam sozinhos por causa da incapacidade de conversar e achar um consenso ou uma saída para a crise.

Nos casos de Winston e Aaron, consegui ajudar os pais a desfazerem os nós relacionais. Com orientação e oportunidades para explorar seus sentimentos de codependência — tipicamente enraizados em passados lesivos que geraram padrões relacionais rígidos e inatingíveis —, os pais conseguiram reconquistar seus filhos simplesmente ficando disponíveis, mostrando um interesse renovado, "subornando-os" com outras atividades das quais eles ainda gostavam e colaborando com eles ao impor limites razoáveis para comportamentos como a fixação em jogos on-line. O que possibilitou seus êxitos foi reconhecer como as próprias necessidades se imiscuíam no relacionamento, levando-os sutilmente a se apegar demais a seus filhos ou a reagir de maneiras que minavam o esforço dos garotos para formar competências. A recuperação estratégica da conexão requereu que eles se desfizessem de suas preocupações e anseios em relação ao menino que tinham, a fim de acolher o jovem que precisava de seu apoio para se tornar um homem responsável.

Mas desfazer os nós parentais pode ser complicado, graças a temores com a neuroquímica do vício digital. Os games e a mídia sabem muito bem como estimular o centro de prazer do cérebro. Mas a liberação de dopamina, o neurotransmissor que controla os centros de recompensa e motivação do cérebro, é desencadeada por diversos prazeres (como ler um bom livro ou assistir a um programa interessante na televisão) que raramente são considerados viciantes. Segundo Ferguson e Markey, a dopamina liberada em reação a um videogame é equivalente ao efeito de comer uma fatia de pizza. Um estudo, em 2016, publicado no *American Journal of Psychiatry* analisou os resultados de quatro levantamentos envolvendo 18 mil respondentes. Segundo os autores, menos de 1 por cento dos jogadores de videogame exibiam sintomas de vício — muito menos do que no caso de apostadores. Mais importante ainda foi que até aqueles que se enquadravam nos critérios não sofriam consequências negativas a ponto de ser classificados como doentes. Ferguson e Markey comentaram o seguinte sobre o relatório: "A maior diferença entre viciados e não viciados em videogames que o estudo descobriu foi que os viciados *jogavam mais*[25]".

Os cuidadores tendem a reagir com alarde ao uso de tecnologia por adolescentes. Quando mães e pais procuram ajuda para entender essa força nova, poderosa e penetrante na vida de seus filhos, eles estão vulneráveis às numerosas opiniões de especialistas sobre o assunto. Em uma edição norte-americana do *Guardian*, em 2017, a jornalista especializada em games Jordan Erica Webber indagou: "Por que tantas pessoas — incluindo pais, pesquisadores e atores de 91 anos — acreditam na existência do vício em videogames e em outros efeitos negativos deles, se as evidências não corroboram essa visão?"[26] Sua reportagem correlacionou as asserções sobre o vício com um desejo antigo e premente de dominar e controlar os jovens. No artigo, Christopher Ferguson ainda acrescentou que "pessoas com visões negativas mais radicais sobre os videogames tendem também a ter visões mais negativas sobre crianças e adolescentes".[27]

ACOMPANHANDO OS MENINOS NO CIBERESPAÇO

O Centro de Pesquisas Pew começou a rastrear o uso de redes sociais em 2005, e apenas 7 por cento dos maiores de 18 anos entravam nessas redes. Em 2015, essa porcentagem decuplicou. O aumento maior e mais rápido ocorreu com pessoas mais jovens, cujo uso das redes sociais era "ubíquo". Entre 18 e 29 anos, 88 por cento tinham contas no Facebook. O uso dos telefones celulares passou por uma mudança ainda mais rápida: em 2011, 35 por cento tinham um smartphone; em um relatório do Pew de 2017, esse número foi de 77 por cento em geral e de 92 por cento entre 18 e 29 anos.[28]

A presença quase universal dos dispositivos digitais na vida dos meninos representa uma diferença espantosa entre a geração atual e seus pais, e tal diferença reforça um abismo natural entre os jovens e aqueles que tentam permanecer próximos a eles. Pais já inquietos com meninos que escapam de seu controle podem equiparar os telefones celulares e os videogames ao proverbial bicho-papão, achando que são a causa, não um sintoma. Pela minha experiência, não está claro o que ocorre primeiro: o vício ou a desconexão. Sem sequer ter noção disso, meninos são afastados de seus pais por mitos masculinos sobre independência. Essa situação representa a tempestade perfeita, na qual histórias falsas promovendo a desconexão dos meninos de suas famílias se fundem com mensagens de marketing que os atraem cada vez mais para tecnologias. Games e aplicativos simplesmente representam mais uma maneira de desviar os meninos dos relacionamentos.

Além da ascensão das tecnologias digitais, tem havido mudanças drásticas no que Michael Kimmel chama "Guyland" [terra dos caras], que também é o título de um livro dele. Enquanto, em 1960, quase 70 por cento dos rapazes adultos norte-americanos já tinham saído da casa dos pais, concluído os estudos, encontrado uma parceira e entrado no mercado de trabalho, hoje menos de um terço dos homens de 30 anos atingiu esses marcos. Em sua pesquisa, Kimmel descobriu rapazes que preferem a irmandade dos membros da fraternidade, companheiros de festa e gamers do que nutrir ambições ou relacionamentos mais sérios. Ele concluiu o seguinte: "Ironicamente, a liberdade um tanto recente das mulheres incita os homens a postergarem ainda mais a idade adulta. Sem uma família para sustentar, sem responsabilidades a não ser consigo mesmos e moças tão sexualmente ativas e alegres como em suas fantasias mais delirantes, eles estão livres para adiar a idade adulta quase que indefinidamente[29]".

O National Bureau of Economic Research, organização de pesquisa sem fins lucrativos, lançou recentemente um trabalho que atribui aos videogames o declínio no número de horas trabalhadas por homens da Geração do Milênio. Pesquisadores descobriram que os rapazes de 21 a 30 anos trabalharam 203 horas a menos em 2015 do que o mesmo grupo etário em 2000. A maior parte desse tempo de lazer foi despendida on-line — um contraste gritante com as moças nessa faixa etária, que são mais propensas a usar o tempo livre para dormir e com cuidados pessoais.[30]

Ao querer acompanhar o ritmo dos meninos que vivem no ciberespaço e usam ferramentas tecnológicas praticamente o dia inteiro, os adultos enfrentam desafios semelhantes, porém radicalmente mais complexos, do que aqueles de gerações anteriores. Uma análise de dois aspectos na vida dos meninos influenciados por tecnologia dá uma dimensão do desafio. Segundo outro relatório, em 2015, do Centro de Pesquisas Pew, entre os garotos de 13 a 17 anos que disseram estar em um relacionamento romântico, as mídias digitais tiveram papel central no início da ligação com a pessoa desejada. Ficar amigo no Facebook, curtir ou seguir alguém e trocar mensagens são maneiras de iniciar o contato com os outros. A comunicação por meio do computador cria novas maneiras de flertar e se relacionar. Ao se comprometer com uma parceira romântica, os adolescentes acham que a conectividade desperta novas expectativas quanto ao relacionamento: 11 por cento esperam comunicação de hora em hora com os parceiros, e 85 por cento, pelo menos uma vez por dia. Para pais que chegaram à vida adulta quando não existia esse tipo de conexão, é difícil imaginar tamanho grau de expectativas no relacionamento.[31]

O outro aspecto é como os garotos adolescentes se apresentam on-line. A necessidade de criar um perfil pessoal requer que os adolescentes se prendam a uma imagem que circulará ampla e descontroladamente. Como é natural, eles recorrem às normas da sua turma para preencher a página em branco. À medida que buscam gerir sua imagem pública, os meninos tendem a recorrer a convenções masculinas nos tipos de fotos que postam e na linguagem que usam para descrever quem são. Em geral, eles optam por fotos que incluam consumo de bebidas alcoólicas, referências sexuais e esportes. A linguagem usada tende a ser mais agressiva e a retratá-los como mais machões do que realmente são. Em geral, os garotos adolescentes são mais propensos do que as garotas a exageros e mentiras em seus perfis.

Os pais que querem saber as perspectivas dos filhos quando se inscrevem em faculdades e depois para vagas de trabalho podem imaginar as reações dos funcionários encarregados da seleção e de recursos humanos quando se deparam com perfis on-line tão desfavoráveis. Um levantamento, em 2013, observou que 10 por cento dos jovens candidatos a vagas de trabalho foram rejeitados porque seus perfis nas redes sociais afugentaram os potenciais empregadores. É dever dos pais explicar ao filho as repercussões em longo prazo de uma imagem nas redes sociais, sem que este pense que eles não entendem nada por ser de outra geração. Além disso, os pais devem passar essa visão sem insinuar algo como "eu sei melhor do que você", que apenas fará o menino se distanciar de seu principal ponto de referência.

Em uma entrevista para a *PC Magazine* on-line, a psicóloga Yalda Uhls, da UCLA, que dá palestras e escreve sobre como criar jovens responsáveis na era digital, explicou aos pais o contexto histórico da revolução digital. Ela relembrou como as mães e os pais no final do século XVIII temiam os livros, chegando até a proibi-los e queimá-los. "O princípio é o mesmo. Controle e autoritarismo." Como alternativa, ela recomenda "mediação ativa com a mídia", na qual os pais se envolvem com os filhos para elaborar uma abordagem "positiva e proativa" que equilibre o tempo passado diante de telas com outras atividades importantes e estabeleça parâmetros relativos a questões básicas como sono, privacidade e conteúdo apropriado.[32]

Em abordagens como essa, a questão do tempo passado diante das telas é menos importante do que o relacionamento. A meta é estabelecer uma estrutura colaborativa para resolver problemas, que possa servir inclusive para assuntos mais ameaçadores que possam surgir, como dirigir carros, consumo de drogas e álcool e assim por diante. Uma orientação certeira, na qual as preocupações fundamentadas dos pais em relação a saúde e responsabilidade sejam equilibradas com igual reconhecimento dos interesses legítimos de um menino por amizades, recreação e diversão, fortalece a conexão.

Todas as mães e os pais ficam divididos entre proteger seus filhos e fomentar a confiança e o discernimento independente deles. Segundo um levantamento do Pew junto a pais de adolescentes de 13 a 17 anos, nos Estados Unidos, a maioria dos pais faz algum tipo de supervisão digital: 61 por cento monitoram a atividade dos filhos adolescentes na internet, 60 por cento monitoram os perfis deles nas redes sociais, e quase 50 por cento checam os celulares e mensagens dos filhos. Instalar controles parentais em computadores e celulares é menos comum, mas quase a metade dos pais exige que os adolescentes revelem suas senhas. O cerceamento digital é uma forma comum de disciplina, e 55 por cento impõem limites sobre o tempo passado diariamente diante das telas.[33]

Por mais que pareça estranha e ameaçadora para os pais, a dimensão digital da vida dos meninos representa uma oportunidade importante para apoiar os filhos que estão se aventurando por um mundo muito mais amplo. A busca por receitas e moldes para orientá-los como lidar com a intrusão da tecnologia na vida em família não leva em conta a realidade de que é a qualidade de seus relacionamentos, e não a vigilância, que fará a maior diferença.

Por exemplo: os pais devem instalar filtros de busca e outros controles no computador e no celular do filho? Sabendo que todo garoto se depara com conteúdo pornográfico no início da adolescência e que haverá pressões para ele se envolver demais com videogames, como os pais podem exercer uma influência firme e constante? Uma mãe que atendo, cujo filho por vezes extrapola, agora monitora suas mensagens de texto e e-mail, tem suas senhas e verifica aleatoriamente seu histórico on-line. Mas ela estabeleceu uma meta com o garoto de parar com essas práticas de monitoramento se ele demonstrar mais discernimento. Em vez de uma punição, eles arquitetaram esse plano após uma série de problemas quando ele era mais novo e mais impulsivo; o plano visa apoiar sua autorregulação até que ele possa lidar com as coisas com mais autonomia.

A Academia Americana de Pediatria emitiu, em 2016, novas diretrizes sobre o uso da internet. Em vez de limitar em geral o tempo passado diante das telas, o importante é assegurar que os jovens não estejam sozinhos quando trocam mensagens ou assistem a alguma coisa. "Estar junto com os filhos nesses momentos é proveitoso para eles entenderem o que estão vendo e para aplicarem o que aprendem no mundo a seu redor." Essa nova regra se alinha com a recomendação para passar tempo especial com os meninos: pais e outros cuidadores devem ir aonde os garotos estão.[34]

Mas, como artífices chaves da infância de seu filho, os pais não podem ficar passivos diante do mundo virtual da mídia e dos games, tampouco se abster e deixar a pornografia ou as drogas recreativas prejudicarem o desenvolvimento do menino. Um movimento pela "infância livre de publicidade comercial" surgiu nos Estados Unidos em reação à tecnologia que afasta as crianças da natureza, das brincadeiras e dos relacionamentos mais espontâneos. A missão da Campanha pela Infância Livre de Publicidade Comercial (CCFC), lançada em 2000 pela psicóloga Susan Linn, da Escola de Medicina de Harvard, é "apoiar os esforços dos pais para manter as famílias saudáveis limitando o acesso das crianças à publicidade comercial e acabando com a prática do marketing que tem as crianças como alvo, a fim de exercer uma exploração indevida". A campanha oferece diversos recursos e promove a Semana Sem Telas, que coincide com a Semana do Livro Infantil. Para estabelecer um equilíbrio saudável nas famílias, a CCFC recomenda sete estratégias comprovadas para reduzir o tempo que as crianças passam diante das telas, incluindo banir as telas de manhã e no horário das refeições, estimular brincadeiras espontâneas ao ar livre e solicitar aos adultos que também mantenham um uso equilibrado dos próprios dispositivos.[35]

Atualmente, há também um conjunto em expansão de diretrizes de cidadania digital. Já que os nativos digitais não são necessariamente bem informados, o currículo Living Online, desenvolvido pelo professor Reuben Loewy em conjunto com outros educadores, consiste em 30 módulos que cobrem temas como a história da internet, ética digital, ciberpsicologia e relacionamentos on-line.[36] A MTV criou o Projeto de Direitos Digitais, que parte da premissa "on-line e no meu celular, eu tenho o direito de...", seguido por uma lista que inclui "viver sem pressão nem abuso", "interferir e ajudar caso eu veja alguém ser assediado", "romper relacionamentos tóxicos" e "me desconectar sempre que eu quiser". Essa empresa de mídia mantém uma campanha educativa que apresenta três perguntas que os adolescentes devem fazer a si mesmos: (1) Por que meu/minha namorado/namorada precisa saber onde estou e o que estou fazendo a cada minuto do dia? (2) É normal enviar ou receber dia e noite uma mensagem a cada cinco minutos? (3) As mensagens que estou recebendo, às vezes, me fazem sentir mal?[37]

Para pais ansiosos para saber se o filho está desenvolvendo uma dependência digital, o médico e escritor James Hamblin oferece uma abordagem interessante. Ele discorda dos tratamentos contra o vício que recomendam abstinência prolongada, "pois não há comprovação de que isso seja necessário nem que gere resultados em longo prazo". Traçando uma analogia com a nova abordagem visando aqueles que comem desbragadamente e fazem jejum intermitente, a abordagem do doutor Hamblin ajuda as pessoas a regularem o uso digital, "reaprendendo a intencionalidade". Apregoando os benefícios de um jejum digital, ele escreve o seguinte: "A chave para ser consciente no consumo de mídia é romper os hábitos impostos pelos aplicativos e dispositivos — a verificação e rolamento automáticos nas telas, e a reação pavloviana a qualquer tilintar, zumbido ou notificação[38]".

Mas se o jejum for uma abordagem demasiado radical, Anya Kamenetz, correspondente de educação digital da National Public Radio, recomenda esta diretriz: "Usufrua as telas sem exagero e, principalmente, tendo companhia[39]".

Para pais que tentam encontrar uma política familiar apropriada para os hábitos digitais do filho, as perguntas a seguir ajudam a refletir. A meta é evitar a reatividade dos pais, para que suas políticas sejam eficazes.

- Se seu filho esfriou o relacionamento com você, do que ele está se *desviando*? Em relacionamentos fortes há uma força magnética que mantém os meninos orbitando em volta dos pais, apesar da influência

da turma e de outras atrações. Meninos apegados sabem onde achar compreensão, conforto, apoio e ajuda. Surgiu alguma barreira que fez seu filho se desligar de você?
- À medida que seu filho dá sinais de mais independência, você está tendo mais desentendimentos com ele? Seu olhar está mais enfocado no que ele *não* é do que em valorizar o que ele *é*? Seu senso crítico permanente se tornou uma maneira inconsciente de expressar sua ansiedade com a segurança de seu filho ao se lançar no mundo?
- Como você está negociando políticas de uso equilibrado de dispositivos com seu filho? Conversas francas sobre o que é saudável e apropriado, e sobre como o comportamento on-line deve refletir os seus valores fundamentais dele, de ter uma boa *conversa*, em vez de passar um *sermão*?
- Há um programa de cidadania digital na escola de seu filho? Você tem certeza de que o programa está atualizado e é adequado? Ele representa seus valores familiares?
- Se o conteúdo consumido ou o tempo passado diante das telas causa preocupações, seu filho precisa de um suporte mais firme para resistir às pressões e tentações da vida virtual? Você consegue estabelecer uma política de controle parental com ele, definir metas e um cronograma que estimulem a independência dele do mundo virtual?

CAPÍTULO 10

O SÉCULO XXI — E ALÉM

Em um *workshop* para pais, apresentei nossa pesquisa sobre meninos como aprendizes relacionais e comentei que, na verdade, nenhum menino no estudo relatou sequer uma vez em que tenha restaurado um relacionamento rompido com um professor ou treinador. Nossa conclusão, expliquei, foi que professores e treinadores precisam assumir seu papel de gestores de relacionamento. A essa altura, um pai exasperado ergueu a mão. "Desculpe-me", disse ele, "mas onde fica a coragem? Ao passar a mão na cabeça dos meninos conforme sua pesquisa descreve, não vamos torná-los mais passivos e dependentes?" Respondi que partilhava a sua preocupação e que também temia que a pesquisa pudesse fomentar mais equívocos entre os meninos sobre seus direitos. E disse que estava recomendando que os professores ficassem atentos a dois fatos em nosso estudo.

O primeiro é que a incapacidade dos meninos de assumir qualquer responsabilidade por seus relacionamentos de aprendizagem é o patamar atual, não algo imutável para sempre. Isso reflete apenas a situação atual em relação aos garotos. Professores não devem prender a respiração e aguardar que um menino se pronuncie, peça ajuda ou se desculpe por algum erro que cometeu. Quando um relacionamento está tenso, cabe invariavelmente ao profissional adulto resolver o problema.

O segundo é que a falta de iniciativa dos meninos em um relacionamento difícil é uma consequência lógica de como são socializados. Educadores não podem esperar um resultado diferente, a menos que tomem alguma atitude a esse respeito. Isso não significa que os meninos tenham alguma incapacidade biológica para tomar iniciativas positivas quando se sentem desconectados daqueles que os ajudam a aprender, mas a maioria se sente despreparada para fazer isso sem criar problemas para si mesmos.

A mesma sociabilização que torna muitos meninos relacionalmente incapacitados na escola contribui para seu desempenho educacional abaixo do esperado. O abismo no desempenho entre gêneros pode ser resumido da seguinte forma: muitos meninos simplesmente não acreditam nisso. Já que a aprendizagem é uma parceria, o consentimento pleno do aprendiz é necessário. Professores podem adular, pressionar e ameaçar à vontade, mas, em última instância, o menino tem o poder de dizer "não vou aprender com você". O que nossa pesquisa descobriu foi o poder de um relacionamento mutuamente respeitoso para tentar chegar a esse acordo.

Após reconhecer que praticamente todo tipo de menino pode ser ajudado por professores empenhados cujo trabalho emocional é devidamente apoiado, o fator limitante é o próprio sistema — não o menino nem o professor. Na realidade, o fato de que muitos meninos vão mal na escola tem mais a ver conosco do que com eles. Pais, professores, treinadores e mentores que se relacionam com meninos precisam elevar seu nível de empenho. Somente ao agir com base em ideias corretas sobre os meninos — que eles são aprendizes e seres relacionais, em geral —, há esperança de encontrar o modelo para educá-los da maneira correta. O que funciona bem na educação de meninos se aplica a seus cuidados e desenvolvimento.

O que impede que as coisas sejam feitas da maneira certa? Em primeiro lugar, a persistência de ideias antiquadas sobre meninos, as quais nunca funcionaram bem, mas tinham o respaldo da mitologia cultural. Além disso, há uma escassez de liderança — profissionais e educadores que atuem com base em evidências, não em ideologias e pseudociência — para defender devidamente os interesses dos meninos. A visão sobre os garotos é distorcida por mitos e ideias equivocados.

E nossa visão sobre eles influencia como eles veem suas vidas e seu mundo. Os rapazes estão em uma encruzilhada, pois os movimentos em prol de maior igualdade tornaram as expectativas herdadas obsoletas. Mas, em parte, eles têm dificuldade para ler os sinais porque recebem mensagens conflitantes sobre as regras do jogo. Barbara Risman, socióloga na Universidade de Illinois, em Chicago, diagnosticou a "vertigem de gênero" como um estado comum entre a Geração do Milênio e identificou quatro maneiras deles reagirem: como devotos, vacilantes, inovadores ou rebeldes. O grupo maior, os vacilantes — "aqueles inseguros consigo mesmos" — refletem o espírito intermediário da época.

Devotos, assim como alguns vacilantes, se agarram a papéis tradicionais enquanto tudo se desloca sob seus pés. Suas reações às cegas são reforçadas por líderes como Jordan Peterson, psicólogo da Universidade de Toronto, autor polêmico e orador teatral, que promove a visão de que "o espírito masculino está sob ataque" e indica como solução um retorno aos "valores eternos[1]". Mas quando ele propõe 12 Regras para a Vida ("Regra 1: Fique ereto e com os ombros para trás"), sua versão repaginada de tropos masculinos caducos não ajuda homens mais jovens a acharem respostas criativas aos desafios na escola, no trabalho, nas ligações amorosas e ambientes familiares onde estão inseridos.[2]

Desde 1980, os benefícios de uma formação universitária vêm aumentando. Com o desaparecimento dos empregos em fábricas, um grupo de economistas descobriu que homens despreparados para a economia do conhecimento são menos desejáveis como parceiros. Os nascimentos fora dos laços matrimoniais apresentam a taxa mais alta de todos os tempos, perfazendo mais de 40 por cento do total, e há um declínio geral no casamento e na fertilidade. Segundo outro economista, David Autor do MIT, "ninguém quer se casar com um homem que tem toda a probabilidade de não ser viável economicamente, pois não existe almoço grátis[3]".

Pipocam manchetes que desfazem qualquer dúvida sobre para onde levam a defasagem na escola, um cotidiano de camaradagem repleto de videogames e bebedeiras na faculdade e abordagens sexualmente agressivas às mulheres.

Mas alguns rapazes continuam na dúvida. Os sociólogos Joanna Pepin e David Cotter descobriram que o pânico com o "lugar dos homens na sociedade" faz muitos se refugiarem em uma "masculinidade simbólica". Eles escreveram que, "após se tornar mais igualitário por quase 20 anos, o pensamento dos alunos do último ano do ensino secundário sobre a autoridade do marido e a divisão de tarefas domésticas tem se tornado substancialmente mais tradicional[4]". O cientista político Dan Cassino, da Universidade Fairleigh Dickinson, descobriu que, em lares onde as rendas do homem e da mulher são relativamente iguais, "os homens podem estar compensando a perda do papel de provedor enfatizando a importância dos papéis tradicionais das mulheres[5]".

Vulneráveis e inseguros, os homens mais jovens podem se equivocar de maneiras ainda mais graves. A primeira vez que ouvi falar sobre o fenômeno "incel" foi quando um jovem desajustado de 22 anos, Elliot Rodger, autodescrito como "assassino de virgens", matou 6 pessoas e feriu 14 na Califórnia, em 2014. Antes desse acesso de fúria, ele arengou no YouTube que estava sozinho e sem atividade sexual: "A vida é muito injusta porque as garotas não me querem[6]". Suas visões se difundiram entre membros de um grupo on-line para homens involuntariamente sozinhos. Em abril de 2018, outro jovem dirigindo uma van atropelou e matou 10 pedestres aleatoriamente no centro de Toronto. Alek Minassian também culpou as mulheres e o feminismo, e avisou ameaçadoramente em uma postagem no Facebook: "A Rebelião Incel já começou!"[7]

Enquanto os incels professam o direito de ter relações íntimas com mulheres, há um grupo relacionado que defende justamente o oposto. O movimento Homens que Seguem Seu Próprio Caminho (MGTOW) é formado por homens que optam por viver na "Homensfera":

"Os homens não perderam a necessidade de encontrar a felicidade sustentando, protegendo, se sacrificando e conquistando; nós simplesmente descobrimos que ser provedor de uma feminista moderna, trabalhar feito um cão para proteger uma família que pode ser tirada de nós a qualquer momento ou arriscar nossas vidas para proporcionar mais recursos para uma mulher ingrata, que diz que dá conta de tudo sozinha, é uma maneira de viver que não faz sentido."[8]

Apesar da reação raivosa desses homens à igualdade das mulheres, há notícias melhores vindas das linhas de frente da infância. Em paralelo aos esforços de alguns para repaginar e glorificar a supremacia masculina, muitos homens mais jovens estão reinventando a própria masculinidade. Por meio de entrevistas, um levantamento da UCLA sobre saúde na Califórnia descobriu em 2015-16, por exemplo, que mais de um quarto dos adolescentes da Califórnia se veem como "não adaptados ao gênero", com meninos acreditando que são mais femininos e garotas, mais masculinas.[9] Outra denominação possível nesses casos é fluidez de gênero. A escritora Sarah Rich deu esta interpretação instigante na *Atlantic*: "Há tão poucas variações positivas em relação ao que 'um homem de verdade' pode parecer que, quando as gerações mais novas dão sinais de remodelar a masculinidade, o único termo que lhes ocorre é *não adaptadas*. O termo destaca que ninguém sabe como chamar essas variações na masculinidade[10]".

Por mais que refreiem, driblem e reinventem suas identidades masculinas, os meninos também se apoiam em bons exemplos dados por homens para suas reinvenções. Outra manchete chamou minha atenção recentemente por captar o contraste entre homens que ficam empacados em uma identidade negativa e aqueles que cultivam características masculinas positivas. No final de maio de 2017 houve uma tragédia em Portland, Oregon. Um homem de 30 e poucos anos com uma longa história conflituosa — sem raízes, com passagens pela prisão em virtude dos diversos crimes e autodescrito como "niilista" e supremacista branco — começou a fazer comentários racistas em um trem local para duas moças de cor, uma das quais usava um lenço *hijab*. Três passageiros se mobilizaram para ajudar as moças, então o homem os esfaqueou, matando um e ferindo o terceiro. Um deles era um veterano das forças armadas, recentemente reformado, e pai de quatro adolescentes; outro, de 23 anos, havia se formado recentemente na faculdade. Consciente enquanto aguardava a ambulância antes de falecer, o rapaz de 23 anos disse a uma mulher que o estava ajudando: "Quero que todos no trem saibam que eu os amo".

O terceiro homem, um poeta de 21 anos, passou por uma cirurgia de emergência, pois levara uma facada que passou de raspão em sua jugular. Ao ser liberado do hospital, ele divulgou este poema que escreveu:

Eu estou vivo.
Cuspi no olho do ódio e sobrevivi.
É isso que devemos fazer uns pelos outros.
Viver pelos outros.[11]

Aparentemente, os três — um poeta, um rapaz com formação universitária e um militar de carreira — eram muito diferentes entre si, porém tinham a mesma ideia do que significa ser homem. Todos incorporavam no fundo do coração as virtudes da coragem, empatia e solidariedade. Por outro lado, o homem que fez comentários racistas e xenófobos para as moças exibiu uma versão extremada da identidade masculina autocentrada e violenta, típica dos "homens brancos raivosos" movidos pelo ressentimento por terem perdido sua primazia.[12]

Esses polos opostos representam a gama de possibilidades abertas aos meninos e suas famílias nesta época de grande fluidez. Confrontados por mensagens tão conflitantes de transformação social, é notável que tantos meninos se mantenham fiéis a suas bússolas internas e que sejam relativamente poucos aqueles que se perdem. Enquanto abre caminho pela infância, todo garoto sentirá alguma vertigem. O que ampara e ajuda um menino a se manter autêntico são as vozes que ouve em seu coração. Ao contrário dos profetas do Juízo Final, que defendem a retomada de velhas tradições, fico impressionado com a prontidão dos meninos diante desse novo mundo. Muitos se deleitam com as incertezas justamente porque enxergam as oportunidades e têm gosto pela aventura.

Há dois rumos possíveis. Ou a infância será reinventada para cultivar as qualidades necessárias para os meninos florescerem — apegar-se e desenvolver suas capacidades emocionais e relacionais, de modo que se envolvam na aprendizagem e vivam de acordo com seus valores —, ou ela continuará empurrando os meninos para identidades cada vez mais obsoletas. Há uma "criatividade indomável" nos meninos para conceber suas vidas no mundo atual, segundo a socióloga australiana Raewyn Connell.[13]

A DEFESA DE UMA NOVA INFÂNCIA

Há dois anos, recebi um e-mail de um administrador escolar dizendo que havia lido meu livro mais recente e me pedindo para conversar com seu corpo docente antes do início do ano letivo. Ele disse que preferia que a conversa fosse de "gênero neutro". Fiquei surpreso de ele querer que eu apresentasse minha pesquisa sobre acessar e ensinar meninos de maneira que minimizasse o impacto dos estereótipos e mitos masculinos. Extrapolar dados coletados junto a meninos para meninas representa um passo em falso das ciências sociais clássicas. Em vez disso, sugeri caracterizar minha pesquisa sobre meninos como exemplo do quanto o gênero é inevitavelmente relevante para o processo educacional.

O progresso na igualdade de gêneros tem sofrido recuos culturais crescentes, com os clamores masculinos por mais atenção. Em 2009, o presidente Barack Obama estabeleceu a Comissão sobre a Situação das Mulheres e Garotas, e dois anos depois passou a haver pressão para que fosse criada na Casa Branca uma Comissão sobre a Situação de Meninos e Homens. A coalizão exigindo a nova comissão foi liderada pelo psicólogo Warren Farrell, coautor de *The boy crisis: why our boys are struggling and what we can do about it* e conhecido defensor da visão de que o sexismo afeta igualmente homens e mulheres. A proposta da coalizão proclamava:

"Nossas filhas e filhos estão no mesmo barco. Portanto, se apenas um sexo vencer, ambos os sexos perdem. Quanto mais estreitamente nossa comissão investigou, mais preocupados ficamos com a crise enfrentada atualmente por nossos filhos, pais e homens[14]".

As líderes feministas têm uma perspectiva distinta. No outono de 2014 e na primavera de 2015, milhares de ativistas e estudiosos participaram de conferências em Nova Déli, na Índia, e na cidade de Nova York, cujo tema era o envolvimento de homens e meninos na igualdade de gêneros. No início da conferência da ONU, Phumzile Mlambo-Ngcuka, diretora-executiva da ONU Mulheres, que atua como secretariado da Comissão da ONU fundada em 2011 para o empoderamento das mulheres e a igualdade de gêneros, explicou: "Como mulheres líderes, estamos prontas para a mesma coisa que os homens e meninos bons estão dispostos a fazer[15]". Com um pragmatismo igualmente impressionante, a ativista feminista e escritora Gloria Steinem resumiu o que os homens têm a ganhar com a igualdade de gêneros: "Eu diria que cada um de nós só tem uma coisa a ganhar com o movimento feminista: nossa humanidade plena[16]".

Os próprios meninos estão insistindo acaloradamente que os pais reconheçam suas verdadeiras naturezas, que as escolas reconheçam suas possibilidades e que as comunidades celebrem sua diversidade. Felizmente, embora a Caixa da Masculinidade tenda a inibir as mudanças, os instintos humanos não podem ser totalmente extirpados. O desenvolvimento humano é uma força revolucionária. Mesmo que a masculinidade tradicional tente refreá-los, os homens mais jovens estão se adaptando criativamente a relacionamentos mais igualitários. Na visão do sociólogo Michael Kimmel, "há dados eloquentes de que, de maneira inédita, a maioria dos homens norte-americanos vem se acomodando calmamente e sem muito alarde ideológico à maior igualdade de gêneros em seus relacionamentos pessoais e no ambiente de trabalho[17]".

Conforme Mlambo-Ngcuka disse, o ponto importante são "homens e meninos bons". A conversa sobre como são homens com virtudes e o que é preciso para cultivar essas qualidades ganha cada vez mais volume. As atitudes tomadas pelos homens, em Portland, validam as descobertas de um levantamento em grande escala sobre as virtudes e a firmeza de caráter realizado pelo Centro de Psicologia Positiva da Universidade da Pensilvânia. O centro descobriu que homens predominavam nos extremos bons e maus do caráter. Confinados na Caixa da Masculinidade, muitos homens se tornam desanimados, desesperados e perigosos. Quando elos de empatia são cortados e o autoconhecimento é limitado, os homens aparentemente são capazes de qualquer coisa.[18]

Mas alguns homens, como aqueles que enfrentaram o racista que estava desrespeitando as moças, mantêm suas virtudes a despeito de sua sociabilização. Suas atitudes são uma poderosa afirmação da bondade masculina. Heróis nos ajudam a ver o potencial. No dia a dia, podemos contar com os meninos e homens para quê? Sua bondade será suficiente para superar a desesperança fomentada por suas experiências na infância?

A versão atual da infância deixa coisas demais ao acaso. Alguns meninos crescem de um jeito, outros, de maneira diferente, dependendo das condições de nascimento e da qualidade dos recursos e relacionamentos disponíveis para eles. Incontestada, a infância atualmente conduzida em escolas, programas esportivos, comunidades e famílias implica um preço desenvolvimental imoderado. Alguns meninos conseguem manter sua bondade; alguns perdem de vez seus corações. Nenhuma família, escola ou comunidade deveria ter de adivinhar o que um menino será.

Para o bem dos meninos e da sociedade em geral, aqueles encarregados da infância devem assumir a responsabilidade por suas baixas. Oferecer apenas soluções individuais é uma medida ineficiente e injusta para um problema social histórico.

No presente, há mais apoio do que nunca para que os meninos rejeitem ou resistam à Caixa da Masculinidade. Mas para que esse apoio ganhe corpo e vire um movimento, a ponto de as perdas e baixas da infância serem verdadeiramente aberrantes, em vez de normais, precisamos ser sinceros sobre seus custos reais.

Dois tipos de baixas peculiarmente masculinas nos lembram das apostas envolvidas para endireitar de vez a infância.

MENINOS ESFOMEADOS

Em *workshops* para administradores escolares, muitas vezes mostro entrevistas filmadas que fiz com vários meninos durante nossos estudos. Brendan, que frequentava uma escola apoiada pelo governo em Toronto, é apresentado em uma delas. No primeiro clipe, o adolescente explica que, quando tem uma conexão com um professor que o reconhece e respeita, fica mais fácil fazer seus deveres e participar ativamente das aulas. Na ausência de uma conexão, ele pode apresentar mais de um problema. "Talvez eu tenha uma falha de caráter", admite ele, "mas reajo positivamente quando existe essa conexão; caso contrário, fico um tanto dispersivo." Indagado sobre o que acontece quando "fica dispersivo", Brendan responde: "Isso pode prejudicar nosso relacionamento porque ele pode achar que eu não queria estar na aula. Mas sou um garoto inteligente, gosto de aprender e tudo o mais. Acontece que quando um professor não me respeita é difícil me concentrar nos estudos".

Indagado sobre a impressão que passa quando está desligado, Brendan diz que tende a "conversar mais, sem realmente prestar atenção ao que o professor está dizendo". Se o professor tenta repreendê-lo por sua desatenção, ele diz que pode se fechar, fazer os deveres, mas não ver a hora de o semestre terminar. E acrescenta: "Se os professores falassem comigo de uma maneira positiva e tentassem se conectar melhor, acho que eu ficaria mais envolvido e começaria a melhorar meu comportamento".

E se um professor reagir mais negativamente e falar com ele de uma maneira menos compreensiva? "Eu me esquivaria um pouco dele, ficaria mais ressentido e sem ligar muito para o que ele estivesse tentando me dizer." Eu, então, pergunto se ele ficaria disruptivo. "Sim, com certeza", responde ele sem hesitação, e aí conta uma história sobre um professor de francês que o havia expulsado da aula, enviado à diretoria por mau comportamento e que "não estava realmente tentando se conectar". Quando ele teve permissão para voltar, o conflito entre eles piorou bastante, com Brendan "tentando usurpar sua autoridade" de diversas maneiras. A classe se tornou seu campo de batalha.

Conforme a filósofa da educação Nel Noddings perguntava, aqueles que recebem cuidados não têm uma responsabilidade ética de reagir com um mínimo de respeito e consideração àqueles que oferecem os cuidados? O que acontece quando essa responsabilidade é negligenciada?[19] No vídeo, Brendan dá a impressão de ser um adolescente desmazelado, porém notavelmente sincero, agradável e articulado. Suas reações ao professor são reconhecíveis por qualquer um que conviva com meninos. Com certa dificuldade para reconhecer sua vulnerabilidade no relacionamento, ele pensa em termos de seus direitos e das transgressões do professor. Embora disposto a admitir "uma falha de caráter", ele não se sente mal por ser um problema para o professor de francês, e até parece ter satisfação com isso.

Lamentavelmente, falta a Brendan entender que a moralidade deveria guiar seu comportamento quando alguém o decepciona. Sem essa bússola, ele é guiado por normas masculinas que valorizam conflitos com professores e ocultam a verdadeira questão relacional. Brendan só enxerga os conflitos com professores pela perspectiva de suas decepções. A capacidade ou disposição de considerar o esforço do professor, de perceber corretamente e reagir aos sentimentos alheios está ausente, embora seja uma habilidade relacional de grande importância. Ficar empacado em padrões narcisistas não é só uma questão de idade; a capacidade de pensar sobre o que as outras pessoas sentem vem com a prática.

Geralmente, o narcisismo fica em alta até os 30 anos, segundo os psicólogos Keith Campbell, da Universidade da Geórgia, e Jean Twenge, da Universidade Estadual de San Diego. Eles revisaram mais de cem estudos com pontuações de estudantes universitários em um inventário sobre características narcisistas e detectaram "um aumento massivo" ao longo de 2008. Outro grupo de pesquisadores descobriu quase o triplo de aumento nos diagnósticos de transtorno de personalidade narcisista entre a faixa de 20 e poucos anos em comparação com gerações mais velhas. Em outro metaestudo, Emily Grijalva, da Universidade de Buffalo, liderou uma equipe que examinou 355 trabalhos que abordavam quatro aspectos do narcisismo: liderança, grandiloquência, exibicionismo e o senso de ter supostos direitos. Eles descobriram que os homens se destacavam particularmente no quesito dos supostos direitos e tinham mais propensão a explorar os outros e a achar que merecem privilégios.[20]

Resumindo essa descoberta de que os homens predominam nas mensurações de narcisismo, Jeffrey Kluger, autor de *The narcissist next door: understanding the monster in your family, in your office, in your bed — in your world*, escreveu: "Basta procurar quem é vaidoso, autocentrado, arrogante, exibicionista, presunçoso, insensível e cheio de supostos direitos, para encontrar esses traços muito mais em meninos do que em meninas[21]".

A autoestima positiva é saudável e uma base necessária para ter confiança e construir uma vida. O líder espiritual e religioso judeu Hilel, o Ancião, refletia: "Se não eu por mim, quem por mim?" Naturalmente, mães e pais querem que seus filhos fiquem contentes por serem quem são, com o intuito de validar a crença da criança de que pode se tornar alguém de valor. Mas a autoestima positiva, como confirma a pesquisa sobre mentalidade da psicóloga Carol Dweck, da Universidade Stanford, não é uma chave para o êxito.[22] A partir do final dos anos 1960, surgiu a crença de que a autoestima de uma criança era diretamente relacionada a seu desempenho. Práticas educacionais que rebatiam a autoestima eram eliminadas. Treinadores passaram a dar troféus para todo mundo. Professores foram treinados para substituir críticas por elogios. Em 2003, o psicólogo Roy Baumeister revisou a literatura científica sobre autoestima dos últimos trinta anos e descobriu problemas graves nos métodos e conclusões. Os duzentos estudos que cumpriam os padrões básicos de pesquisa de fato indicaram que a autoestima elevada não era correlacionada a notas ou desempenho profissional.[23]

A pesquisa de Dweck indicou que é a crença no poder do esforço que estimula a motivação e produz maior crescimento. Quando defendem suas capacidades inatas e repousam sobre os presumidos louros do sucesso, as crianças diminuem suas chances de êxito. Brendan se considerava um garoto inteligente, que gostava de aprender. Mas seu entendimento do que aconteceu nas aulas de francês — a tragédia de um garoto brilhante que perdeu a disposição para aprender em razão de uma birra com o professor — era uma justificativa defensiva. Ele abriu mão de suas metas na escola ao se distanciar de um professor que não o apreciava.

Muitos meninos se entrincheiram em um narcisismo míope para se defender de *feedbacks* negativos. Usando sempre a justificativa "não é minha culpa", eles são incapazes de progredir produtivamente e ficam cada vez mais inacessíveis quando essa estratégia não produz resultados melhores.

O termo clínico "narcisismo" se origina do mito grego de um jovem, Narciso, que fica paralisado por causa do imenso fascínio pela própria imagem. Os primeiros teóricos da psicanálise descreveram a autoabsorção como uma etapa que estabelece a base para relacionamentos com os outros. No entanto, psicólogos desenvolvimentais perceberam que alguns indivíduos, principalmente do sexo masculino, não dão continuidade a relacionamentos que requerem reciprocidade. Na visão do psicanalista Heinz Kohut, cujas ideias sobre narcisismo e empatia transformaram a psicologia do desenvolvimento nos anos 1990, essas crianças receberam "espelhamento" insuficiente e, por isso, têm sentimentos de insegurança, uma necessidade insaciável de afirmação, evitam conexões verdadeiras com os outros e tendem a ser rígidas e controladoras. Segundo Sigmund Freud, o austríaco considerado "o pai da psicanálise", "se tais homens amam, não têm desejo, e se desejam, não têm amor[24]".

Qualquer aspecto mal resolvido do desenvolvimento se agrava em consequência da natureza altamente competitiva da infância. Sentindo-se inseguros e ávidos por validação, muitos meninos são atraídos por *status* e recompensas, embora isso nunca responda realmente a seus questionamentos sobre quem eles são. "Se eu for só por mim, quem sou eu?", acrescenta Hilel na parte seguinte de seu desafio. A infância produz desastres de todos os tipos, mas o menino que nunca emprega lastro suficiente para se aventurar nos mares incertos dos relacionamentos é especialmente triste. Alguns homens passam a vida tentando driblar um sentimento de vazio em consequência de ter recebido confirmação insuficiente durante a infância.

MENINOS MAUS

Rapazes preocupados com as próprias necessidades insatisfeitas frequentemente são confundidos com aqueles que agem de maneiras antissociais. Tanto narcisistas quanto sociopatas são manipuladores, inclinados a explorar os outros e só se importam com os próprios interesses. Os outros só interessam a eles como um meio para seus fins. Ambos podem ser charmosos e muito convincentes, especialmente quando estão totalmente focados em uma meta importante. E ambos têm grande probabilidade de ser homens.

O transtorno de personalidade antissocial se caracteriza por um "descaso total com os direitos alheios". Em seu livro *Bad boys, bad men: confronting antisocial personality disorder (sociopathy)*, o psiquiatra Donald Black conclui: "A principal característica epidemiológica do transtorno de personalidade antissocial (TPA) é ser quase que exclusivamente um transtorno masculino[25]". Mas uma atitude antissocial de descaso é um resultado óbvio do condicionamento masculino. No mundo disputado da infância, muitos meninos passam a se comportar sem a menor consideração pelos outros, seguindo um padrão de comportamento fraudulento, agressivo, impulsivo e imprudente que não é reprimido por normas sociais ou leis.

Felizmente, meninos mal comportados adquirem autorregulação e limites ditados pela empatia à medida que amadurecem. A maior parte do mau comportamento dos garotos adolescentes é contextual, ligada a influências negativas dos pares e diminui com a maturidade. Na realidade, 60 por cento dos meninos apresentam algum tipo de comportamento delinquente durante a adolescência, o que comprova a influência das pressões masculinas.

Muitos meninos que se comportaram mal são encaminhados para mim por pais preocupados ou autoridades escolares ou judiciais. Após ser flagrado por vandalismo, Derek foi encaminhado para aconselhamento por sua escola. Enquanto nós dois investigávamos o que se passava em sua cabeça quando agiu tão destrutivamente, a fim de entender as motivações por trás de suas atitudes, percebi que ele havia sido levado pelas incitações de sua turma para contestar as autoridades. Ele não tinha sentimentos profundos de raiva ou raciocínio distorcido, apenas falta de discernimento e autocontrole. A psicóloga clínica Terrie Moffitt, da Universidade de Wisconsin, calcula que apenas 5 por cento dos homens são de fato sociopatas.[26]

Mas durante meu trabalho com pacientes internados em centros de tratamento vi alguns garotos adolescentes que eram indiferentes às recompensas e punições de nosso regime de tratamento altamente estruturado. O sistema da unidade se baseava em níveis com objetivos estritamente definidos e em privilégios significativos, com o intuito de fomentar a pressão positiva entre pares e a influência relacional, mas isso exercia pouco efeito nesses adolescentes específicos. Eles pareciam não se importar se ganhavam recompensas associadas ao nível 4 (liberdade para ir para a parte externa do centro ou para visitar a sala de recreação, ficar mais tempo no refeitório, após as refeições e assim por diante) ou se continuavam restritos à unidade trancada no nível 1. Eles conseguiam tolerar sanções negativas. Embora, às vezes, parecessem estabelecer uma conexão verdadeira, acabávamos percebendo que a conexão era puramente instrumental — "o que posso conseguir com esse relacionamento?" — e que estávamos sendo enganados. A opinião alheia só importava a eles se ajudasse ou atrapalhasse algo que queriam.

O grau de calculismo e manipulação de alguns meninos era estarrecedor. Na unidade de tratamento de adolescentes, os pacientes chegavam com uma ampla variedade de problemas. Alguns eram internados porque estavam deprimidos ou com tendências suicidas; outros, porque estavam fora de controle em casa, na escola ou no bairro — ou sempre, em alguns casos. Alguns foram encaminhados para tratamento pelo sistema de justiça juvenil por delitos como roubo, vandalismo, invasão de domicílio, tráfico de drogas e agressão. Quando eu me encontrava com um novo paciente para uma primeira avaliação, minhas impressões iniciais propiciavam dados sobre quem ele era. Enquanto escutava como esse jovem se tornara desapegado e friamente calculista, fiquei de cabelo em pé porque percebi que nada podia mantê-lo na linha, a não ser o medo de ser flagrado. Ele não tinha âncoras relacionais que o prendessem à moralidade.

O belo jovem Joe, com um sorriso contagiante e uma sinceridade aparente, revelou-se um dos maiores problemas com os quais já me deparei, demolindo descaradamente todas as regras e se mantendo impassível diante de qualquer consequência negativa. As abordagens usuais para influenciá-lo não tinham o menor resultado. Certa vez, ele roubou uma faca no refeitório e escavou um buraco na parede de gesso de seu quarto para ter acesso ao quarto ao lado, que era ocupado por uma moça que estava hospitalizada há anos por ter sido abusada sexualmente. De alguma maneira, Joe a convenceu a fazer sexo oral nele por meio do buraco na parede. Quando confrontado pela equipe por abusar dela, ele meneou os ombros, pois não sentia a menor culpa.

Nos primeiros anos da minha carreira, tentei localizar os momentos críticos de sofrimento que levavam meninos como Joe a desistir das pessoas. Minha esperança era poder ajudá-los a encarar as decepções esmagadoras que os afastavam das conexões autênticas e apoiá-los para que se livrassem dos padrões autodestrutivos que os impediam de ter verdadeiras satisfações na vida. Eu era otimista sobre o poder da recuperação. Muitos anos depois, estou ainda mais impressionado com o poder das mentes humanas de superar traumas de todos os tipos. Mas também estou ciente do grau de dano sofrido por alguns meninos e do que é preciso para curá-los — coragem, conexão profunda e paciente, e confiança.

Buscando respostas sobre como um menino se torna antissocial, pesquisadores recorreram a estudos biológicos. Mas padrões de personalidade antissocial geralmente têm diversas causas. Genética, lesões orgânicas, abuso e negligência na infância — tudo contribui para "um transtorno que brota e floresce na mescla perfeita de circunstâncias", segundo o dr. Donald Black. Há, porém, boas novas em relação à sociopatia. Por mais que a rota de um menino em direção ao comportamento antissocial esteja enraizada em privações e sofrimentos na infância, os padrões antissociais podem ser superados. "Temos certeza de que é possível mudar", escreve Black. "Sejam quais forem as razões, alguns indivíduos antissociais melhoram."[27]

Esse prognóstico encorajador é especialmente importante quando se considera como raça e classe social se combinam com a masculinidade para gerar comportamentos antissociais. É preciso incluir experiências com a opressão social na lista de fatores que levam à criminalidade e à delinquência. Há cinco vezes mais probabilidade de homens negros irem para a prisão do que os brancos; em cinco Estados, a disparidade racial é de mais de dez negros para cada branco. Segundo um relatório do Sentencing Project, um centro de defesa da reforma da justiça criminal baseado em Washington, DC, essas disparidades são atribuíveis a sentenças judiciais duras para casos com drogas, vieses raciais em posicionamentos judiciais e desvantagens sistêmicas que afetam as famílias de minorias raciais. Em outras palavras, rapazes que não são brancos são prejudicados por vieses que favorecem a punição, em detrimento da melhora e da reabilitação social.

Para esses homens, a prisão é um estágio a mais em uma linha contínua de provações que começa na escola. Consciente e inconscientemente, esses meninos sabem que o preconceito racial prejudicará suas vidas onde quer que estejam. Um novo estudo realizado por pesquisadores de Stanford, de Harvard e do Departamento do Censo dos Estados Unidos descobriu que entre homens com a mesma situação socioeconômica, os negros invariavelmente sofrem mais que os brancos. Algumas das maiores disparidades entre brancos e negros ocorrem indubitavelmente nos níveis de renda superiores. Conforme o *New York Times* reportou, "a pesquisa evidencia que há algo específico nos obstáculos enfrentados por homens negros[28]".

A professora Ann Arnett Ferguson, do Smith College, realizou um estudo durante três anos em uma escola primária urbana e descreveu como um grupo de meninos era identificado pelo pessoal da escola como "destinado à prisão", introjetando uma visão distorcida de si mesmos como se estivessem diante do espelho enviesado pelo racismo de um parque de diversões. O psicólogo Howard Stevenson, da Universidade da Pensilvânia, fala da "hipervulnerabilidade" de meninos que, vistos acima de tudo como ameaças sociais, exageram os estereótipos como posturas de desafio e compensação.[29]

A ligação entre hipermasculinidade e hipervulnerabilidade é o que ficou gravado em mim em relação a Niles, o menino dos meus tempos na vara de família. Em nossas sessões, eu via um jovem sensível com pendores artísticos. Diante das pressões que o levaram a adotar uma certa conduta nas ruas, ele pesava suas opções. Enquanto ele aguardava sua audiência, novas acusações começaram a surgir no tribunal — por posse de drogas, roubo de carros e invasão de domicílio —, então percebi que o plano alternativo que eu fizera com ele competia com as pressões mais prementes da vida em sua família, escola e bairro. Debaixo do meu nariz, ele estava se tornando o menino mau que todo mundo esperava: dentro da cela após ser dominado, ele estava tão exaurido por ter de brigar e se defender contra ameaças e violência que ficou praticamente irreconhecível.

O CAMINHO A SEGUIR COM NOSSOS MENINOS

Nesse momento intermediário tão importante, os pais ficam divididos entre ideias conflitantes sobre como criar seus filhos. Algumas vozes apregoam valores masculinos e abordagens tradicionais, como Eric Davis e Dana

Santorelli, autores de *Raising men: from fathers to sons — life lessons from Navy SEAL training*, que não hesitam em amarrar as mãos dos meninos nas costas e atar seus pés e depois os jogam em um lago para que treinem sua coragem.[30] Defensores da ideia de que a biologia masculina fala mais alto competem com sugestões para abrandar os meninos tratando-os como se fossem indistinguíveis das meninas. A conversa sobre como criar um filho me faz lembrar de uma que escutei sobre como lecionar para um menino no início da minha carreira: que era preciso levar em conta as diferenças hormonais nos níveis de energia e nas orientações em relação à escola, aos professores e ao aprendizado. O problema é que quase nenhuma dessas ideias funcionava nem era corroborada por pesquisas sérias.

Quando organizei o projeto On Behalf of Boys na escola, houve muita polêmica e poesia, porém pouca ciência para oferecer aos pais. Então, reunimos algumas ideias baseadas em evidências para desenvolver um *workshop* que denominamos de Criando Filhos 101, que visa ajudar pais de meninos a desenvolverem uma meta-visão de suas incumbências e responder a algumas de suas questões urgentes.

CRIANDO FILHOS 101

O *workshop* Criando Filhos 101 gira em torno de temas desenvolvimentais e oferece cinco lições com informações, habilidades relevantes e listas do que se deve ou não fazer.

Lição 1: Tome o partido do seu filho
Defender os meninos envolve, em princípio, entender a ameaça representada pelas pressões sociais sobre eles. Com um entendimento mais amplo do desenvolvimento masculino, os pais podem se posicionar melhor a favor do bem-estar de seus filhos. Por exemplo, quando notam que os meninos estão sendo forçados pela pressão dos pares ou outras influências a fazer determinadas escolhas, os pais podem intervir para reforçar o poder deles de não se desviar do próprio caminho.

Para a maioria dos meninos, essas pressões existem desde o início, quando mandam um garotinho chorando se calar e se comportar como um "menino grande". Mais tarde, se brinca com bonecas ou outros brinquedos considerados femininos, o menino provavelmente será admoestado ou até alvo de chacota. Convidar meninas para suas festas ou manter amizade com elas, muitas vezes, suscita o mesmo tipo de policiamento de gênero. Posteriormente, em quadras de esportes ou playgrounds nas escolas, aumentam as pressões para os meninos se ajustarem às expectativas estereotipadas: adorar competir, envolver a dor nas brincadeiras, buscar dominância e assim por diante. Quase que diariamente ao longo da adolescência, os pais terão muitas oportunidades para reiterar que amam o filho como ele é e que ele pode decidir por si mesmo o que quer expressar e como explorar sua masculinidade.

Nessas ocasiões, os pais podem ajudar de várias maneiras: interferindo na hora certa, normalizando os conflitos internos do menino e assegurando que o relacionamento entre eles é um porto seguro. Por exemplo, quando as pressões para se ajustar estão acabrunhando um menino, os pais podem perguntar se ele quer ajuda para lidar com a situação. Eles podem pensar juntos e trocar ideias sobre o que pode ser feito para melhorar a situação. À medida que cresce, o filho pode se envergonhar de precisar da ajuda dos pais; nesse caso, contar histórias das próprias batalhas com normas de gênero pode dissipar seus sentimentos de embaraço e humilhação. Às vezes, os pais ficam confusos com prioridades conflitantes, como impor limites ou validar o filho calorosamente. Eu os aconselho a pensar antes de tudo na situação em pauta: o menino está sob que tipo de pressão e como isso o está afetando? Do que ele precisa em primeiro lugar: limites e sermões, ou acolhida e alívio?

Como pais, devemos fazer julgamentos estratégicos e manter em mente o objetivo maior: empoderar nossos filhos para que resistam às pressões e busquem ajuda sempre que os próprios recursos precisem de reforço. Ser um bom aliado para um menino significa acolher e validar quaisquer que sejam seus conflitos internos, e também manter altas expectativas quanto à capacidade de resolver a própria vida.

Com grande frequência, os pais de meninos não percebem essa questão. Embora muitos se aliem ao filho de uma ou outra maneira, é frequente escolherem as batalhas erradas. Eles violam os limites pessoais do filho, confundindo aquilo que os preocupa — por exemplo, que talvez o garoto não seja popular — com os reais conflitos em questão. Compelidos por essas preocupações, eles atropelam o poder de iniciativa do filho e inadvertidamente assumem o problema. Em vez de se sentir apoiado e mais seguro, o menino acaba ficando mais inseguro e, talvez, até ressentido com os pais.

O ponto de partida para se tornar um defensor dos meninos é ter uma perspectiva ampla sobre a infância e os estereótipos masculinos, o que demanda reconhecer que cada menino é diferente dos estereótipos. Para adquirir essa perspectiva, os pais podem dar uma olhada em estudos sobre a infância e ler livros com histórias reais sobre as experiências dos garotos. Penetrar na bruma que os circunda ajudará os pais a manter em vista a humanidade de seus filhos.

Ao longo da vida dos filhos, os pais precisam reforçar o quanto é bom eles serem meninos. No clima atual, há uma ambivalência compreensível na visão sobre os homens, e os pais temem reforçar atitudes que possam gerar problemas. Meninos de todas as idades percebem essa hesitação. É muito proveitoso quando os pais simplesmente demonstram sua satisfação com os filhos. Mas, ao se esforçar para transmitir isso, os pais podem notar a própria ambivalência ou ressentimento em relação ao mundo masculino convencional. Esse autoconhecimento pode abrir um caminho para a cura e o crescimento pessoal.

Ser defensor não significa se apressar para resgatar um menino. É muito mais eficaz ajudá-lo a perceber que não está sozinho e ficar a seu lado, pronto para oferecer a proteção de que ele precisa. Dessa maneira, fomentamos a autoconfiança de nossos filhos.

Lição 2: Seu relacionamento deve fortalecer o senso do eu
Como as pressões entre pares na infância são muito intensas, é preciso ter um senso forte do eu para escapar das normas negativas. Como pais, devemos lembrar de que nossa conexão com os filhos é sua fortificação básica. Se souberem que ocupam lugar central no coração dos pais, os meninos manterão os pais em seu coração, assim como seus valores. Fortalecidos, eles se lançarão no mundo com mais independência.

Como cultivar uma conexão forte com nossos filhos? Uma maneira é aprender a habilidade do espelhamento. Os pais podem praticá-la com alguém próximo e em turnos, no qual cada um conta ao outro tudo o que admira e ama em seus filhos. Seja o mais específico possível e conte histórias reais nas quais seu filho mostrou o quanto é uma pessoa especial. Esse tempo de treino prepara o pai ou a mãe para oportunidades com o filho na vida real e também aprofunda a habilidade de validar e oferecer um olhar genuinamente positivo e isento de preocupação e crítica. Em consequência, padrões parentais, como descobrir falhas ou se deixar dominar por perturbações pessoais, tornam-se mais conscientes e controláveis.

Todas as estratégias relacionais bem-sucedidas para professores que identificamos em nossa pesquisa também são relevantes para os pais. Achar um interesse ou identidade em comum, oferecer ajuda apropriada para a real necessidade do menino, ser paciente e acessível, e assim por diante, são gestos relacionais que aumentam a probabilidade de um garoto considerar os pais como um recurso, e não como juízes. Como o roteiro cultural indica que os meninos não devem contar com os pais, é importante que estes se mantenham disponíveis para os filhos e manifestem um interesse vívido por suas vidas.

Em meu consultório, quando estava com Cyril e sua mãe, lembrei-me de tantos meninos que inadvertidamente acabam tomando conta de seus pais, em vez de ser cuidados. Aos 13 anos, Cyril ficava absorvido pelo videogame Fortnite ou raivoso o tempo todo. Sua mãe atribuía esse comportamento à adolescência. Mas enquanto eu os ajudava a conversar sobre sua desconexão crescente, ficou evidente que Cyril achava que tinha de proteger a mãe, que estava muito triste em razão da perda recente da própria mãe, e poupá-la de suas perturbações e estresses. A mãe não tinha ideia de que Cyril estava se sacrificando tanto pelo bem dela, mas quando percebeu isso, insistia que ele se abrisse e conversasse mesmo quando estivesse triste e preocupada. Ela explicou que estar próximo dele sempre tornava sua vida melhor. Por receber tantos *feedbacks* distorcidos pelos valores da competição e pela cultura popular, um menino encontra um espelho verdadeiro em sua família ou fica mais vulnerável às recompensas oferecidas — vencer ou se enquadrar na turma, por exemplo — e perde o discernimento. Ter pelo menos um relacionamento no qual são verdadeiramente reconhecidos e amados faz toda a diferença.

Lição 3: Estimule a expressão emocional
A consciência e a expressividade emocionais se desenvolvem em relacionamentos. Em geral, meninos só compartilham seus sentimentos quando se sentem a salvo de humilhações e julgamentos. Quando barreiras e ameaças são eliminadas, os meninos não se refreiam, pois anseiam contar suas histórias. A princípio, seus sentimentos direcionados aos pais podem ser rudes, desagradáveis e até raivosos. A irritação crônica de Cyril certamente repelia sua mãe até que ela percebeu que ele estava apenas sinalizando ser incapaz de reprimir tudo o que sentia, por mais que tentasse. Mas é no relacionamento com um pai ou uma mãe incondicionalmente amorosa, que os meninos descobrem como dar conta da tarefa de se manterem conectados até quando têm vontade de rejeitar todo mundo.

A habilidade de escutar os sentimentos dos meninos é desafiadora. Muitos pais tentam escutar, apesar de estarem muito atarefados, contar com pouca ajuda e ter tantas pendências internas. Seus estresses podem torná-los desatentos, irritáveis e emocionalmente reativos quando os filhos se comportam irracionalmente. Mas ao reagir impensadamente a nossos filhos perdemos oportunidades de descobrir o que está causando esse comportamento.

Para aprender a escutar, os pais precisam aprender primeiro a silenciar os monólogos interiores e a irradiar atenção, interesse e calor humano. Quando um pai consegue se concentrar devidamente, basta focar sua atenção no menino — que pode estar distraído com um jogo ou assistindo a um programa —, sentando-se a seu lado e se interessando pelo que ele está fazendo, sem alterar o fluxo do jogo. Durante trajetos de carro, faça alguma pergunta que expresse uma curiosidade e uma abertura genuínas sobre algum aspecto agradável da vida dele: "Que músicas você tem escutado ultimamente?", "O que aconteceu naquele show que você viu?", "Como seu time se saiu no último jogo?" A questão não é obrigar o menino a explicar ou ajudar você a entender alguma coisa, e sim que ele ache agradável receber a atenção do pai.

À medida que os pais exercitam seus músculos auriculares, a qualidade de sua atenção se aprofundará e ficar menos vulnerável a distrações ou desvios, ao mesmo tempo que os meninos valorizarão a experiência positiva de ser ouvidos e criarão mais confiança. Com esse estado conectado como patamar, a real compensação ocorre quando o menino busca uma placa de ressonância ou um ouvido tranquilizador. Assim que a fidedignidade e o benefício de ser ouvidos se firmam, os meninos ficam mais abertos e conectados emocionalmente. Caso contrário, eles tendem a perder o contato com seus corações.

As barreiras mais comuns à escuta — a tendência de fazer perguntas só para obter mais informações ou satisfazer a curiosidade e tomar os sentimentos de seu filho pelo lado pessoal – só podem ser evitadas com muita prática. Mas as recompensas são enormes para um menino quando ele pode se expressar sem se preocupar com qual será a reação de seu pai. Perceber como os sentimentos influenciam o pensamento e o comportamento é a habilidade que define a inteligência emocional.

Acima de tudo, um pai nunca deve reagir dando conselhos quando o filho partilha seus sentimentos. Ser instruído sobre como pensar é um mau substituto para aprender a pensar por si mesmo, e muitas vezes soa como um desrespeito. A maioria dos meninos, particularmente ao amadurecer mais, insiste em ter liberdade para tomar decisões e está disposta a abrir mão de conversas para não ser mal interpretada ou ouvir sermões.

Lição 4: Exerça autoridade
Grupos de meninos tendem a se isolar dos adultos, a testar ativamente os limites e o poder das regras adultas, a pressionar os companheiros para não delatarem coisas condenáveis, a excluir e tratar mal as meninas e a estimular os camaradas a recorrerem a dispositivos digitais e substâncias psicoativas para lidar com sentimentos reprimidos. Pais de meninos terão de impor limites e orientá-los contra os valores da cultura dos pares. A menos que o pai administre bem as ocasiões em que o filho finge, este terá mais dificuldade para aprender a se refrear.

Três qualidades são essenciais para cobrar responsabilidade de um menino: aceitação emocional, domínio comportamental e orientação pró-social.

Mesmo que imponham um limite ao comportamento do filho, os pais não devem reagir negativamente às emoções que impelem o comportamento inapropriado. Deve haver um limite, por exemplo, para a expressão da raiva — jamais faz sentido permitir destrutividade, ameaças ou violência, assim como é preciso limitar a linguagem desrespeitosa —, mas não se deve condenar os meninos por demonstrar raiva.

Quando o menino se sente decepcionado, por mais tentador que seja explicar, defender ou descontar a versão dele sobre o que aconteceu, simplesmente escutar o que ele sente costuma ser suficiente para esclarecer as coisas e tem o benefício adicional de reforçar a liberação emocional. Servir de receptáculos para todos os sentimentos dolorosos é fundamental no papel dos pais como conselheiros. A imposição de limites geralmente desencadeia um jorro de sentimentos feridos, que é justamente a finalidade dessa medida: ajudar um menino a se livrar da tensão que impele seu mau comportamento.

Ao impor um limite, os pais passam a mensagem de que veem seu filho como uma pessoa moralmente capaz de transcender os sofrimentos e estresses que sente, a fim de se comportar mais apropriadamente. Nós vimos o mesmo fenômeno em nossa pesquisa sobre educação, quando o mau comportamento de um menino não confundiu um professor sobre a verdadeira natureza dele; aliás, muitos meninos se transformaram quando um professor lhes deu uma nova chance após cometerem um erro. Eles perceberam que o professor não duvidava do que eram capazes e melhoraram seu comportamento até o nível esperado.

Mesmo sem ter muita consciência disso, os meninos esperam que os pais mantenham a firmeza diante de seus comportamentos agressivos ou para testá-los, mas de formas que não prejudiquem nem enfraqueçam sua conexão ou seu senso de ser aceitos durante momentos difíceis e tudo o mais. Para atingir o equilíbrio correto, o exercício parental de autoridade deve ser mais estratégico do que reativo. Os limites devem sempre derivar de uma análise séria da situação e da disposição de escutar qualquer perturbação que possa estar causando o comportamento irracional. Reações que derivam de perturbações dos próprios pais tendem a ser incoerentes, insustentáveis e podem reforçar inadvertidamente os testes aos limites e a resistência vigorosa.

Lição 5: Promova a autonomia
O ideal de independência como um isolamento à moda do Cavaleiro Solitário continua sendo uma imagem cultural poderosa. Mas no desenvolvimento saudável a independência é uma meta menor do que a autonomia adquirida por meio de iniciativa, discernimento e confiança. Para fomentar isso, os pais devem acompanhar o filho nos desafios, sem assumir automaticamente o comando sempre que ele falha ou comete um erro. Como um bom treinador, os pais transmitem confiança e atuam como receptáculos seguros para eventuais sentimentos de frustração ou derrota.

De maneira contraintuitiva, a autonomia emerge naturalmente nos relacionamentos, e não por razão de qualquer tipo de pressão. Manter-se conectados com os filhos e ser sinceros com eles sobre os valores importantes e as necessidades familiares podem ser o teste máximo de sua capacidade de apoiar a independência dos garotos. Um jovem que eu atendo pressionou muito os pais para ter permissão de fumar maconha: "Todo mundo fuma. Vocês são muito ingênuos e antiquados. Não há nada de errado nisso". Um estratagema recente dele para enganar os pais era escapar para a rua tarde da noite ou descer para fumar no porão de casa.

Esses pais, porém, têm o crédito de manter a calma. Embora insistam que ficar alterado não faz bem e reiterem que ele não pode continuar assim, eles sempre demonstram que amam e respeitam o filho. As discussões muitas vezes são tensas, especialmente quando os pais dizem que irão restringi-lo se descobrirem que está infringindo a política estabelecida. Mas o filho acredita piamente que eles estão pensando em seu bem-estar, mesmo que não concorde com sua postura, e parece disposto a lhes dar o benefício da dúvida. Ao submeter-se ao julgamento dos pais, ele se rende sem dar o braço a torcer.

Embora compromisso e negociação sejam sempre, necessários em qualquer relacionamento, conflitos aparentes, muitas vezes, se evaporam quando o respeito, a escuta e a liberação de sentimentos tensos são estimulados. Quando os sentimentos dolorosos são dissipados, fica mais fácil achar uma solução para qualquer conflito. Para atingir um equilíbrio saudável entre manter a conexão e apoiar o desejo do filho de abrir as asas, os pais geralmente têm de rever como a própria necessidade de autonomia foi encarada em suas famílias e como essas experiências influem em seu relacionamento com o filho.

HOMENS BONS E JUSTOS

Na nova economia conectada, homens jovens trabalham em equipes com pessoas de todos os tipos. Eles têm relacionamentos e lares mais democráticos do que nunca, que refletem um compromisso mais profundo com os direitos humanos para todos. Para ser eficazes e produtivos, os jovens devem adotar esses novos termos de intercâmbio e aceitar as posições menos hierárquicas e com menos poder que são oferecidas. Eles devem reconhecer que a justiça e a virtude são necessárias para o êxito. Mesmo que a velha cantilena de que homens são mais importantes do que mulheres ainda perdure, para vencer neste novo mundo os homens da Geração do Milênio e da Geração Z precisam entender que privilégios injustos de gênero, raça, classe social e assim por diante não fazem mais sentido. Como os pais podem ajudá-los a chegar lá?

Uma estratégia é "criar nossos filhos de maneira mais parecida com a criação de nossas filhas", conforme disse Gloria Steinem, oferecendo-lhes uma paleta emocional mais ampla. Em um artigo recente na revista *Vanity Fair*, a especialista Monica Lewinsky escreveu sobre as "novas fronteiras da vulnerabilidade masculina", citando o ator Brad Pitt, o príncipe inglês Harry e o músico Jay-Z como exemplos de "algo diferente, que é comovente, envolvente, vulnerável e até feminista". Quando Pitt foi criticado por tradicionalistas que disseram que ele devia simplesmente "virar homem" por ter falado sobre se recuperar de um vício e de sua ânsia por reflexão e crescimento pessoal, Lewinsky defendeu-o apontando "a mudança abissal que ocorreu na geração passada: para os rapazes de agora, 'virar homem' e ser 'um homem de verdade' se equiparam a expressar as emoções mais latentes, admitir falhas e encarar as consequências".[31] Aliás, o *New York*

Times causou furor ao publicar o artigo "How to raise a feminist son", de sua correspondente Claire Cain Miller. Definindo feminista como alguém capaz de aceitar a igualdade plena entre homens e mulheres, ela ouviu opiniões de especialistas e formulou 12 recomendações que se aplicam "a qualquer pessoa que queira criar crianças que sejam bondosas, confiantes e livres para batalhar por seus sonhos[32]". Para começar, disse ela, é preciso deixar os meninos chorarem. Canalizar todas as emoções em rompantes monocromáticos de raiva tem consequências negativas que se estendem por toda a vida. Somente quando corações e mentes funcionam juntos e podem ser sinceros sobre o que os magoa, os meninos podem sentir realmente sua conexão com os outros e evoluir para ter empatia. Quando a expressividade natural deles é cerceada, suas virtudes são sufocadas, o que acarreta consequências profundas. Outras ideias visam demolir mitos masculinos. Miller recomendou dar exemplos para ajudar os meninos a se livrarem dos estereótipos e enxergarem de fato as realidades de ser homens. Outra recomendação foi ensinar todos os meninos a cuidarem das próprias coisas, em vez de empurrar todas as responsabilidades domésticas para as meninas. Outro ponto importante é que os pais ensinem o menino a tomar conta dos outros da mesma forma que isso é incutido nas meninas. Ela citou uma pesquisa realizada pelo programa canadense Roots of Empathy, que repercutiu pelo mundo por mérito de seu êxito na prevenção contra *bullying* e agressão.[33]

Os meninos deveriam celebrar o fato de ser meninos, afirma Cain Miller, que aconselha os pais a "fazerem bagunça, contarem piadas, assistirem a esportes, subirem em árvores e montarem fogueiras". Mas para combater estereótipos limitantes ela recomenda que os meninos também aprendam a ouvir "não", a fim de controlar seus impulsos, tolerar frustrações e se posicionar com firmeza quando os direitos alheios são violados. Os meninos devem ser estimulados a ler e devem ser rapidamente corrigidos sempre que usarem a palavra "menina" como insulto. Eles devem ser educados para respeitar as mulheres e estimulados a ter amizades com garotas.

O escritor e educador Andrew Reiner aprofundou o assunto em um artigo intitulado "Talking to boys the way we talk to girls". Ele citou diversos estudos sobre interações de pais com crianças que demonstram que, desde o início, os pais transmitem meticulosamente estereótipos tradicionais aos meninos. De maneira específica, estudos sobre linguagem e estilos de interação mostram que os pais falam mais e são emocionalmente mais expressivos com as filhas. Segundo a psicóloga de Harvard Susan David, que Reiner entrevistou, pais que queiram corrigir esse viés em relação aos meninos podem simplesmente "ficar disponíveis para que eles falem abertamente, e demonstrar que querem ouvir o que eles estão dizendo[34]".

Para a psicóloga Christia Spears Brown, há duas coisas que os pais podem fazer para criar filhos "além do rosa e azul". A principal é desafiar estereótipos de gênero: "Embora seja difícil lutar contra esses estereótipos, é imperativo pelo menos tentar. Trata-se de um bom combate que sempre vale a pena. Indivíduos com características, simultaneamente, masculinas e femininas (que são assertivos, independentes, carinhosos e empáticos) têm vidas mais plenas[35]".

Para entrar em ação, os pais devem optar concretamente por combater estereótipos. Brown aponta os principais alvos do combate: descartar roupas e brinquedos estereotipados e censurar opções de entretenimento como programas de TV ou filmes que tenham essa característica; ficar atento à própria linguagem, evitando referências diretas ou indiretas a gênero como "linda menina" ou "meninão"; e interromper os filhos gentilmente, porém com firmeza, quando usam estereótipos.

Mas o empenho para criar homens bons deve ir além de evitar estereótipos na linguagem, nos brinquedos e na mídia, pois, isso não é suficiente para fortalecer as virtudes e permitir que a humanidade floresça. O filósofo da educação Eamonn Callan, da Universidade Stanford, que estuda cidadania, argumenta que "ser justo implica se importar com os outros[36]". A capacidade de se importar com os outros, de se sensibilizar com sua humanidade em comum, deriva das próprias experiências de uma criança em relação a cuidados. Se não tiver conexões empáticas, a criança pode ficar obcecada pelos próprios desejos e disposta a fazer qualquer coisa para satisfazê-los. A experiência de um menino com o amor parental cria a base para a bondade. Na visão do filósofo político John Rawls, pais empenhados em moldar como a criança trata os outros consideram "a formação de apegos como objetivos finais[37]". Um menino aprende que a justiça é um direito fundamental por causa da própria experiência com relacionamentos estreitos. Certificar-se de que os meninos estão bem cuidados e que sua necessidade de conexão não é ofuscada por seu desempenho é a base fundamental para formar homens bons.

Quando leio uma infinidade de histórias horripilantes de homens tão absortos em si mesmos e movidos por conversas de "vestiário" que se sentem no direito de maltratar suas parceiras sexuais e renunciam a qualquer chance de formar uma conexão amorosa com elas, acabo me lembrando da descoberta crucial de uma pesquisa de que diferentes culturas masculinas incentivam variados níveis de agressão sexual. Essa pesquisa aponta que padrões de agressão masculinos descritos em denúncias ao movimento #MeToo não surgem espontaneamente nos meninos, nem são um ingrediente necessário na infância. Nenhum garoto se torna moralmente deformado e lesivo sozinho.

Para intensificar o movimento por igualdade em todos os lugares e assegurar que os meninos considerem de coração aberto as meninas como parceiras que merecem todo o respeito, pais e outros responsáveis pela infância precisam tratar os garotos como seres humanos. É preciso estar atento aos aspectos da infância que distorcem o desenvolvimento humano de nossos filhos. Para quem está na linha de frente, é evidente que os meninos estão prontos e ansiosos para ter a chance de vivenciar o "desenvolvimento pleno de suas capacidades" —, o que inclui amor, criatividade e conexão.

CAMPANHA PELA VIDA DOS MENINOS

Quando meu neto nasceu, fiquei totalmente desarmado pela força de seu apego por mim. Às vezes, ele me encarava longamente ou buscava meu rosto, olhando profundamente em meus olhos. Quando lhe dizia o quanto estava feliz por tê-lo ali, parecia que ele entendia, embora ainda não soubesse falar. O fato é que ele me arrebatou. Alguns meses depois, começou a sorrir. Quando veio à nossa casa e ouviu o som da minha voz, ele ficou olhando em volta até me encontrar, e abriu um sorriso radiante quando nossos olhares se cruzaram. Algum tempo depois, ao me ver, ele vibrava de alegria, batendo as pernas e os braços rapidamente no peito de seu pai. Eu via claramente que toda criança — menino ou menina — é programada para se conectar nos níveis mais profundos e duradouros.

Com o nascimento dos meus dois filhos, percebi que nem um super-herói conseguiria protegê-los da cultura reinante. Assim, em parte por causa deles, aceitei a proposta de trabalhar como psicólogo consultor em uma escola para meninos. Pelo menos, pensei, meus filhos me veriam tomando o partido de meninos. Esse trabalho me despertou um grande interesse pela vida dos meninos dentro e fora da escola, então criei o programa para meninos que se transformou no Centro de Estudos sobre as Vidas de Meninos e Meninas. Ao longo dos anos, expandimos o trabalho, realizando pesquisas e empreendendo ações em parceria com organizações globais como a International Boys' Schools Coalition, os Boy Scouts of America, os Boys &

Girls Clubs of America e a Promundo, uma organização que batalha pela justiça para os gêneros.

No decorrer desse trabalho, visitei escolas e comunidades mundo afora e ouvi conversas sobre meninos que são muito semelhantes em todos os lugares. Percebi que no mundo inteiro famílias, educadores e líderes da juventude estão buscando ideias mais sensatas para guiar seus cuidados. Apesar das guerras culturais e de eventuais recuos, há clamores por lucidez e liderança por parte de adultos que trabalham diretamente com meninos — em uma organização não governamental em Nairóbi, no Quênia; em uma escola para meninos em Pietermaritzburg, na África do Sul; em um *workshop* para líderes de escolas católicas em Dublin, na Irlanda; e onde quer que eu vá no Canadá e nos Estados Unidos.

No mundo atual, totalmente interligado por canais de comunicação e vínculos financeiros, o paradigma de ser homem se tornou mais homogêneo. A globalização exportou os temas dominantes da infância ocidental tradicional para o mundo inteiro. Embora sua inviabilidade esteja cada vez mais evidente e muitos meninos se rebelem, essas ideias estão tenazmente fincadas em normas familiares e na cultura das instituições. É preciso um esforço conjunto, uma campanha em escala mundial, para extirpá-las. Pelo bem do meu neto e de uma infância que ele possa vivenciar de coração aberto, escrevo na esperança de que pais e outros que se importam se unam a esse movimento de resistência.

Como seria uma Campanha pela Vida dos Meninos? Em primeiro lugar, ela defenderia o valor fundamental e a integridade dos meninos. Reunindo pesquisadores, líderes conscientes, formuladores de políticas e ativistas, ela mostraria um quadro real da verdadeira experiência dos meninos, que é totalmente distinta dos clichês e imagens estereotipadas, e analisaria suas vidas por um ponto de vista ético. A campanha buscaria eliminar os sacrifícios irracionais impostos aos meninos, assim como promover práticas mais sensatas, mais saudáveis e mais eficazes em escolas, famílias e comunidades. O objetivo é que meninos de todos os tipos floresçam. Uma sociedade justa não pode permitir que qualquer grupo sofra perdas desenvolvimentais sistemáticas. É crucial que os meninos — e os homens que eles se tornam — contem com nosso entendimento mais cálido e nosso acolhimento orgulhoso.

Há inovações inspiradoras em andamento. Na Grã-Bretanha, o experimento Healthy Minds é tão bem-sucedido que continua angariando recursos. Quase um milhão de pessoas por ano são atraídas pela oferta de aconselhamento grátis de saúde mental, e o número de adultos na Inglaterra que usou recentemente esses serviços aumentou de um em cada quatro para um em cada três. O programa fez grandes avanços para romper o tabu de falar sobre problemas em uma nação culturalmente embebida no estoicismo. Iniciado em 2008 por um psicólogo e um economista, o programa teve um financiamento inicial que permitiu a instalação de 35 clínicas pelo país. O orçamento atual é de US$ 500 milhões e deverá dobrar nos próximos anos.[38]

Na Austrália, assim como em outras partes do mundo, a preocupação com o suicídio passou a enfocar as dificuldades dos homens de pedir ajuda quando estão com problemas. Três quartos dos suicidas são homens, e as taxas de suicídio por lá não param de aumentar, a ponto de ser declaradas uma "emergência nacional". Foi então lançada a campanha Nosso Maior Desafio até Hoje, a cargo da organização Lifeline de gestão de crises, para propagar aos homens a mensagem de que pedir ajuda é um ato de coragem. Pensando nos homens mais jovens, o projeto Headspace da Fundação Nacional de Saúde Mental Juvenil também criou uma campanha, estimulando os pais a observarem atentamente a saúde mental dos filhos e a intervir se notarem um acabrunhamento excessivo.[39]

A Organização Mundial de Saúde elaborou um resumo de abordagens eficazes para lidar com pessoas do sexo masculino. Para conseguir envolvê-las, os programas devem "realçar a vida dos meninos e dos homens". A Promundo adota esse princípio ao desenvolver programas baseados em pesquisa, incluindo o Program H para a faixa etária entre 15 e 24. Lançado em 2002 e agora em 25 países, o currículo estimula os rapazes a refletirem como são afetados por normas rígidas. O Program H, intitulado Manhood 2.0 em sua versão norte-americana, foi apontado pelo Banco Mundial e a pela OMS como a melhor prática para promover a igualdade de gêneros e prevenir a violência baseada em gênero, e citado pela Unicef e pela ONU por sua efetividade comprovada.[40]

Em famílias, salas de aula, espaços esportivos e comunidades, aqueles incumbidos de zelar diariamente pela infância têm oportunidades de fazer a diferença para os meninos. Meninos clamam por serem autênticos e aproveitam qualquer oportunidade que lhes seja oferecida. O que tem retardado o projeto de liberação humana não é alguma deficiência da natureza masculina, nem uma ânsia dos meninos para ter privilégios à custa dos outros. O que transforma um menino naturalmente empático em um indivíduo duro, emocionalmente frio e egoísta, é negar as conexões de que ele precisa para se manter humano e responsável. Amparar os meninos em relacionamentos nos quais são reconhecidos e amados é a melhor maneira de formar homens bons.

AGRADECIMENTOS

Ao escrever este livro, tentei canalizar tudo o que sei graças aos ensinamentos de meninos, homens e mulheres. Muitos estão representados aqui por meio de suas ideias, trabalho, vozes e histórias. Mas, além do projeto específico deste livro, há outros fatores que me inspiraram e apoiaram enquanto eu desenvolvia a perspectiva subjacente ao que escrevi.

Há os estudiosos sobre gênero, raça, desenvolvimento humano e infância que me acolheram em sua comunidade e me ofereceram seu tempo, solidariedade e questionamentos. Fui apresentado a essa comunidade por Michelle Fine e o inimitável Harry Brod, cujo falecimento apenas lança mais luz sobre sua influência. Michael Kimmel, Niobe Way, Pedro Noguera, Gary Barker, Michael Kaufman e vários outros continuam me proporcionando as acolhidas intelectuais mais calorosas.

A International Coalition of Boys' Schools estimulou meu trabalho oferecendo subsídios, ouvidos atentos e braços abertos. Meu amigo e coautor, Richard Hawley, naturalmente também, mas Brad Adams, Joe Cox, David Armstrong e outros têm sido parceiros inestimáveis. Nos encontros com professores em escolas-membro mundo afora, sempre encontrei um interesse vívido, questionamentos bem embasados e uma acolhida sincera. Ao mesmo tempo, líderes na Haverford School, como Bo Dixon, Joe Healey, Joe Cox, John Nagl, Matt Green e Janet Heed, também sempre me estimularam, insistindo para que eu "tome conta dos nossos meninos". E em meu próprio Centro, que foi um desdobramento do trabalho na Haverford, meu parceiro, Peter Kuriloff, dedica uma parte substancial de sua brilhante carreira ao nosso projeto. Outros, incluindo Sharon Ravitch, Brett Stoudt, Joseph Nelson, Charlotte Jacobs e nossa maravilhosa escola-membro Heads, cocriaram o Centro para ajudar centenas de meninos e meninas a dar voz às realidades da sociabilização de gêneros.

Em nível bem mais básico, tive a bênção de participar da comunidade de conselheiros que me ajudaram a adquirir um entendimento sólido e tranquilizador de quem eu sou. Baseado na fé inquebrantável na bondade humana, o trabalho coletivo de amigos como Tim Jackins, Patty Wipfler, Diane Balser, Gwen Brown, Joel Nogic, Joanne Bray e Lorenzo Garcia me fez reconhecer o quão radicalmente as coisas precisam mudar para os meninos e para o mundo a seu redor. Minha equipe no RCCR me apoia mesmo quando eu tenho rompantes. Devo reconhecer os milhares de meninos sempre acessíveis com quem conversei e que observei, cujas percepções aprofundaram cada vez mais meu entendimento. Ouvi relatos apavorantes de comportamento masculino que me ensinaram o quanto o desenvolvimento humano pode sair do prumo quando as condições refreiam os acalentos necessários e incentivam uma insensibilidade excessiva. Ouvi também histórias edificantes de bondade, poder, calor humano e abnegação que em parte compensam essas perdas trágicas.

Uma equipe editorial maravilhosa e formada majoritariamente por pais de meninos —, incluindo John Paine, que me encaminhou para Joelle Delbourgo, o suprassumo de uma profissional do ramo editorial, que, por sua vez, me levou até Sara Carder e sua equipe de resgate na TarcherPerigee —, me guiou durante o processo intimidante de produzir este livro.

NOTAS BIBLIOGRÁFICAS

CAPÍTULO 1 | DELIMITADOS PELA INFÂNCIA

1. Michael Kaufman. "Men, feminism, and men's contradictory experiences of power". In Theorizing Masculinities, ed. H. Brod e M. Kaufman. Thousand Oaks, CA: Sage, 1994, 142-64.

2. William Pollack, "No man is an island: toward a new psychoanalytic psychology of men". In A new psychology of men, ed. R. F. Levant e W. S. Pollack. Nova York: Basic Books, 1995, 33-67.

3. Christina Hoff Somers, The war against boys: how misguided policies are harming our young men. Nova York: Simon & Schuster, 2015; Peg Tyre, The trouble with boys: a surprising report card on our sons, their problems at school, and what parents and educators must do. Nova York: Harmony, 2009.

4. Judith Kleinfeld, "Student performance: males versus females", Public Interest 134, 1999: 3-20; Tom Mortenson, "Economic change effects on men and implications for the education of boys", Education Week, 14 de maio de 2011, www.edweek. org/media/economicchange-32boys.pdf.

5. Caroline New, "Oppressed and oppressors? The systematic mistreatment of men", Sociology 35, n° 3, 2001: 729-48.

6. Judy Y. Chu, When boys become boys: development, relationships, and masculinity. Nova York: New York University Press, 202.

7. Niobe Way, Deep secrets: boys friendships and the crisis of connection. Boston, MA: Harvard University Press, 2011.

8. David B. Stein, Unraveling the add/adhd fiasco: successful parenting without drugs. Kansas City, MO: Andrews McMeel, 2003.

9. Mariagiovanna Baccara et al., Child-adoption matching: preferences for gender and race. Working paper 16444, National Bureau of Economic Research, Cambridge, MA, 2010, http://www.nber.org/people/mariagiovanna_baccara.

10. Justin Baldoni, "What my newborn son taught me about masculinity", Huffington Post, 1° de março de 2018, www.huffingtonpost.com/entry/opinion-baldoni- masculinity- fatherhood_us_5a944e25e4b02cb368c46d6d.

11. George Orwell, Shooting an elephant and other essays. Nova York: Harcourt, 1984.

12. Brian Heilman, Gary Barker e Alexander Harrison, The man box: a study on being a young man in the US, UK, and Mexico. Washington, DC: Promundo-US, 2017, 60, https:// promundoglobal.org/resources/man-box-study-young-man-us-uk-mexico/?lang=english.

13. Sandra L. Bem, "Gender schema theory: a cognitive account of sex typing source", Psychological Review 88, n. 4, 1981:354; Olga Silverstein e Beth Rashbaum, The courage to raise good men: you dont have to sever the bond with your son to help him become a man. Nova York: Penguin, 1995.

14. Kate Stone Lombardi, The mama's boy myth. Nova York: Penguin, 2012.

15. Heilman, Barker e Harrison, The man box.

16. Chu, When boys become boys, 206-7.

17. Ruth Perou et al., Mental Health Surveillance Among Children United States 2005-2011, Morbidity and Mortality Weekly Report MMWR 62, n. 2, 17 de maio de 2013:1-35, http://www.cdc.gov/mmwr/preview/mmwrhtml/su6202a1.htm%3B; L. Alan Sroufe, "Ritalin gone wrong", Opinion, New York Times online, 29 de janeiro de 2012, http://www.nytimes.com/2012/01/29/opinion/sunday/childrens-add-drugs-dont--work-long-term.html.

18. David D. Gilmore, Misogyny, the male malady. Filadélfia: University of Pennsylvania Press, 2001, 203.

19. Martha Nussbaum, Creating capabilities: the human development approach. Cambridge, MA: Belknap Press, 2013.

20. Way, Deep secrets, 77.

21. Amy Banks, Wired to connect: the surprising link between brain science and strong, healthy relationships. Nova York: Tarcher/Penguin, 2015.

22. Donald O. Hebb, The organization of behavior. Nova York: Wiley & Sons, 1949; Daniel J. Siegel e Mary Hartzell, Parenting from the inside out: how a deeper self-understanding can help you raise children who thrive. Nova York: Tarcher/Penguin, 2003, 34.

23. Daniel J. Siegel, The developing mind: how relationships and the brain interact to shape who we are. Nova York: Guilford Press, 1999, xii.

24. Alison Gopnik, The gardener and the carpenter: what the new science of child development tells us about the relationship between parents and children. Nova York: Farrar, Straus and Giroux, 2016, 18.

25. Ibid., 9.

26. Ibid., 10.

27. Ibid., 56.

28. William J. Bennett, The book of virtues: a treasury of great moral stories. Nova York: Simon & Schuster, 1993; Josephson Institute, acessado em 25 de agosto de 2017, https://charactercounts.org/program-overview/six-pillars.

29. Ibid., 59.

30. Nel Noddings, Educating moral people: a caring alternative to character education. Nova York: Teachers College Press, 2002, xiii.

31. Ibid., 15.

32. Ibid., 32.

CAPÍTULO 2 | LIBERTANDO OS MENINOS

1. Chu, When boys become "boys", 21.

2. Ibid., 24.

3. Ibid., 33.

4. Ibid., 205.

5. Miriam Raider-Roth et al., "Resisting boys, resisting teachers",
in edição dupla especial, Reproduction, resistance and hope: the promise of schooling for boys, ed. Michael C. Reichert e Joseph D. Nelson de, Thymos: Journal of Boyhood Studies 6, n. 1, primavera de 2012, 34-54.

6. Ibid.

7. Ibid.

8. Diana Divecha, "What is secure attachment? And why doesn't attachment parenting get you there?", Developmental Science blog, 3 de abril de 2017, www.developmentalscience.com.

9. Allan Schore, "Modern attachment theory". In Handbook of trauma psychology, ed. Steven N. Gold. Washington, DC: American Psychological Association, 2017, 6.

10. Michael P. Nichols, The lost art of listening: how learning to listen can improve relationships. Nova York: Guilford Press, 2009, 15.

11. Ibid., 26.

12. Siegel e Hartzell, Parenting from the inside out, 34.

13. Nichols, Lost art of listening, 139.

14. Siegel e Hartzell, Parenting from the inside out, 154-83.

15. Ibid., 23.

16. Ibid., 193.

17. Patty Wipfler e Tosha Schore, Listen: five simple tools to meet your everyday parenting challenges. Palo Alto, CA: Hand in Hand Parenting, 2016, 326.

18. Ibid., 50.

CAPÍTULO 3 | MENINOS E SEUS CORAÇÕES

1. Heilman, Barker e Harrison, The man box, 36.

2. Kevin Love, "Everyone is going through something", Players Tribune, última alteração em 6 de março de 2018, http://www.theplayerstribune.com/en-us/articles/kevin-love-everyone-is-going-through-something.

3. Jean M. Twenge, iGen: por que as crianças superconectadas de hoje estão crescendo menos rebeldes, mais tolerantes, menos felizes e completamente despreparadas para a idade adulta. São Paulo: nVersos Editora, 2018, 93.

4. Ibid., 103-4.

5. "5 minute guide to men's mental health", Mental Health America online, acessado em 10 de abril de 2018, http://www.mentalhealthamerica.net/issues/infographic-mens-mental-health-5-minute-guide.

6. Ronald F. Levant e Wizdom A. Powell, "The gender role strain paradigm". In The psychology of men and masculinities, ed. Ronald F. Levant e Y. Joel Wong. Washington, DC: American Psychological Association, 2017, 15-44.

7. James M. O'Neil, Men's gender role conflict: psychological costs, consequences, and an agenda for change. Washington, DC: American Psychological Association, 2015, 24.

8. Stephanie A. Shields, Speaking from the heart: gender and the social meaning of emotion. Cambridge: Cambridge University Press, 2002, 93.

9. Arlie R. Hochschild, The managed heart. Berkeley: University of California Press, 1983.

10. Thomas Newkirk, "Misreading masculinity: speculations on the great gender gap in writing", Language Arts 77, n. 4 março de 2000: 294-300, http://www.csun.edu/%7Ebashforth/305_PDF/305_ME2/305_Language&Gender/MisredaingMasculinity_GenderGapInWriting_LA2000.pdf.

11. Pollack, No man is an island, 195.

12. O'Neil, Men's gender role conflict, 10.

13. Maurice J. Elias et al., Promoting social and emotional learning: guidelines for educators. Alexandria, VA: Association for Supervision and Curriculum Development, 1997, 2.

14. Joseph A. Durlak et al., "The impact of enhancing students social and emotional learning: a meta-analysis of school- based universal interventions", Child Development 82, n. 1, janeiro/fevereiro de 2011:405-32, https://doi: 10.1111/ j.1467-8624.2010.01564.x.

15. 2015 CASEL Guide: Effective social and emotional learning programs. Chicago: Collaborative for Academic, Social, and Emotional Learning [CASEL], junho de 2015, https://secondaryguide.casel.org/casel-secondary-guide.pdf.

16. Marc A. Brackett e Susan E. Rivers, "Transforming students lives with social and emotional learning". In International handbook of emotions in education, ed. Reinhard Pekrun e Lisa Linnenbrink-Garcia. Nova York: Routledge, 2014; Rafael Heller, "On the science and teaching of emotional intelligence: an interview with Marc Brackett", Phi De Ha Kappan 98, n. 6, março de 2017:22.

17. Richard D. Lane e Branka Zei Pollermann, "Complexity of emotional representations". In The wisdom of feelings, ed. Lisa Feldman Barrett e Peter Salovey. Nova York: Guilford Press, 2002, 271-293.

18. Steven Krugman, "Male development and the transformation of shame". In A new psychology of men, Ronald F. Levant e William S. Pollack. Nova York: Basic Books, 1995, 93.

19. Ibid., 93.

20. Ibid., 103.

21. William Pollack, Real boys: rescuing our sons from the myths of boyhood. Nova York: Random House, 1998, 27.

22. Shields, Speaking from the heart, 140.

23. Ibid., 141.

24. Megan Boler, Feeling power: emotions and education. Nova York: Routledge, 1999, 192.

25. Michael Kimmel, Angry white men: American masculinity at the end of an era. Nova York: Nation Books, 2017.

26. Dan Kindlon e Michael Thompson, Raising Cain: protecting the emotional life of boys. Nova York: Ballantine Books, 2000.

CAPÍTULO 4 | APRENDIZAGEM E EDUCAÇÃO DE MENINOS

1. Michele Cohen, "A habit of healthy idleness: boys underachievement in historical perspective". In Failing boys? Issues in gender and achievement, ed. D. Epstein et al. Filadélfia: Open University Press, 1998, 20.

2. "The weaker sex: boys are being outclassed by girls at both school and university", Economist online, 7 de março de 2015, http://www.economist.com/news/international/21645759-boys-are-being-outclassed-girls-both-school-and-university-and-gap.

3. The ABC of gender equality in education: aptitude, behaviour, confidence. Paris: Organização para Cooperação e Desenvolvimento Econômico [OCDE], 2015, https://docs.google.com/viewer?url=http%3A%2F%2Fwww.oecd.org%2Fpisa%2Fkeyfindings%2Fpisa-2012-results-gender-eng.pdf.

4. Thomas A. DiPrete e Claudia Buchmann, The rise of women: the growing gender gap in education and what it means for American schools. Nova York: Russell Sage Foundation, 2013.

5. David Autor et al., "Family disadvantage and the gender gap in behavioral and educational outcomes", trabalho em curso 22267, National Bureau of Economic Research, Cambridge, MA, última modificação em 2017, http://www.nber.org/papers/w22267.

6. Hua-Yu Sebastian Cherng, "The ties that bind: teacher relationships, academic expectations, and racial/ethnic and generational inequality", American Journal of Education 124, n. 1, 2017:67-100.

7. ABC of gender equality in education, 53.

8. Ibid.

9. Thomas Mortenson, "Economic change effects on men and implications for the education of boys", p. 1, https://www.edweek.org/media/economicchange-32boys.pdf.

10. Debbie Epstein et al., eds., Failing boys? Issues in gender and achievement. Filadélfia: Open University Press, 1998.

11. Newkirk, "Misreading masculinity", 294-300.

12. Becky Francis e Christine Skelton, Reassessing gender and achievement: questioning contemporary key debates. Abington, Reino Unido: Routledge, 2005, 9.

13. Charles Bingham e Alexander M. Sidorkin, No education without relation. Nova York: Peter Lang, 2004, 4.

14. PISA 2009 results: What makes a school successful? Resources, policies and practices, v. 4. Paris: OECD, 2010, https://dx.doi.org/10.1787/9789264091559-en; Debora L. Roorda et al., "The influence of affective teacher-student relationships on students school engagement and achievement", Review of Educational Research 81, n. 4, 2011:493-529.

15. Sara Rimm-Kaufman e Lia Sandilos, "Improving students relationships with teachers to provide essential supports for learning", American Psychological Association online, acessado em 15 de janeiro de 2018, http://www.apa.org/education/k12/%20relationships.aspx.

16. Sally Weale, "Teachers must ditch neuromyth of learning styles, say scientists", Guardian online edição americana, última modificação em 12 de março de 2017, http://www.theguardian.com/education/2017/mar/13/teachers-neuromyth-learning-styles-scientists-neuroscience-education.

17. Michael C. Reichert e Richard Hawley, Reaching boys, teaching boys. São Francisco: Jossey-Bass/Wiley, 2010; Reichert e Hawley, I can learn from you: boys as relational learners. Cambridge, MA: Harvard Educational Press, 2014.

18. Ibid., 191.

19. David Hawkins, "I, thou, and it". In The informed vision: essays on learning and human nature. Nova York, NY: Agathon Press, 1974, 56.

20. Daniel Rogers, "The working alliance in teaching and learning: theoretical clarity and research implications". International Journal for the Scholarship of Teaching and Learning 3, n. 2, 2009, https://doi.org/10.20429/ijsotl.2009.030228.

21. Tamara Bibby, Education: an impossible profession? Psychoanalytic explorations of learning and classrooms. Londres: Routledge, 2011, 37.

22. Andy Hargreaves, "The emotional practice of teaching", Teaching and Teacher Education 14, n. 8, 1998,835-54.

23. Miriam Raider-Roth, Trusting what you know: the high stakes of classroom relationships. São Francisco: Jossey-Bass, 2005, 157.

CAPÍTULO 5 | IRMANDADE E TURMAS DE MENINOS

1. Lisa Selin Davis, "My daughter is not transgender. She's a tomboy", New York Times online, 18 de abril de 2017, http://www.nytimes.com/2017/04/18/opinion/my-daughter-is-not-transgender-shes-a-tomboy.html?r=0.

2. Harry Stack Sullivan, The interpersonal theory of psychiatry. Nova York: Norton, 1953.

3. Jane E. Brody, "The surprising effects of loneliness on health", New York Times online, 11 de dezembro de 2017, http://www.nytimes.com/2017/12/11/well/mind/how-loneliness-affects-our-health.html.

4. Hara Estroff Marano, "The dangers of loneliness", Psychology Today online, última modificação em 9 de junho de 2016, www.psychologytoday.com/us/articles/200307/the-dangers-loneliness.

5. Way, Deep secrets, 2.

6. Brett McKay e Kate McKay, "The history and nature of male friendships", The Art of Manliness blog, 24 de agosto de 2008, http://www.artofmanliness.com/2008/08/24/the-history-and-nature-of-man-friendships.

7. Judy Y. Chu, "A relational perspective on adolescent boys' identity development". In Adolescent boys: exploring diverse cultures of boyhood, ed. Niobe Way e Judy Y. Chu. Nova York: New York University Press, 2004, 85.

8. Ibid., 95.

9. Way, Deep secrets, 171.

10. Ibid., 1.

11. Gregory Lehne, "Homophobia among men: supporting and defining the male role". In Men's lives, eds. Michael Kimmel e Michael Messner. Nova York: Macmillan, 1989, 422.

12. Eric Anderson. Inclusive masculinity: the changing nature of masculinities. Nova York: Routledge, 2009, 7.

13. Ibid., 7.

14. Way, Deep secrets, 222.

15. Ibid., 20.

16. Ibid., 263.

17. Barrie Thorne, Gender play: girls and boys in school. New Brunswick, NJ: Rutgers University Press, 1994, 47.

18. Ehrmann. InSideOut coaching, 141.

19. Ibid., 246.

20. Lionel Howard, "Performing masculinity: adolescent African American boys' response to gender scripting", Thymos: Journal of Boyhood Studies 6, n. 1, primavera de 2012 eds. Reichert e Nelson: 97-115.

21. Joseph Derrick Nelson, "Transformative brotherhood: black boys identity in a single-sex school for boys of color", dissertação inédita, City University of New York, 2013.

22. Peggy Reeves Sanday, "Rape-prone versus rape-free campus cultures", Violence against women 2, n. 2, junho de 1996, 191-208.

23. Neil M. Malamuth, "Rape proclivity among males", Journal of Social Issues 37, n. 4, 1981, 139-57.

24. John Hechinger, "Get the keg out of the frat house", New York Times online, 26 de setembro de 2017, http://www.nytimes.com/2017/09/26/opinion/frats-college-partying-pledging.html.

25. Jessica Bennett, "The problem with fraternities isn't just rape: it's power", Time online, última modificação em 3 de dezembro de 2014, http://time.com/3616158/fraternity-rape-uva-rolling-stone-sexual-assault.

26. Way, Deep secrets, 122.

27. Siegel, Developing mind, 77-83.

28. William Bukowski, Andrew F. Newcomb e Willard W. Hartrup, "Friendship and its significance in childhood and adolescence: introduction and comment". In The company they keep: friendships in childhood and adolescence. Cambridge, Reino Unido: Cambridge University Press, 1998, 1-18.

CAPÍTULO 6 | AMOR, SEXO E AFEIÇÃO

1. Levant e Powell, "Gender role strain paradigm", 15-44.

2. Amy Schalet, "Why boys need to have conversations about emotional intimacy in classrooms", The Conversation, última modificação em 12 de

junho de 2017, http://theconversation.com/why-boys-need-to-have-conversations-about-emotional-intimacy-in-classrooms-54693.

3. Ibid., 1.

4. "A young man's guide to masturbation: questions and answers about the most common and least talked-about sexual practices", HealthyStrokes.com, acessado em 1º de setembro de 2017, http://www.healthystrokes.com/YMG.pdf.

5. Philip Zimbardo e Nikita Coulombe, Man interrupted: why young men are struggling and what we can do about it. Newburyport, MA: Conari Press, 2016, xviii.

6. Michael Sadowski, "From adolescent boys to queer young men: support for and silencing of queer voice in schools, families, and communities", THYMOS: Journal of Boyhood Studies 6, n. 1, primavera de 2012, eds. Reichert e Nelson: 76-96.

7. Ritch C. Savin-Williams, "Why mostly straight men are a distinct sexual identity", Time online, última modificação em 20 de novembro de 2017, http://time.com/5026092/mostly-straight-sexual-identity-bisexual-gay.

8. Ross Douthat, "Let's ban porn", New York Times online, 10 de fevereiro de 2018, http://www.nytimes.com/2018/02/10/%20opinion/Sunday/lets-ban-porn.html.

9. Sam Louie. "Involuntary celibacy: the sexual frustrations of incels", Minority Report blog, Psychology Today online, última modificação em 21 de junho de 2017, www.psychologytoday.com/us/blog/minority-report/201706/involuntary-celibacy, acessado em 26 de abril de 2018. In http://www.samlouiemft.com/2017/06/ 4225/.

10. Leanna Allen Boufford, "Exploring the utility of entitlement in understanding sexual aggression", Journal of Criminal Justice 38, n. 5, setembro/outubro de 2010, 870-79, https://doi..org/10.1016/j.jcrimjus.2010.06.002.

11. Brian Heilman, Gary Barker e Alexander Harrison, The man box: a study on being a young man in the US, UK, and Mexico, 2017.

12. Kathleen A. Bogle, Hooking up: sex, dating and relationships on campus. Nova York: New York University Press, 2008.

13. Justin R. Garcia et al., "Sexual hookup culture: a review", Review of General Psychology 16, n. 2 2012:161.

14. Ibid., 163-64.

15. Ibid., 167.

16. Ibid., 168.

17. Ibid., 170.

18. Jennifer Shukusky e T. Joel Wade, "Sex differences in hookup behavior: a replication and examination of parent-child relationship quality", Journal of Social, Evolutionary and Cultural Psychology 6, n. 4 2012, 502.

19. Garcia et al., "Sexual hookup culture", 167.

20. Jean M. Twenge, Ryne A. Sherman e Brooke E. Wells, "Declines in sexual frequency among American adults", 1989-2014, Archives of Sexual Behavior 46, n. 8, novembro de 2017, 2389-2401.

21. Kaitlin Lounsbury, Kimberly J. Mitchell e David Finkelhor, The true prevalence of sexting. Durham, NH: Crimes Against Children Research Center, 2011, 1.

22. Sex and tech: results from a survey of teens and young adults. Washington, DC: National Campaign to Prevent Teen and Unplanned Pregnancy and CosmoGirl.com, 2008, www.drvc.org/pdf/protecting_children/sextech_summary.pdf.

23. Amanda Lenhart, "Teens and sexting", Pew Research Center online 15 de dezembro de 2009, http://www.pewinternet.org/%20files%20/old-media/Files/Reports/2009/ PIP_Teens_and_ Sexting.pdf.

24. Sheri Madigan e Jeff Temple, "1 in 7 teens are sexting", New Research Finds, CBS News online, última modificação em 26 de fevereiro de 2018, http://www.cbsnews.com/news/one-in-seven-teens-are-sexting-new-research-finds.

25. Lounsbury, Mitchell e Finkelhor, True prevalence of sexting, 4.

26. David Cantor et al., Report on the AAU campus climate survey on sexual assault and sexual misconduct. Rockville, MD: Westat and the University of Pennsylvania, 21 de setembro de 2015, www.upenn.edu/ir/surveys/AAU/ Report%20and% 20Tables%20on%20AAU%20Campus%20 Climate%20Survey.pdf.

27. Peggy Orenstein, "How to be a man in the age of Trump", New York Times online, 15 de outubro de 2016, http://www.nytimes.com/2016/10/16/opinion/sunday/how-to-be-a-man-in-the-age-of-trump.html?_r=0.

28. Sarah K. Murnen, Carrie Wright e Gretchen Kaluzny, "If boys will be boys, then girls will be victims? A meta- analytic review of the research that relates masculine ideology to sexual aggression", Sex Roles: a Journal of Research 46, nos. 11/12, junho de 2002, 359-72.

29. Michael Kimmel, "A recipe for sexual assault", Atlantic online, 24 de agosto de 2015, http://www.theatlantic.com/education /archive/2015/08/what-makes-a-campus-rape-prone/402065.

30. Peggy C. Giordano, Wendy D. Manning e Monica A. Longmore, "Affairs of the heart: qualities of adolescent romantic relationships and sexual behavior", Journal of Research on Adolescence 20, n. 4, dezembro de 2010:, 983-1013.

31. Peter Glick e Susan T. Fiske, "Hostile and benevolent sexism: measuring ambivalent sexist attitudes towards women", Psychology of Women Quarterly 21, n. 1, 1º de março de 1997, 119-35.

CAPÍTULO 7 | MENINOS E SEUS CORPOS – ESPORTES E SAÚDE

1. Raewyn Connell, Gender in world perspective. Cambridge, Reino Unido: Polity, 2009, 60.

2. Janet S. Hyde, "The gender similarities hypothesis", American Psychologist 60, n. 6, setembro de 2005:581-92.

3. Raewyn Connell, Gender and power: society, the person and sexual politics. Cambridge, Reino Unido: Polity, 1987, 170.

4. Connell, Gender in world perspective, 56-57.

5. Will Courtenay, "Theorizing masculinity and men's health". In Men's health: body, identity, and social context, ed. Alex Broom e Philip Tovey. Chichester, Reino Unido: Wiley-Blackwell, 2009, 15.

6. EHS Today staff, "NHTSA targets young males in seat belt safety campaign", EHS Today, 21 de maio de 2018, www.ehstoday.com/safety/nhtsa-targets-young-males-seat-belt-safety-campaign.

7. Laura J. Viens et al., "Human papillomavirus-associated cancers – United States", 2008-2012, Morbidity and Mortality Weekly Report MMWR 65, n° 26, 8 de julho de 2016:, 661-66.

8. Jacinta Bowler, "The HPV vaccine has cut infections by up to 90% in the past 10 years", Science Alert, última modificação em 29 de agosto de 2016, http://www.sciencealert.com/the-hpv-vaccine-has-halved-cervical-cancer-rates-in-the-past-10-years.

9. Lilly Berkley, "Young guys may think preventing HPV is women's work", Futurity, última modificação em 2 de dezembro de 2016, http://www.futurity.org/hpv-vaccine-men-1308052-2.

10. E. U. Patel et al.. "Increases in human papillomavirus vaccination among adolescent and young adult males in the United States", 2011-2016, Journal of Infectious Diseases 218, n° 1, 5 de junho de 2018, 109-13.

11. David L. Bell, David J. Breeland e Mary A. Ott, "Adolescent and young male health: a review", Pediatrics 132, n. 3, setembro de 2013, 537.

12. Sabrina Tavernise, "Young adolescents as likely to die from suicide as from traffic accidents", New York Times online, 3 de novembro de 2016, http://www.nytimes.com/2016/%2011/04/%20health/suicide-adolescents-traffic-deaths.html?_r=0.

13. Pam Harrison, "Pediatric ADHD accounts for 6 million physician visits annually", Medscape, última modificação em 28 de março de 2017, www.medscape.com/viewarticle/877849; Sroufe, "Ritalin gone wrong".

14. Gary Barker, What about boys? A literature review on the health and development of adolescent boys. Genebra, Suíça: Organização Mundial de Saúde, 2000.

15. Michael Kimmel, Manhood in America. Nova York: Free Press, 1996, 120.

16. David Whitson, "Sport in the social construction of masculinity". In Sport, men and the gender order, eds. Michael A. Messner e Donald F. Sabo. Champaign, IL: Human Kinetics Books, 1990, 23.

17. Don Sabo, "Sports injury, the pain principle, and the promise of reform", Journal of Intercollegiate Sport 2, n. 1, junho de 2009:145-52.

18. Maya Dusenbery e Jaeah Lee, "Charts: the state of women's athletics, 40 years after Title IX", Mother Jones online, última modificação em 22 de junho de 2012, http://www.motherjones.com/politics/2012/06/charts-womens-athletics-title-nine-ncaa.

19. Joanna L. Grossman e Deborah L. Brake, "The big 4-0: Title IX puts a fourth decade under its belt", Verdict blog, Justia, 26 de junho de 2012, https://verdict.justia.com/2012/06/26/the-big-4-0.

20. Whitson, "Sport in the social construction", 26.

21. Eric Anderson, "Orthodox and inclusive masculinity: competing masculinities among heterosexual men in a feminized terrain", Sociological Perspectives 48, n. 3, 2005, 337-55.

22. Paul Langhorst, "Youth sports participation statistics and trends", Engage Sports Blog, 8 de março de 2016, http://www.engagesports.com/%20 blog/post/1488/youth-sports-participation-statistics-and-trends.

23. Jonathan Drennan, Rugbys Decline "Continuing apace in an apathetic Australia", Irish Times online, última modificação em 8 de dezembro de 2016, http://www.irishtimes.com/sport/rugby/%20international/rugby-s-decline-continuing-apace-in-an-apathetic-australia-1.2898261.

24. Michael Atkinson e Michael Kehler, "Boys, bullying, and biopedagogies in physical education". In Thymos: Journal of Boyhood Studies 6, n. 1, primavera de 2012. ed. Reichert e Nelson, 181.

25. US Centers for Disease Control and Prevention online, "A fact sheet for youth sports parents: heads up concussion", última modificação em dezembro de 2015, https://docs.google.com/viewer?url=https%3A%2F%2Fwww.cdc.gov%2Fheadsup%2Fpdfs%2Fyouthsports%2Fparents_eng.pdf.

26. Alan L. Zhang et al., "The rise of concussions in the adolescent population", Orthopaedic Journal of Sports Medicine 4, n. 8, 1º de agosto de 2016, http://journals.sagepub.com/doi/10.1177/2325967116662458.

27. Ben Rains, "Study shows concussions up 500% in youth sports", Sports Illustrated online, última modificação em 13 de julho de 2016, http://www.si.com/tech-media/2016/07/13/concussions-youth-sports-rising-nfl.

28. John W. Powell, "Cerebral concussion: causes, effects, and risks in sports", Journal of Athletic Training 36, n. 3, julho-setembro de 2001, 307-311.

29. Ray W. Daniel, Steven Rowson e Stefan M. Duma, "Head impact exposure in youth football", Annals of Biomedical Engineering 40, n. 4, abril de 2012, 976-81.

30. Linda Flanagan, "How students brains are in danger on the field", Atlantic online, última modificação em 14 de agosto de 2017, http://www.theatlantic.com/education/archive2017/08/how-students-brains-are-in-danger-on-the-field/536604.

31. Tim Froh, "It's un-American: will the government and CTE fears kill US youth football?", Guardian online edição americana, última modificação em 6 de março de 2018, http://www.theguardian.com/sport/2018/mar/06/tackle-football-children-health-concerns.

32. David Xavier Chu, "Repetitive head injury syndrome", Medscape, última modificação em 8 de fevereiro de 2017, http://emedicine/medscape.cm/article/92189-overview.

33. Rebecca Adams, "It's not just girls: boys struggle with body image, too", Huffington Post, 29 de dezembro de 2014, www.huffingtonpost.com/2014/09/17/body-image-boys_n_5637975.html.

34. Jamie Santa Cruz, "Body-image pressure increasingly affects boys", Atlantic online, última modificação em 10 de março de 2014, www.theatlantic.com/health/archive/2014/03/body-image-pressure-increasingly-affects-boys/283897.

35. Jesse A. Steinfelt et al., "Drive for muscularity and conformity to masculine norms among college football players", Psychology of Men and Masculinity 12, n. 4, 2011, 324-38.

36. Harrison G. Pope, Katherine A. Phillips e Roberto Olivardia, The Adonis complex: how to identify, treat and prevent body obsession in men and boys. Nova York: Free Press, 2002.

37. Stephanie Pappas, "Size doesn't matter: penis shame is all in guys heads", Live Science, última modificação em 4 de outubro de 2013, http://www.livescience.com/40192-penis-shame-guys-heads.html

38. Health provider toolkit for adolescent and young adult males. Washington, DC: Partnership for Male Youth, 2014, http://www.ayamalehealth.org/#sthash.o8CsgfcT.dpbs

39. Jerry L. Grenard, Clyde W. Dent e Alan W. Stacy, "Exposure to alcohol advertisements and teenage alcohol-related problems", Pediatrics 131, n. 2, fevereiro de 2013, 369-79.

40. Lesley A. Smith e David R. Foxcroft, "The effect of alcohol advertising, marketing, and portrayal on drinking behaviour in young people: systematic review of prospective cohort studies", BMC Public Health 9, n. 1, fevereiro de 2009: https ://doi.org/10.1186/147124589-51; David Jernigan et al., "Alcohol marketing and youth alcohol consumption: a systematic review of longitudinal studies published since 2008", Addiction 112, janeiro de 2017, 18.

41. Richard J. Bonnie e Mary Ellen O'Connell, eds., "Committee on developing a strategy to reduce and prevent underage drinking, board on children, youth and families", National Research Council, Reducing underage drinking: a collective responsibility. Washington, DC: National Academies' Press, 2004, 2.

42. Magdalena Cerda, Melanie Wall e Tianshu Feng, "Association of state recreational marijuana laws with adolescent marijuana use", JAMA Pediatrics 171, n. 2, 2017, 142-49; Steve Gorman e Diane Craft, eds., "Colorado's teen marijuana usage dips after legalization", Scientific American online, acessado em 2 de setembro de 2017, http://www.scientificamerican.com/article/colorado-s-teen-marijuana-usage-dips-after-legalization.

43. Patricia A. Adler e Peter Adler, The tender cut: inside the hidden world of self-injury. Nova York: New York University Press, 2012.

44. Theo Merz, "Why are more boys than ever self-harming?", Telegraph UK online, última modificação em 21 de agosto de 2014, www.telegraph.co.uk/men/thinking-man/11046798/Why-are-more -boys-than-ever-self-harming.html.

45. Ibid., 2.

46. Teen Suicide Statistics, Statistic Brain Research Institute, acessado em 2 de setembro de 2017, http://www.statisticbrain.com/teen-suicide-statistics; Tara Haelle, "Fewer teens die by suicide when same-sex marriage is legal", Forbes online, última modificação em 20 de fevereiro de 2017, http://www.statisticbrain.com/teen/02/20/ fewer-teens-die-by-suicide-when-same-sex--marriage-is-legal/#1ef1f6783b75.

47. Michael A. Messner e Donald F. Sabo, Sex, violence and power in sports. Freedom, CA: Crossing Press, 1994, 214.

CAPÍTULO 8 | VIOLENCIA, BULLYING E VULNERABILIDADE

1. David Finkelhor et al., "Violence, crime and abuse exposure in a national sample of children and youth: an update", JAMA Pediatrics 167, n. 7, julho de 2013:614-21.

2. "Physical fighting by youth: indicators of child and youth well-being". Bethesda, MD: ChildTrends Databank online, abril de 2017, http://www.childtrends.org/indicators/physical-fighting-by-youth.

3. Gary Barker, "Violence does not come naturally to men and boys", Telegraph UK online, última modificação em 5 de junho de 2005, http://www.telegraph.co.uk/men/thinking-man/11652352/Violence-does-not-come-naturally-to-men-and-boys.html.

4. Michael Kaufman, "The construction of masculinity and the triad of mens violence". In Beyond patriarchy: essays by men on pleasure, power and change, ed. Michael Kaufman. Toronto: Oxford University Press, 1987.

5. Brian Heilman com Gary Barker, Masculine norms and violence: making the connections. Washington, DC: Promundo-US, 2018, 6, https://promundoglobal.org/2018/05/04/report-links-harmful-masculine-norms-violence.

6. Myriam Miedzian, Boys will be boys: breaking the link between masculinity and violence. Nova York: Anchor Books, 1991, xxiii.

7. Leonard D. Eron, Jacquelyn H. Gentry e Peggy Schlegel, eds., Reason to hope: a psychosocial perspective on violence and youth. Washington, DC: American Psychological Association, 1994, 9.

8. Wynne Perry, "Battling the boys: educators grapple with violent play", Live Science, última modificação em 29 de agosto de 2010, http://www.livescience.com/8514-battling-boys-educators-grapple-violent-play.html.

9. Eron, Gentry, e Schlegel, Reason to hope, 30.

10. Ibid., 35-36.

11. "Children's exposure to violence: indicators of child and youth well-being". Bethesda, MD: ChildTrends Databank online, maio de 2016, http://www.childtrends.org/indicators/childrens-exposure-to-violence.

12. Gavin Aronson, Mark Follman e Deanna Pan, "A guide to mass shootings in America", Mother Jones online, última modificação em 5 de junho de 2017, www.motherjones.com/politics/2012/07/mass-shootings-map; James Garbarino, Lost boys: why our sons turn violent and how we can save them. Nova York: Free Press, 1999, ix.

13. James Gilligan, "Shame, guilt, and violence", Social Research 70, n. 4, inverno de 2003, 1154.

14. Elijah Anderson, Code of the street: decency, violence and the moral life of the inner city. Nova York: W. W. Norton, 2000, 75.

15. Kindlon e Thompson, Raising Cain.

16. Gilligan, "Shame, guilt, and violence", 1163.

17. Anderson, Code of the street, 32.

18. Ann Arnett Ferguson, Bad boys: public school in the making of black masculinity. Ann Arbor: University of Michigan Press, 2001, 193.

19. Michael Cunningham e L. K. Meunier, "The influence of peer experiences on bravado attitudes among African American males". In Adolescent boys, eds. Way e Chu. Nova York: New York University Press, 2004, 221.

20. Howard C. Stevenson, "Boys in men's clothing". in Adolescent boys, eds. Way e Chu. Nova York: New York University Press, 2004, 60.
21. "Bullying", ChildTrends Databank online, maio de 2016, http://www/childtrends.org/indicators/bullying.

22. "Unsafe at school", ChildTrends Databank online, dezembro de 2015, http://www.childtrends.org/indicators/unsafe-at-school.

23. US Centers for Disease Control and Prevention online, "Understanding school violence: fact sheet 2016", acessado em 2 de setembro de 2017, http://www.cdc.gov/violenceprevention/pdf/school_violence_fact_sheet-a.pdf.

24. Jonathan Salisbury e David Jackson, Challenging macho values: practical ways of working with adolescent boys. Londres: Falmer Press, 1996, 104, 129.

25. Brett G. Stoudt, "You're either in or you're out: school violence, peer discipline, and the (re)production of hegemonic masculinity", Men and Masculinities 8, n. 3, 1º de janeiro de 2006:274.

26. Heilman com Barker, Masculine norms and violence.

27. ChildTrends Databank online, "Physical fighting by youth".

28. Connie David-Ferdon et al., A comprehensive technical package for the prevention of youth violence and associated risk behaviors. Atlanta: National Center for Injury Prevention and Control, CDC, 2016, 25.

29. Ibid., 23.

30. Bob Ditter, "Bullying behavior in boys... and what to do about it", American Camp Association online, acessado em 3 de setembro de 2017, http://www.acacamps.org/%20resource-library/camping-magazine/bullying-behavior-boys-what-do-about-it.

31. David-Ferdon et al., Comprehensive technical package, 15.

32. Eron, Gentry, e Schlegel, Reason to hope, 11.

33. Garbarino, Lost boys, 150.

CAPÍTULO 9 | BRINQUEDOS DE MENINOS NA ERA DIGITAL

1. "Parenting in America: outlook, worries, aspirations are strongly linked to financial situation", Pew Research Center, 17 de dezembro de 2015, http://assets.pewresearch.org/wp-content/uploads/sites/3/2015/12/20151217_parenting-in-america_FINAL.pdf.

2. Kristen Lucas e John L. Sherry, "Sex differences in video game play: a communication-based explanation", Communication Research 31, n. 5, outubro de 2004:517.

3. Bruce D. Homer et al., "Gender and player characteristics in video-game play of preadolescents", Computers in human behavior 28, n. 5, 2012, 1782-89.

4. Benjamin Paassen, Thekla Morgenroth e Michelle Stratemeyer, "What is a true gamer? The male gamer stereotype and the marginalization of women in video game culture", Sex Roles 76, n. 7-8, 2017:421-35.

5. Ibid.

6. Maeve Duggan, "Gaming and gamers", Pew Research Center, 15 de dezembro de 2015, http://www.pewinternet.org/2015/12/15/%20gaming-and-gamers.

7. Rosalind Wiseman, "Everything you know about boys and video games is wrong", Time online, última modificação em 8 de julho de 2015, http://time.com/3948744/video-games-kate-upton-game-of-war-comic-con.

8. Christia Spears Brown, Parenting beyond pink and blue: how to raise your kids free of gender stereotypes. Nova York: Ten Speed Press, 2014.

9. Elizabeth Sweet, "Toys are more divided by gender now than they were 50 years ago", Atlantic online, última modificação em 9 de dezembro de 2014, http://www.theatlantic.com/business/archive/2014/12/toys--are-more-divided-by-gender-now-than -they-were-50-years-ago/383556.

10. Brown, Parenting beyond pink and blue, 5.

11. Marshall McLuhan e Quentin Fiore, The medium is the massage: an inventory of effects. Berkeley, CA: Gingko Press, 2001.

12. Gabriel A. Barkho, "What exactly makes someone a digital native? A comprehensive guide", Mashable, última modificação em 10 de junho de 2016, http://mashable.com/%202016/06/20/what-is-a-digital-native/#dWYGIV12kmqq.

13. Ibid., 4.

14. Steven Johnson, Everything bad is good for you. Nova York: Riverhead Books, 2005.

15. Zimbardo e Coulombe, Man interrupted.

16. Howard Gardner e Katie Davis, The app generation: how today's youth imagine identity, intimacy, and imagination in a digital world. New Haven, CT: Yale University Press, 2013.

17. Ibid., 160.

18. Sherry Turkle, Alone together: why we expect more from technology and less from each other. Nova York: Basic Books, 2011.

19. Ibid., 12.

20. Lisa Damour, "Parenting the fortnite addict", New York Times online, 30 de abril de 2018, http://www.nytimes.com/2018/04/30/well/family/parenting-the-fortnite-addict.html.

21. Andrew K. Przybylski, Netta Weinstein e Kou Murayama. "Internet gaming disorder: investigating the clinical relevance of a new phenomenon", American Journal of Psychiatry 174, n. 3, novembro de 2016:230-36, http://ajp.psychiatryonline.org/doi/abs/10.1176/appi.ajp.2016.16020224.

22. Adam Alter, Irresistible: the rise of addictive technology and the business of keeping us hooked. Nova York: Penguin Press, 2017.

23. Brent Conrad, How to help children addicted to video games. Halifax, Nova Scotia: TechAddiction, 2012.

24. Christopher J. Ferguson e Patrick Markey, "Video games aren't addictive", New York Times online, 1º de abril de 2017, http://www.nytimes.com/2017/04/01/opinion/sunday/video-games-arent-addictive.html?_r=0.

25. Ibid., 2.

26. Jordan Erica Webber, "As addictive as gardening: how dangerous is video gaming?", Guardian online edição americana, última modificação em 25 de abril de 2017, http://www.theguardian.com/technology/2017/apr/25/video-game-addiction-compulsive-dangerous.

27. Ferguson e Markey, "Video games aren't addictive", 3.

28. Andrew Perrin, "Social media usage: 2005-2015". Washington, DC: Pew Research Center online, 8 de outubro de 2015, www.pewinternet.org/2015/10/08/social-networking-usage-20052015.

29. Michael Kimmel, Guyland: the perilous world where boys become men. Nova York: Harper Perennial, 2009, 31.

30. Alexia Fernandez Campbell, "The unexpected economic consequences of video games", Vox, última modificação em 7 de julho de 2017, www.vox.com/policy-and-politics/2017/7/7/15933674/video-games-job-supply.

31. Amanda Lenhart, "Teens, technology and romantic relationships", Pew Research Center online, 1º de outubro de 2015, http://www.pewinternet.org/2015/10/01/teens-technology-and-romantic-relationships.

32. Sophia Stuart, "How to raise responsible digital kids", PC Magazine online, última modificação em 13 de fevereiro de 2017, www.pcmag.com/news/351706/how-to-raise-responsible-digital-kids.

33. Monica Anderson, "Parents, teens and digital monitoring", Pew Research Center, 7 de janeiro de 2016, www.pewinternet.org/2016/01/07/parents-teens-and-digital-monitoring.

34. American Academy of Pediatrics, "Policy statement: media use in school-age children and adolescents", Pediatrics 138, n. 5 novembro de 2016, https://docs.google.com/viewer?url=http% 3A%2F%2Fpediatrics.aappublications.org%2Fcontent%2 Fearly%2F2016%2F10%2F19%-2Fpeds.20162592.full-text.pdf.

35. Campaign for a Commercial-Free Childhood CCFC online, "7 parent-tested tips to unplug and play", acessado em 3 de setembro de 2017, www.commercialfreechildhood. org/ resource/real-life-strategies-reducing-children%E2%80%99s-screen-time.

36. Alia Wong, "Digital natives, yet strangers to the web", Atlantic online, última modificação em 21 de abril de 2015, http://www.theatlantic.com/education/archive/2015/04/digital-natives-yet-strangers-to-the-web/390990.

37. MTV Digital Rights Project, A thin line, acessado em 3 de setembro de 2017, http://www.theatlantic.com/health/archive/2017/06/intermittent-social-media-fasting/529752.

38. James Hamblin, "Quit Social Media Every Other day," *Atlantic* online, last modified June 15, 2017, www.theatlantic.com/health /archive/2017/06/intermittent-social-media-fasting/529752.

39. Anya Kamenetz, The art of screen time: how your family can balance digital media and real life. Nova York: Public Affairs, 2018, 221.

CAPÍTULO 10 | O SÉCULO XXI E ALÉM

1. Nellie Bowles, "Jordan Peterson: custodian of patriarchy", New York Times online, 18 de maio de 2018, http://www.nytimes.com/%202018/05/18/style/jordan-peterson-12-rules-for-life.html.

2. Jordan B. Peterson, 12 rules for life: an antidote for chaos. Toronto: Random House Canada, 2018.

3. Alana Semuels, "When factory jobs vanish, men become less desirable partners", Atlantic online, última modificação em 3 de março de 2017,

http://www.theatlantic.com/business/archive/2017/%2003/manufacturing-marriage-family/518280.

4. Joanna Pepin e David Cotter, "Trending towards traditionalism? Changes in youths gender ideology", Council on Contemporary Families online, última modificação em 31 de março de 2017, https://contemporaryfamilies.org/2-pepin-cotter-traditionalism.

5. Stephanie Coontz, "Do millennial men want stay-at-home wives?", New York Times online, 31 de março de 2017, www.nytimes.com/2017/03/31/opinion/sunday/do-millennial-men-want-stay-at-home-wives.html?_r=0; Dan Cassino, "Some men feel the need to compensate for relative loss of income to women: how they do so varies", Council on Contemporary Families online, última modificação em 31 de março de 2017, https://contemporaryfamilies.org/3-cassino-men-compensate-for-income-to-women.

6. Beyond the Veil, Elliot Rodgers retribution video, videoclipe online 6:55, YouTube, postado em 24 de maio de 2014, acessado em 17 de junho de 2018, http://www.businessinsider.com/incel-alex-inassian-toronto-van-attack-facebook-post-20184?IR=T.

7. Alexandra Ma, "The Tornoto Van Attack Suspect Warned of an 'Incel Rebellion' on Facebook Hours Before the Attack - Here's What that Means,"*Buness Insider*, last modified April 24, 2018, www.businessinsider.com/incel-alex-minassian-toronto-van-attack-facebook-post-2018-4?IR=T.

8. The manosphere, MGTOW Men Going Their Own Way online, acessado em 17 de junho de 2018, http://www.mgtow.com/%20manosphere.

9. Bianca D. M. Wilson et al., "Characteristics and mental health of gender nonconforming adolescents in california: findings from the 2015-2016 California health interview survey", Williams Institute e UCLA Center for Health Policy Research, dezembro de 2017, http://healthpolicy.ucla.edu/publications/search/pages/detail.aspx?PubID=1706.

10. Sarah Rich, "Today's masculinity is stifling", Atlantic online, última modificação em 11 de junho de 2018, www.theatlantic.com/family/archive/2018/06/imagining-a-better-boyhood/562232.

11. Nicholas Kristof, "On a Portland train, the battlefield of American values", New York Times online, 30 de maio de 2017, http://www.nytimes.com/2017/05/30/opinion/portland-train-attack -muslim.html.

12. Michael Kimmel, Angry white men. Nova York: Nation Books, 2013.

13. R. W. Connell, The men and the boys. Cambridge, Reino Unido: Polity, 2000.

14. The proposal. Coalition to Create a White House Council on Boys to Men, acessado em 20 de junho de 2018, http:// whitehouseboysmen.org/the-proposal/introduction.

15. Stony Brook University, "The International Conference on Masculinities explores gender activism and gender justice", comunicado de imprensa, 4 de março de 2015, http:// sb.cc. stonybrook.edu/news/general/2015_04_03_masculinities_conf.php.

16. Alanna Vagianos, "Gloria Steinem on what men have to gain from feminism", Huffington Post, última modificação em 6 de dezembro de 2017, http://www.huffingtonpost.com/2015/03/06/%20gloria-steinem-men-feminism_n_6813522.html?ncid=fcbklnku shpmg00000046.

17. Michael Kimmel, 2013: xiv. SAA, p. 280.

18. Values in Action Institute on Character online, "Character strengths research: breaking new ground", acessado em 4 de setembro de 2017, http://www.viacharacter.org/www/%20Research.

19. Nel Noddings, Caring: a feminine approach to ethics and moral education. Berkeley, University of California Press, 1984, p. 69.

20. Jean M. Twenge e W. Keith Campbell, The narcissism epidemic: living in the age of entitlement. Nova York: Atria Books, 2010; Emily Grijalva et al., "Gender differences in narcissism: a meta-analytic review", Psychological Bulletin 141, n. 2, março de 2015, 261-310.

21. Jeffrey Kluger, "Why men are more narcissistic than women", Time online, última modificação em 5 de março de 2015, http://time.com/3734329/narcissism-men-women.

22. Carol Dweck, Mindset: the new psychology of success. Nova York: Ballantine, 2007.

23. Roy Baumeister, "Rethinking self-esteem: why nonprofits should stop pushing self-esteem and start endorsing self-control", Stanford Social Innovation Review, inverno de 2005:34-41.

24. "The key to understanding bad boys: they're narcissists", EMandLO.com blog, 29 de julho de 2015, http://www.emandlo.com/the-key-to-understanding-bad-boys-theyre-narcissists.

25. Donald W. Black, Bad boys, bad men. Nova York: Oxford University Press, 1999, 28.

26. Ibid., 83.

27. Ibid., 202.

28. Emily Badger et al. "Extensive data shows punishing reach of racism for black boys", New York Times online, 19 de março de 2018, http://www.nytimes.com/interactive/2018/03/19/upshot/race-class-white-and-black-men.html.

29. Caroline Simon, "There is a stunning gap between the number of white and black inmates in americas prisons", Business Insider, última modificação em 16 de junho de 2016, http://www.businessinsider.com/study-finds-huge-racial-disparity-in-americas-prisons-20166; Ferguson, Bad Boys 230; Howard Stevenson, Boys in Mens Clothing, 59.

30. Eric Davis e Dana Santorelli, Raising men: lessons Navy SEALs learned from their training and taught to their sons. Nova York: St. Martin's Press, 2016.

31. "Monica Lewinsky, Jay-Z, Prince Harry, Brad Pitt, and the New Frontiers of Male Vulnerability", Vanity Fair online, última modificação em 19 de julho de 2017, www.vanityfair. com/style/2017/07/jay-z-prince-harry-brad-pitt-male-vulnerability.

32. Claire Cain Miller, "How to raise a feminist son", New York Times online, 1º de junho de 2017, http://www.nytimes.com/2017/%2006/02 upshot/how-to-raise-a-feminist-son.html.

33. Roots of Empathy, "About us", http://www.rootsofempathy.org/.

34. Andrew Reiner, "Talking to boys the way we talk to girls", New York Times online, 15 de junho de 2017, www.nytimes.com/2017/06/15/well/family/talking-to-boys-the-way-we-talk -to-girls.html.

35. Brown, Parenting beyond pink and blue, 206.

36. Eamonn Callan, Creating citizens: political education and liberal democracy. Oxford, Reino Unido: Oxford University Press, 2004.

37. John Rawls, A theory of justice. Cambridge, MA: Belknap Press, 1999.

38. Benedict Carey, "England's mental health experiment: no-cost talk therapy", New York Times online, 24 de julho de 2017, http://www.nytimes.com/2017/07/24/health/england-mental-health -treatment-therapy.html.

39. Lifeline, "Our toughest challenge yet", acessado em 4 de setembro de 2017, http://www.lifeline.org.au/www.lifeline.org.au/paul.

40. "Manhood 2.0: breaking up with stereotypes and encouraging relationships based on consent, respect, and equality in the United States", Promundo online, última modificação em 23 de agosto de 2016, http://promundoglobal.org/2016/08/23/%20manhood-2-0-breaking-stereotypes--encouraging-relationships-based-consent-respect-equality-united-states.

Índice

A

adolescência 9, 14, 17, 18, 25, 26, 27, 29, 75, 76, 79, 110, 114, 118, 121, 123, 125, 126, 134, 135, 142, 143, 145, 146, 150, 154, 155, 161, 171, 172, 174, 175, 180, 185, 199, 214, 228, 233, 235

adolescentes 10, 13, 15, 27, 47, 74, 75, 79, 82, 84, 91, 110, 111, 114, 124, 133, 135, 136, 137, 139, 141, 145, 146, 147, 148, 151, 156, 159, 160, 167, 171, 172, 173, 174, 179, 181, 188, 201, 203, 204, 207, 210, 212, 213, 215, 220, 221, 228, 229

adulto 19, 26, 39, 40, 46, 47, 51, 56, 57, 63, 97, 100, 102, 129, 130, 131, 134, 135, 150, 155, 166, 217

África do Sul 243

afro-americanos 116, 181

álcool 9, 62, 171, 172, 179, 213

alcoólicas 23, 59, 62, 119, 120, 130, 160, 171, 172, 207, 212

amor 19, 23, 26, 29, 30, 42, 61, 94, 95, 99, 110, 112, 113, 129, 133, 134, 135, 137, 141, 142, 144, 147, 149, 154, 156, 176, 241, 242

Ansiedade 71

autoestima 55, 80, 111, 189, 191, 226, 227

B

biologia 13, 28, 36, 86, 114, 127, 157, 182, 232

bullying 7, 20, 54, 85, 123, 166, 182, 188, 189, 191, 192, 193, 200, 240, 266, 270, 271

C

Coreia do Sul 208

criança 17, 21, 26, 27, 29, 31, 32, 35, 39, 43, 46, 47, 51, 71, 73, 87, 102, 109, 129, 144, 157, 158, 169, 184, 196, 202, 226, 241, 242

crianças 17, 27, 28, 29, 30, 32, 35, 37, 40, 43, 47, 56, 58, 66, 70, 77, 84, 87, 109, 110, 114, 121, 122, 126, 138, 158, 160, 168, 181, 182, 183, 185, 188, 193, 195, 196, 201, 202, 203, 205, 210, 214, 227, 240, 253

D

déficit 23, 50, 65, 160
disciplina 36, 41, 45, 49, 51, 58, 63, 65, 69, 85, 193, 195, 199, 213
doença 23, 57, 167, 173
drogas 9, 10, 23, 59, 62, 76, 171, 179, 187, 204, 207, 213, 214, 229, 230, 231

E

emocional 15, 20, 27, 32, 43, 44, 45, 53, 54, 55, 56, 57, 58, 59, 60, 62, 63, 64, 67, 68, 71, 73, 75, 76, 77, 79, 80, 87, 100, 105, 114, 116, 121, 136, 149, 156, 182, 184, 185, 191, 195, 198, 207, 218, 235, 236, 237, 239
escola 9, 10, 11, 15, 17, 20, 22, 24, 25, 26, 31, 36, 38, 40, 41, 56, 58, 61, 62, 63, 65, 66, 67, 68, 69, 70, 71, 76, 77, 78, 79, 81, 82, 83, 84, 85, 86, 88, 89, 90, 92, 94, 95, 97, 100, 101, 103, 105, 106, 110, 112, 114, 115, 116, 117, 118, 123, 124, 125, 126, 129, 133, 136, 141, 142, 148, 149, 150, 151, 152, 154, 161, 162, 173, 175, 179, 180, 184, 186, 187, 188, 189, 191, 192, 194, 195, 196, 197, 203, 208, 216, 218, 219, 224, 227, 228, 229, 231, 232, 242, 243, 247
Estados Unidos 11, 20, 21, 22, 31, 53, 54, 57, 58, 82, 94, 112, 113, 140, 159, 166, 175, 185, 204, 206, 213, 214, 231, 243

F

família 5, 9, 10, 11, 13, 19, 22, 29, 37, 38, 65, 70, 71, 76, 99, 106, 107, 117, 119, 124, 125, 126, 127, 128, 131, 137, 138, 142, 144, 151, 162, 164, 168, 173, 174, 176, 186, 191, 194, 196, 197, 200, 205, 211, 213, 220, 224, 231, 235
familiares 13, 24, 96, 98, 110, 112, 114, 193, 195, 200, 216, 219, 238, 243
famílias 9, 19, 22, 23, 24, 27, 29, 32, 37, 67, 69, 102, 104, 109, 110, 116, 120, 122, 124, 146, 159, 161, 182, 192, 193, 196, 201, 208, 211, 214, 221, 224, 230, 239, 243, 244
feliz 14, 37, 50, 59, 61, 106, 176, 242
feminista 10, 37, 205, 220, 223, 239, 240
filho 9, 11, 13, 14, 15, 16, 17, 18, 19, 21, 25, 26, 43, 45, 46, 47, 48, 62, 64, 65, 66, 71, 72, 73, 74, 75, 76, 83, 90, 102, 103, 104, 105, 106, 107, 117, 119, 121, 122, 124, 125, 129, 131, 132, 133, 141, 144, 150, 151, 152, 153, 154, 155, 165, 168, 173, 183, 193, 199, 212, 213, 214, 215, 216, 232, 233, 234, 236, 237, 238, 239
filhos 5, 11, 12, 15, 16, 19, 21, 23, 25, 28, 29, 30, 32, 35, 38, 39, 41, 43, 44, 45, 46, 58, 66, 69, 71, 72, 73, 74, 76, 77, 102, 103, 104, 105, 109, 117, 119, 121, 122, 123, 131, 146, 151, 152, 156, 159, 169, 173, 192, 200, 201, 203, 205, 208, 209, 210, 212, 213, 214, 223, 226, 231, 232, 233, 234, 235, 236, 238, 239, 241, 242, 244
fraternidades 120, 135, 147

G

gay 42, 64, 113, 138, 261
gays 27, 55, 110, 139, 171, 175, 189
gênero 11, 12, 21, 26, 35, 59, 71, 82, 84, 109, 114, 157, 158, 160, 162, 171, 181,

200, 201, 202, 218, 220, 222, 233, 239, 241, 244, 247

Geração Z 54, 239

H

heterossexuais 113, 139, 171
hipermasculinidade 146, 197, 231
homem 19, 21, 24, 25, 35, 41, 42, 59, 61, 64, 68, 70, 72, 79, 113, 115, 117, 143, 170, 174, 190, 196, 198, 208, 209, 219, 220, 221, 239, 243
homens 10, 12, 20, 21, 23, 25, 27, 30, 32, 35, 36, 42, 53, 54, 55, 56, 57, 60, 67, 68, 69, 72, 75, 79, 85, 86, 111, 112, 113, 115, 116, 117, 120, 134, 139, 140, 141, 142, 143, 146, 154, 158, 159, 160, 161, 162, 163, 165, 170, 171, 176, 181, 182, 183, 184, 186, 190, 199, 200, 201, 211, 219, 220, 221, 222, 223, 224, 226, 227, 228, 229, 230, 231, 234, 239, 240, 241, 243, 244, 245, 247
homossexualidade 113
Hormônios 146
HPV 159, 264
humanidade 25, 30, 32, 37, 128, 147, 164, 184, 197, 223, 234, 241
humano 10, 11, 27, 28, 29, 32, 35, 97, 134, 157, 159, 223, 236, 242, 245, 247, 248
humanos 27, 28, 39, 43, 53, 57, 87, 99, 177, 212, 223, 239, 242

I

iGen'ers 54, 139
infância 7, 11, 12, 14, 15, 18, 22, 23, 24, 27, 28, 30, 32, 33, 36, 37, 43, 45, 51, 55, 60, 61, 71, 82, 83, 86, 115, 122, 146,

166, 180, 182, 183, 189, 190, 195, 197, 201, 209, 214, 220, 222, 224, 227, 228, 230, 233, 234, 242, 243, 244, 247

Irlanda 243

M

mãe 16, 17, 18, 19, 21, 25, 26, 29, 32, 37, 39, 43, 44, 46, 47, 48, 57, 61, 65, 66, 67, 70, 71, 72, 74, 75, 76, 77, 78, 79, 103, 104, 106, 107, 112, 118, 121, 122, 125, 126, 127, 128, 130, 131, 132, 141, 144, 148, 150, 151, 152, 154, 155, 156, 173, 176, 178, 190, 194, 208, 209, 214, 234, 235
mães 16, 21, 25, 26, 38, 40, 67, 72, 74, 121, 122, 143, 144, 151, 154, 209, 210, 213, 226
masculina 11, 12, 23, 25, 28, 36, 53, 56, 64, 79, 82, 112, 140, 143, 145, 146, 157, 158, 159, 162, 163, 164, 170, 171, 180, 181, 182, 184, 190, 198, 220, 221, 224, 232, 239, 244
masculinidade 10, 11, 12, 20, 22, 24, 25, 43, 59, 64, 73, 84, 86, 113, 114, 117, 120, 121, 134, 141, 150, 151, 157, 158, 162, 163, 164, 165, 170, 177, 181, 182, 192, 193, 219, 220, 223, 230, 233
masculinidades 113
masculino 10, 11, 28, 35, 41, 48, 64, 66, 67, 69, 71, 81, 86, 89, 116, 120, 134, 146, 147, 149, 157, 158, 159, 164, 167, 168, 170, 171, 175, 177, 181, 183, 186, 197, 199, 200, 201, 206, 219, 227, 228, 232, 234, 244, 248
medicina 160, 167
meninas 9, 13, 17, 21, 22, 23, 24, 25, 27, 35, 36, 55, 64, 68, 70, 71, 81, 82, 83, 84,

85, 88, 90, 109, 110, 111, 112, 114, 115, 116, 117, 119, 125, 133, 135, 140, 141, 142, 143, 145, 147, 148, 149, 153, 154, 157, 158, 160, 161, 171, 175, 181, 188, 191, 200, 201, 202, 222, 232, 237, 240, 242, 247

menino 13, 14, 15, 16, 17, 19, 20, 21, 22, 24, 25, 32, 35, 36, 37, 39, 40, 41, 42, 43, 44, 45, 46, 47, 48, 49, 50, 51, 54, 55, 57, 60, 61, 62, 63, 64, 66, 67, 68, 69, 70, 71, 72, 73, 74, 75, 76, 77, 78, 80, 81, 82, 86, 88, 89, 92, 93, 95, 97, 98, 99, 100, 101, 102, 103, 104, 105, 106, 107, 110, 111, 112, 114, 115, 117, 120, 121, 122, 123, 124, 125, 126, 127, 128, 129, 130, 131, 132, 133, 134, 137, 138, 140, 141, 144, 147, 148, 150, 151, 152, 153, 154, 155, 156, 161, 165, 176, 177, 178, 180, 181, 183, 185, 186, 187, 189, 190, 191, 193, 196, 197, 198, 200, 208, 209, 212, 213, 214, 217, 218, 222, 224, 228, 230, 231, 232, 233, 234, 235, 236, 237, 240, 241, 242, 245

meninos 1, 3, 5, 7, 9, 10, 11, 12, 13, 15, 16, 17, 19, 20, 21, 22, 23, 24, 25, 26, 27, 28, 29, 30, 31, 32, 33, 35, 36, 37, 38, 39, 40, 41, 42, 43, 44, 45, 46, 47, 48, 49, 50, 51, 54, 55, 56, 57, 58, 59, 60, 61, 63, 64, 65, 67, 68, 69, 70, 71, 72, 73, 74, 75, 77, 78, 79, 80, 81, 82, 83, 84, 85, 86, 87, 88, 89, 90, 91, 92, 93, 94, 95, 96, 97, 98, 99, 100, 101, 102, 104, 105, 106, 109, 110, 111, 112, 113, 114, 115, 116, 117, 118, 119, 120, 121, 122, 123, 124, 125, 126, 127, 128, 129, 130, 131, 132, 133, 134, 135, 136, 137, 138, 139, 141, 142, 143, 144, 145, 146, 147, 148, 149, 150, 151, 152, 153, 154, 155, 157, 158, 159, 160, 161, 162, 163, 164, 165, 166, 167, 168, 169, 170, 171, 173, 174, 175, 176, 177, 178, 179, 180, 181, 182, 183, 184, 185, 186, 187, 188, 189, 190, 191, 192, 193, 194, 195, 196, 197, 200, 201, 202, 203, 204, 205, 207, 208, 210, 211, 212, 213, 214, 215, 217, 218, 220, 221, 222, 223, 224, 225, 226, 227, 228, 229, 230, 231, 232, 233, 234, 235, 236, 237, 238, 240, 241, 242, 243, 244, 245, 247, 248

México 20, 53

mulher 11, 17, 25, 68, 74, 76, 120, 140, 149, 150, 151, 154, 155, 219, 220, 221

mulheres 23, 53, 55, 68, 85, 120, 138, 140, 141, 142, 143, 144, 146, 147, 158, 159, 160, 163, 170, 181, 184, 200, 201, 211, 219, 220, 222, 223, 239, 240, 247

N

nerds 59

P

pai 11, 13, 15, 16, 18, 25, 26, 29, 32, 37, 39, 41, 43, 44, 45, 46, 48, 50, 61, 62, 64, 65, 66, 69, 71, 72, 73, 74, 75, 76, 77, 102, 104, 106, 117, 118, 119, 128, 130, 132, 135, 141, 148, 150, 151, 155, 156, 168, 173, 178, 186, 190, 197, 199, 205, 217, 221, 227, 234, 235, 236, 237, 242

pais 9, 10, 11, 13, 15, 16, 17, 18, 19, 20, 21, 22, 23, 24, 25, 26, 28, 29, 31, 32, 35, 38,

39, 40, 43, 44, 45, 46, 47, 48, 49, 56, 57, 58, 59, 62, 65, 66, 67, 68, 69, 71, 72, 73, 74, 75, 76, 77, 83, 89, 90, 91, 99, 102, 103, 104, 105, 106, 109, 112, 118, 119, 120, 121, 122, 123, 124, 125, 126, 127, 128, 129, 130, 131, 132, 133, 135, 136, 138, 139, 141, 142, 143, 144, 146, 150, 151, 152, 153, 154, 155, 157, 159, 164, 165, 166, 167, 168, 169, 173, 174, 175, 176, 177, 179, 180, 183, 191, 192, 193, 195, 200, 202, 203, 205, 206, 207, 208, 209, 210, 211, 212, 213, 214, 215, 217, 223, 226, 228, 231, 232, 233, 234, 235, 236, 237, 238, 239, 240, 241, 242, 243, 244, 248

parental 17, 29, 46, 75, 103, 104, 105, 216, 238, 241

pornografia 23, 59, 134, 135, 136, 137, 138, 139, 140, 141, 142, 152, 153, 154, 170, 203, 204, 214

professor 15, 16, 37, 39, 40, 44, 46, 50, 55, 56, 64, 77, 78, 79, 87, 88, 89, 90, 91, 92, 93, 94, 95, 96, 97, 98, 99, 100, 101, 102, 103, 104, 105, 106, 107, 131, 136, 137, 193, 196, 207, 215, 217, 218, 224, 225, 226, 227, 237

professores 10, 13, 22, 24, 30, 31, 32, 35, 39, 40, 46, 57, 58, 61, 65, 79, 82, 83, 84, 85, 86, 87, 88, 89, 91, 92, 93, 94, 95, 96, 97, 98, 99, 100, 101, 102, 103, 104, 105, 106, 118, 121, 123, 124, 126, 127, 129, 141, 142, 144, 166, 174, 187, 189, 198, 217, 218, 225, 226, 232, 234, 247

psicanálise 227

psicológico 17, 183, 184

psicólogo 10, 11, 12, 28, 31, 42, 48, 55, 57, 64, 67, 88, 97, 113, 120, 126, 137, 139, 158, 161, 170, 183, 188, 197, 203, 204, 208, 219, 222, 227, 231, 242, 244

psicólogos 70, 88, 110, 113, 134, 184, 207, 208, 226, 227

R

raiva 38, 40, 41, 45, 54, 60, 64, 65, 66, 67, 68, 69, 70, 72, 75, 77, 112, 140, 155, 162, 175, 184, 194, 229, 237, 240

Reino Unido 20, 53, 54, 111, 113, 206, 257, 260, 263, 264, 276, 279

relacionamento 15, 16, 18, 19, 29, 31, 32, 37, 38, 39, 40, 42, 46, 47, 49, 50, 51, 65, 69, 74, 76, 77, 86, 87, 88, 89, 90, 91, 93, 94, 95, 96, 97, 98, 99, 100, 103, 104, 105, 110, 121, 131, 142, 143, 144, 149, 150, 151, 155, 156, 168, 174, 176, 185, 194, 196, 208, 209, 212, 213, 215, 217, 218, 225, 229, 233, 234, 235, 239

S

Saúde 28, 54, 161, 244, 265

sexo 7, 17, 21, 23, 28, 55, 59, 81, 89, 109, 134, 135, 136, 137, 139, 141, 142, 143, 144, 146, 147, 149, 158, 160, 167, 169, 171, 175, 181, 183, 197, 201, 202, 207, 223, 227, 230, 244

sexuais 23, 113, 120, 134, 135, 136, 137, 138, 139, 140, 141, 142, 143, 144, 145, 146, 147, 149, 153, 154, 162, 164, 201, 212, 241

sexual 20, 76, 120, 133, 134, 135, 136, 137, 138, 139, 140, 141, 142, 143, 144, 145, 146, 147, 151, 154, 155, 160,

182, 220, 242, 260, 261, 262, 263, 264
social 24, 27, 28, 32, 54, 57, 65, 68, 77, 84, 103, 113, 114, 122, 124, 125, 126, 127, 141, 146, 162, 179, 181, 183, 186, 190, 191, 193, 197, 199, 203, 204, 207, 222, 224, 230, 231, 237, 239, 254, 264, 265, 274, 275
sociólogo 69, 84, 113, 147, 162, 163, 177, 184, 223
solidão 42, 54, 71, 110, 111, 114, 135, 139, 140, 154, 209
Suíça 59, 265

U

universidades 137, 165

V

vergonha 64, 65, 66, 67, 70, 71, 75, 136, 138, 155, 170, 184, 194
vida 9, 10, 11, 13, 14, 15, 16, 17, 19, 22, 23, 24, 26, 27, 29, 31, 38, 40, 41, 43, 44, 50, 53, 54, 55, 56, 57, 59, 61, 63, 65, 67, 72, 76, 77, 79, 90, 94, 103, 106, 107, 109, 110, 111, 112, 115, 117, 119, 121, 122, 124, 125, 126, 131, 135, 137, 141, 144, 146, 148, 149, 150, 151, 152, 154, 155, 161, 162, 163, 164, 165, 166, 173, 174, 176, 177, 179, 184, 185, 186, 188, 189, 190, 194, 196, 197, 198, 199, 204, 207, 210, 211, 212, 213, 216, 220, 226, 228, 230, 231, 233, 234, 235, 236, 240, 242, 244
videogame 65, 200, 205, 206, 210, 235, 271, 272
videogames 14, 38, 47, 79, 82, 83, 119, 152, 155, 170, 199, 200, 201, 203, 206, 208, 210, 211, 214, 219, 272, 273, 274
violência 20, 26, 41, 70, 79, 88, 123, 140, 143, 180, 181, 182, 183, 184, 185, 186, 187, 188, 189, 190, 191, 192, 193, 194, 196, 197, 198, 231, 237, 244